本教材出版获上海市自然科学基金（项目号：21ZR1461600）、国家自然科学基金（项目号：72171151）
和中央高校基本科研业务费专项（项目号：2021114003）资助

管理心理学

Management Psychology

徐四华 主编

上海交通大学出版社
SHANGHAI JIAO TONG UNIVERSITY PRESS

内容提要

本书包括管理心理学的理论背景、管理心理学微观视角下的具体研究内容以及群体心理与组织管理行为方面的研究内容,旨在帮助读者了解和应用管理心理学的基本理论和实践技能,提高管理能力和效率。本书的特色在于将管理心理学与当下社会的发展紧密结合起来,以及将管理心理学与最新的认知神经科学和 5G 通信技术相结合。本书不仅包含管理心理学的基本理论和实践技能,还涵盖党的二十大精神等课程思政案例,从而帮助读者更好地了解和关注时事热点,拓展自己的视野和思考方式。本书适合管理学和心理学专业的在校本科生和研究生,以及从事管理且对管理心理学有兴趣的社会人士使用。

图书在版编目(CIP)数据

管理心理学 / 徐四华主编. -- 上海 : 上海交通大学出版社,2024.9 -- ISBN 978 - 7 - 313 - 31120 - 7

Ⅰ. C93 - 051

中国国家版本馆 CIP 数据核字第 2024XA9394 号

管理心理学

GUANLI XINLIXUE

主　　编:	徐四华		
出版发行:	上海交通大学出版社	地　　址:	上海市番禺路 951 号
邮政编码:	200030	电　　话:	021 - 64071208
印　　制:	常熟市文化印刷有限公司	经　　销:	全国新华书店
开　　本:	787 mm×1092 mm　1/16	印　　张:	17.75
字　　数:	325 千字		
版　　次:	2024 年 9 月第 1 版	印　　次:	2024 年 9 月第 1 次印刷
书　　号:	ISBN 978 - 7 - 313 - 31120 - 7		
定　　价:	79.00 元		

前 言 | Foreword

　　管理心理学是一门探讨人类行为和心理机制如何影响组织管理的学科。在当今竞争激烈的商业环境中,组织管理者需要了解和应用管理心理学的理论和技巧,以提高组织的绩效和效率,实现组织目标。因此,本教材旨在为学习管理心理学的本科生、研究生和对管理心理学感兴趣的社会人士提供一个系统性、实用性强的管理心理学知识框架,帮助他们更好地理解和应用相关理论和技巧。

　　本教材的编写经历了长时间的精心筹划和深入研究。我们致力于为学生提供比较新颖、比较全面的管理心理学知识,同时也注重教材的实用性和趣味性,让学生学习过程更加轻松愉悦。教材涵盖管理心理学的基本概念和理论、个体心理与群体心理、群体决策与领导心理、创新管理与组织变革,以及管理心理学领域的最新研究进展等内容。每一章都包含案例分享、案例研讨,以及思考题等,帮助学生更好地理解理论知识,同时也激发学生的思考和创新能力。

　　在编写本教材的过程中,我们特别强调了实践性和前沿性。在教材内容中增设了认知神经科学和5G通信技术等与管理心理学相结合的热点问题,汇聚了许多管理心理学领域的专家和学者的智慧、经验和研究成果。此外,内容还融入了党的二十大精神等最新的课程思政内容,让学生更好地了解和关注时事热点。我们相信,这种跨学科的融合将有助于学生更好地理解管理心理学,并提高其应用能力。

　　本教材的顺利完稿,离不开我的博士生(张灿、陶瑞文、赵汉璇、尹苑、汪明静,其中张灿、陶瑞文已分别就职于浙江理工大学经济管理学院和理学院)和硕士生(张艺榕、戴梦鸽、郑可欣)在教材各章节内容的整理和编写过程中所做的贡献:张灿(第

九、十章),陶瑞文(第六、七章),赵汉璇(第四、五章),尹苑、汪明静、张艺榕(第八、十一章),戴梦鸽(第一、二章),郑可欣(第三、十二章)。同时也离不开上海市自然科学基金(项目号:21ZR1461600)、国家自然科学基金(项目号:72171151)和中央高校基本科研业务专项(项目号:2021114003)的支持。他们的支持和贡献是本教材得以顺利完成的重要保障。

我们希望本教材能够成为管理心理学教育领域的重要参考资料,为培养优秀的管理人才做出贡献。

徐四华

2024 年 7 月 17 日

目 录 | Contents

上篇　管理心理学的理论背景

中篇　管理心理学的微观视角

下篇　群体心理与组织管理行为

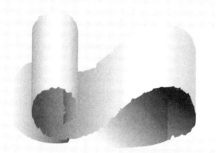

上　篇

管理心理学的
理论背景

第一章
概　论

管理心理学也称组织心理学、组织管理心理学，是管理科学与心理科学交叉而成的一个重要分支。它既是管理科学的分支学科，也是心理科学的应用心理学分支学科。它是运用管理学、心理学、社会学、人类学等学科的原理、原则，研究管理活动中人的心理活动与行为规律，协调人际关系，满足员工需要，调动人的积极性，提高管理效能的科学。本章主要介绍管理心理学的定义与内容、理论与发展等。

第一节　管理心理学的定义与内容

一、管理心理学的定义

管理心理学是研究管理活动中人的个体与社会心理活动及行为规律，用科学的方法改进管理工作，通过协调人际关系，满足员工需要，充分调动人的积极性、主动性、创造性来提高管理效率与效益的科学。

管理心理学是心理学和管理学交叉的一个应用学科。管理心理学是工业心理学的一个重要分支，早在20世纪20年代至30年代，工业心理学就比较注重有关员工心理调节和工业效率影响因素的行为研究，尤其是有关人员选拔、配备、评价和培训的人事心理学研究。此后，研究的重心转移到群体社会心理因素和组织背景中的工作行为研究。到60年代，管理心理学逐步形成比较系统的学科领域。到70年代至80年代，管理心理学在激励、群体、领导行为方面的理论与应用研究日趋活跃。90年代以来，管理心理学日益关注组织层面的问题，越来越与组织行为学融合在一起。

美国工业与组织心理学会（SIOP）把工业与组织心理学学科的目标定义为：通过在所有各类提供产品与服务的组织开展各种心理学应用，促进人类福利，包括制造业、商业、工会组织以及公共机构等。由此可见,管理心理学的应用范围不仅是工业企业,而且包含各类组织机构。

二、管理心理学的内容

管理心理学研究的内容是人性假设与管理理论,影响劳动生产效率与效益的个体心理、群体心理、组织心理、领导行为等。

（一）人性假设与管理理论

人性问题是管理心理学研究的基本问题,人性理论是管理心理学的基本理论,也是实施科学管理的基石。管理的对象是人,对人性的认识不同,就会形成不同人性假设和不同的管理理论,选取不同的管理方法、手段和模式。管理心理学中有各种不同的人性假设及相应的管理理论。

传统管理奉行经济利益驱动的人性观,与经济人假设相对应的管理理论是以任务为中心的、专制性与制度化的理论;行为科学兴起与形成时期的管理,奉行的是以人为中心,关注人的需要的社会人性观,与社会人假设对应的管理理论是人际关系理论;心理学家马斯洛提出了自我实现人性的观念,与自我实现的自动人性假设对应的管理理论是关注人的成就动机与创造需要的 Y 理论;20 世纪六七十年代的现代管理提出了复杂人性的假设,其对应的管理理论是强调灵活性与权变性的超 Y 理论。

（二）个体心理研究

个体心理是管理心理学研究的核心内容,在整个管理心理学知识理论体系中占有重要地位。任何管理活动都是以具体的人的活动为基础的,人力资源是企业中最重要的资源之一。

个人的积极性、主动性和创造性发挥如何,直接影响个人在企业活动中的行为效率,而个人行为效率又直接影响团体、组织及整个生产活动中的效率与效益。因此,个体心理和行为是管理心理学中的重要研究课题之一。

研究个体心理,揭示社会组织运行与个体心理相互作用的规律,可以为领导者制定科学的管理策略、管理措施和管理方法提供依据,合理选人、用人、调动人的积极性。管理心理学中个体心理研究的具体内容包括个体需要、动机、目标及对个体行为积极性的影响,个体态度、情绪的管理与引导,个体积极性的激励,等等。

（三）群体心理研究

群体心理是管理心理学研究的又一重要内容。管理活动虽然离不开个体心理与行为,但在管理活动中每一个个体并不是孤立地存在和活动的,管理总是在群体中进行的,个体组成群体,能发挥更大的效率与效益作用。群体的规模、结构、规范、人际关系、沟通、冲突等都影响着个体的积极性和群体的效率。研究和掌握群体心理规律，可以为建立有效群体、优化群体结构、保持组织团结、实现组织目标提供指导。群体心理与行为管理中核心的课题是人际关系问题，人际关系的测评、影响人际关系的因素、人际关系的障碍与改善等又是群体心理研究的中心课题。管理心理学中群体心理研究的具体内容包括群体活动的内在心理机制、正式群体与非正式群体的关系、群体中的人际关系与信息沟通等。

（四）组织心理研究

组织心理是管理心理学的基本内容。组织与群体的不同在于组织比群体在结构、目标、规范等方面更明确。组织是一个较大的系统，是由两个或多个不同层次、不同职能的团体，为实现共同目标而组合起来的结构系统。组织是团体或个体实现某种目标的工具，组织状况直接影响团体或个体的行为效率。组织心理与行为研究对我国政治体制和经济体制改革具有重要的现实意义。组织理论及其演变，现代社会组织结构的内容、特点及管理原则，组织管理的重要基石（组织设计与工作安排），组织改革的心理分析（如改革的目的、过程、动力、阻力及其克服等），组织发展与组织效能的评估，以及组织气氛、组织形象、组织文化建设等是管理心理学的重要研究课题。

（五）领导心理研究

领导心理也是管理心理学的重要组成部分。领导活动包括领导者、被领导者和环境三个要素。领导者具有特殊的地位、角色、职责和影响，对组织的成败起着举足轻重的作用。领导者的职能对其心理与行为有特殊的要求，领导者的素质和作风不同，领导方法和领导艺术不同，对被管理者所产生的心理效应也不同。虽然领导者作为普通个人，领导班子作为一般团体，有其一般性规律，但在管理活动中，由于他们的特殊地位、角色身份、职责与功能决定了其特殊性和重要性，有必要专列课题来进行研究。领导的概念与实质，领导的素质、结构、功能与影响力，领导理论研究及其发展，领导者的选择、考核、培训，领导体制的演变等均是领导心理的重要研究课题。

第二节 管理心理学的理论与发展

管理思想既是文化环境的一个过程，也是文化环境的产物。管理是人类社会自古以来就存在的活动，但对管理进行科学研究则是工业革命前后的事，管理学直到20世纪初才成为一门较新的科学，管理心理学更是诞生于管理学之后。一门学科的诞生必须具备两个条件：一是社会发展需要，二是学科自身基础理论的建立、发展和完备。管理心理学是心理学尤其是社会心理学应用于管理实践,与管理学相结合的产物。16—17世纪之前是早期文明的管理,20世纪20年代前是古典管理时期,30—50年代是行为科学学派萌芽与形成的时期,50—70年代是现代管理科学阶段,70年代之后为最新管理或综合管理阶段。要研究现代管理科学与管理心理学,必须熟悉它的历史。

一、国外管理心理学的理论与发展

(一)工业化前后的管理

工业革命创造了一种新的文化环境,并产生了一批与以前不同的管理问题:① 作业场所集中与劳动分工;② 市场经济要求企业组织有创新、发展、竞争意识;③ 机械化和作业专业化使工厂的规模不断扩大。由于上述新特点,促使各企业要有专门的管理人员,要有合理的计划、组织和控制等早期企业职能来管理生产活动等。

英国经济学家亚当·斯密(Adam Smith)于1776年出版的《国富论》(*The Wealth of Nations*)中,论述了组织和社会将从劳动分工(亦称工作专门化)中获得经济优势。他认为,劳动分工提高了工人的技能和技术熟练程度,节省了通常由于变换工作而损失的时间,有利于创造出种种节省劳动耗费的办法和机器,从而提高了生产率。亚当·斯密关于劳动分工产生经济优势的学说促进了后来的工业经济与管理的广泛应用和发展。

英国空想社会主义者罗伯特·欧文(Robert Owen)认为工人劳动是有别于"无生机器"的"有生机器"。一台机器维护得好,能提高效率,延长使用寿命,创造更多的价值;同样,如果注意改善工人的劳动和生活条件,重视发挥他们的积极性、创造性,使每一台"有生机器"也得到很好的"保养",那么获利至少可以超过"投资"的50%。罗伯特·欧文这位乌托邦社会主义者,播下了关注工业中人的因素的第一批种子。

英国发明家、科学管理的先驱者查尔斯·巴贝奇(Charles Babbage)主要偏重于技术方面的研究。他在他的著作《机器与制造业的经济学》(*On the Economy of Machinery and Manufactures*,1832)中,强调科学方法、专业化与劳动分工、动作与工时研究、颜色对工作效率的影响,指出劳动分工可以减少学会操作的时间,可以节省变换工序所费的时间,可以促进专业工具和设备的发展,等等。他以运筹学者的探索精神,对作业操作有关的各种技术以及每一道工序的成本等进行了分析,从而使他在管理发展的历史上以运筹学和管理科学的典范而闻名。

(二)古典管理理论的形成

尽管我们已经看到了管理如何在早期历史的组织活动中发挥作用,但是对管理学正式的研究却从 20 世纪初期才开始。19 世纪末至 20 世纪初期是"古典管理理论"形成的时期,强调理性的重要性,使组织和工人尽可能地提高工作效率。古典方法包含两大学说:科学管理理论和一般管理理论。科学管理理论的重要贡献者是弗雷德里克·温斯洛·泰勒(Frederick Winslow Taylor,美国)。一般管理理论的两位重要贡献者是亨利·法约尔(Henri Fayol,法国)和马克斯·韦伯(Max Weber,德国),以及管理哲学家卢瑟·哈尔西·古利克(Luther Halsey Gulick,美国)和林德尔·福恩斯·厄威克(Lyndall Fownes Urwick,英国)等。他们的共同之处是轻视组织中人的因素问题,仅把人看成机器,而不考虑人的思想、感情和主观能动性。

1. 泰勒等人的"科学管理理论"

泰勒于 1911 年出版了《科学管理原理》(*The Principles of Scientific Management*)一书。其研究是从"车床前的工人"开始,重点内容是企业内部具体工作的效率,逐渐形成了科学管理的理论体系,这一理论体系由以下四部分组成。

(1) 时间和动作研究。这一研究包括:① 把劳动或工作的作业分解为基本动作,然后用秒表测出完成这些基本动作的时间;② 规定一种作业的标准时间。

(2) 任务管理。任务管理是构成科学管理法的一个重要因素。任务管理是由科学地规定作业定额标准,实行标准化的工作条件与方法,实行奖励工资制及惩罚等原理构成的。

(3) 职能化的组织原理。科学管理理论强调由经营人员和工作人员分担工作责任。经营人员承担计划职能,作业人员(或称工作人员)行使执行职能。由于管理职能(计划职能)和作业职能的分离,才奠定了"经营管理科学化"的基础。

(4) 例外管理。例外管理是指厂长把权限委让给下级经营者或助理管理人员,厂长只保留例外事项的决定权或控制权。

泰勒认为科学管理的目的是确保每一个雇主获得最大限度的财富,也确保每一个雇员获得最大限度的利益。由于泰勒在管理方面的开拓性工作,他的"科学管理理论"对产业社会的管理有划时代的影响,成了资本主义生产的管理科学基础,因而他被后人称为"科学管理法之父"。

泰勒的理论虽然被称为是一种"心理革命"与科学管理,但是仍有很大的局限性:① 其理论基础是经济人的人性假设;② 机械的管理模式,实质上忽视了人的因素在管理中的作用;③ 劳资关系协调缺乏社会基础与规律,其实质是为资本家剥削工人效劳;④ 其工人观是错误的,他认为工人不能也不必参与管理。

在美国开展理论和应用性效率研究,对发展科学管理方法有突出贡献的还有:亨利·L. 甘特(Henry L. Gantt)提出的计件奖励工资制,掌握生产计划进度的"甘特图"，培训教育员工及企业目标是服务的思想。吉尔布雷斯夫妇(F. Gilbreth & L. Gilbreth)在建筑业中全面地改善人及环境，建立了一整套计划和控制技术。吉尔布雷斯夫人还出版了最早的《管理心理学》，扩大了疲劳因素的研究范围，对科学管理中的心理学进行了必要的强调。

2. 法约尔的一般管理理论

法国的亨利·法约尔是与泰勒并驾齐驱的科学管理理论的创始人之一。他的管理组织与职责划分的思想是科学管理的一个重要部分。他的一般管理理论是西方古典管理思想的重要代表，后来成为管理过程学派的理论基础。他也被后人尊称为"现代经营管理之父"。

法约尔认为企业经营中管理活动是最重要的。所有的行政管理活动职能都是由五种要素组成：① 计划。研究现有条件、预测将来发展，拟订行动计划。② 组织。包括建立一个从事活动的人的机构和物的机构。③ 指挥。维持组织中人员的活动。④ 协调。使企业的活动和工作和谐一致以取得好的效益。⑤ 控制。使所有事情都按已定的计划和指挥来完成。

为了有效地进行管理，法约尔还提出了 14 条管理原则：① 劳动分工。分工通过使员工效率更高而增加产量。② 职权。管理者必须能够发出指令，职权给予他们此权力。③ 纪律。员工必须服从和尊重组织治理的规则。④ 统一指挥。每位员工应该从同一位上级处接受指令。⑤ 统一领导。组织应该只有一份引导管理者和员工的行动计划。⑥ 个人利益服从整体利益。任何员工或员工群体的利益不能超越组织整体的利益。⑦ 报酬。员工必须得到公平的酬劳。⑧ 集中。指下属参与决策的程度。⑨ 等级制度。指从管理的最高层级到最低层级的权力链。⑩ 秩序。人员和材料必须在正确的时间到达正确的位置。⑪ 公平。管理者必须对下属宽容并公平。⑫ 人员稳定。管理必须提供有序的人员计划，确保补充职位空缺。⑬ 首创精神。被允许首创和施行计划的员工会投入很大努力。⑭ 团队精神。提升团队精神会在组织中创建和谐与统一。

但是法约尔只考察了组织的内在因素，没有考察组织与周围环境的关系，其组织是封闭的、抽象的、不具体的，有很大的局限性。

3. 韦伯的组织理论——官僚模型

韦伯与泰勒和法约尔生活在同一个时期，是古典组织管理理论的三巨头之一。他被称为"组织理论"之父。

韦伯认为任何一种组织都是以某种形式的权力为基础的。他提出了权力结构理论以及基于理想组织类型的关系，他称这种理想组织类型为官僚行政组织——以劳动分工、清晰界定的等级、详细的规章制度以及非人际关系为特征的组织形式。韦伯认为这种理想的行政组织体系能提高工作效率,在精确性、稳定性、纪律性、可靠性方面优于其他组织。

许多批评者认为这种组织体系虽适合于从事以生产率为主要目标的常规的组织活动,但不利于从事以创造和革新为重点的非常规的、非常灵活的组织活动。其可能助长专制独裁的领导与控制行为,干扰与妨碍组织目标的实现。

4. 厄威克和古利克的管理原理

英国的管理哲学家厄威克在概括泰勒、法约尔、韦伯等人的管理原则的基础上,提出的"综合管理理论"反映了古典管理理论的全貌。他认为,管理过程是由计划、组织(等级、授权、确定任务)、控制(配备人员、选择安排人员、纪律教育)三个主要职能构成的,科学调查和分析是指导管理职能的基本原则,并确定了与三个主要职能对应的原则:预测、协调(权力、领导、专业化)、指挥(集权、报复、公平),还提出了管理过程的中间目标(秩序、稳定、首创精神、集体精神)。

1937 年,美国学者古利克与厄威克合编了《行政管理科学论文集》,他们把古典管理学派有关管理职能的理论加以系统化,提出了有名的管理七职能论(POSDCRB)。这七种职能是:① 计划(Planing);② 组织(Organizing);③ 人事(Staffing);④ 指挥(Directing);⑤ 协调(Coordinating);⑥ 报告(Reporting);⑦ 预算(Budgeting)。他们的著作使得那些独立发展起来的、类似的各种管理概念明朗化,因而使它们更为可信,并把它们组成为一个管理思想的系统。

(三)人际关系理论——行为科学理论的产生

从 20 世纪 20 年代开始,人际关系理论(也称行为科学理论)出现,标志管理心理学的诞生。行为科学作为一种管理理论,开始于 20 世纪 20 年代末 30 年代初的霍桑实验,而真正发展却在 20 世纪 50 年代。行为科学的研究,基本上可以分为两个时期。前期以人际关系学说(或人群关系学说)为主要内容,从 20 世纪 30 年代梅奥的霍桑实验开始,到 1949 年在美国芝加哥讨论会上第一次提出行为科学的概念为止。在 1953 年美国福特基金会召开的各大学科学家参加的会议上,正式命名为行为科学。

第一次世界大战后,工人觉悟提高,学会用罢工、怠工的形式来对付资本家,泰勒的科学管理也受到来自工人和投资者的双重反对。此时,许多西方的企业家和管理学者为了挽救西方资本主义的危机,开始把社会学和心理学的理论引进企业管理的研究领域,提出用满足员工需要、调节人际关系、改善劳动条件、改进管理方法等来提高劳动生产效率。

1. 霍桑实验

人际关系(行为科学学派)理论的创始人是乔治·埃尔顿·梅奥(George Elton Mayo,美国)和他的助手费里茨·J. 罗特利斯伯格(Fritz J. Roethlisberger,美国)。1927 年,梅奥与罗特利斯伯格等人到芝加哥郊外的有 2.5 万工人的西方电器公司霍桑工厂,进行了有名的长达 5 年之久的"霍桑实验"。

霍桑实验提出了如下假设:① 改进物质条件和工作方法导致产量增加(否);② 工间休息和缩短工作日,可解除疲乏(否);③ 工间休息可减少工作单调性(否);④ 个人计件工资,对增加产量有促进作用(否);⑤ 管理方法改变(人际改进与态度改变)提高产量(是)。其实验步骤分为四个阶段。

第一阶段是 1924 年至 1927 年进行的工作物理环境实验,这是霍桑实验的先导。在霍桑工厂进行照明同工人个人效率关系的研究。他们选择交换器缠绕线圈的班组进行,实验组由 6 名工人组成,照明做各种变化,对照组的照明与环境无变化。他们发现,对实验小组的照明,无论是增强还是减弱,生产率都有提高。在研究人员打算宣布整个实验失败之际,梅奥却看出某些不寻常的东西,便和罗特利斯伯格及其他一些人继续进行研究。研究发现,照明条件逐渐改善,生产的产量逐步提高;后来把照明亮度降低,工人要求换灯泡以增加亮度,就立即给换(实际亮度不变),生产产量仍上升。这一结果表明,照明亮度在一定条件下虽影响工作效率,但两者之间并没有直接的因果关系,工人心理需要的满足,才是主要原因。于是他们放弃把照明作为一个重要可变因素,继续做了如下实验。

第二阶段是 1927 年至 1932 年进行的员工福利措施实验。该实验主要研究工作中福利条件与工作效率的关系。他们选择几名女工进行了改善福利措施的研究。福利改善条件包括增加休息时间、免费午餐茶点等,结果生产效率不断上升。即使 1.5 年后取消实验"特权"中的某些福利项目,生产效率也没有下降。实验说明,这些福利对生产效率没有多大影响。研究发现,监督和指导方式的改善能够促进工人改变态度与增加产量,因为员工的情绪、人际关系因素、小组中精神状态的改变仍在起决定作用。

这一阶段还进行了关于工资与生产效率之间关系的实验。他们选择了两个新的实验小组:继电器第二装配组在实验前是集体工资制,实验头 9 周实行个人工资制,总产量上升,提高到 112.6% 水平上稳定下来。返回到集体工资制 7 周后又降到原有水平的 96.2%。云母片剥离组一贯实行个人工资制,在特别观察室中进行,只对工作日长短和休息间隙予以改变,持续实验了 14 个月,小组的平均产量较原产量增加 15%。在解释这个结果时他们认为导致产量改变的不是工资制度,而是士气、监督和人际关系。

第三阶段是 1928 年至 1930 年进行的态度和意见调查。访谈目的在于研究工人对领导、管理人员、工作条件、保险计划、晋升、工资报酬等方面的态度及对工作效率的影响。两年中先采用指示型面谈(先准备问题提纲,然后以问答形式面谈),后采用非指示型面谈(让员工自由说出心里的意见和不满)。他们发现存在着两种不同的诉苦和不满:其一为有事实内容的诉苦;其二不是事实的,而是潜在的、不满心理状态的诉苦。例如,某工人抱怨工资太低,其实是为支付医药费而担心。面谈计划的前提旨在建立一种坦诚的、让人感到关怀的、愿意倾听意见的监督。其结果是访谈人员作为新的监督,更注重人的因素,更关心人,掌握了处理社会和个人情况的技巧。通过自由面谈,倾听员工意见,员工表现出更大的热忱,形成新的个人友谊联系,从而达到提高员工情绪、士气和生产效率的目的。

第四阶段是 1930 年至 1932 年进行的团体行为(绕线室)的观察研究。实验目的是研究非正式组织的行为、规范及奖惩对工作效率的影响。过去以为员工会拼命干活,用最高效率来获取高工资;然而他们往往按集体的工作定额来干活。总共选择了 14 名男性员工(9 名绕线工、3 名插座安装工、2 名检修工)进行了非正式组织行为和面谈计划同时的观察,被观察组实行的是集体奖励工资制,结果下列非正式感情逻辑支配着团体行为:① 对工作不要太使劲,因为产量高会降低工资或提高定额产量标准;② 工作不要太落后,工作效率太低,会引起监工不满而受惩罚;③ 对同事不利的事都不得向监督者报告;④ 不得疏远同事,不得盛气凌人。梅奥等人发现,产量限制是有意为团体所确定,而不顾企业管理当局有关产量的规定;工人报告产量平均化,以避免生产过快或过慢的现象;团体有一套办法使脱轨的成员回到轨道上来。

上述实验表明,工作物理环境、福利、工资等不是提高生产效率的主要因素,员工的情绪、动机、人际关系等心理因素则是提高生产效率的主要原因。照明、福利改善是因为工人受到了尊重、信任,因为"改善工人的工作态度和激发他们内心对工作的热爱",所以他们努力工作,提高生产效率。这种现象被称为"霍桑效应"。

2. 人际关系理论

霍桑实验总结得出了有价值的管理的新结论。一种新的管理理论(人际关系说)因此而诞生。这种理论和传统理论相比,有以下新观点。

(1) 工人是"社会人"。科学管理理论是建立在"经济人"假设基础上的。然而,霍桑实验则证明工人是"社会人",不是"经济人"。他们指出,人是复杂的社会系统中的成员,他们不是单纯追求金钱收入的,他们还有社会方面、心理方面的需求。企业管理应注意从社会心理的角度调动人的积极性。

（2）传统的管理认为生产效率主要受工作方法和工作条件的制约。霍桑实验证明，生产效率主要取决于员工的积极性。员工积极性的提高又主要取决于员工的态度，以及企业内部的人际关系。

（3）传统的管理只注意了"正式团体"的问题，即注意组织机构、职权划分、规章制度等。霍桑实验发现，除了"正式团体"外，还有"非正式团体"。这种无形的、非正规的团体，有它自己特殊的感情、规模和倾向，并影响其成员的行为。这种以人们之间的情感交流所形成的团体，其意义和作用不可低估。

（4）霍桑实验还发现新型领导、民主管理对提高生产效率的作用。霍桑实验表明，生产效率提高的关键在于工人工作态度的改变，工人士气越高，生产效率也就越高。因此，新型领导除了要具有技术、经济方面的技能外，还要具有处理人际关系的能力。

梅奥等人的霍桑实验运用社会学、心理学知识研究企业内部的人际关系，开创了在企业管理中研究员工行为、行为动机、行为激励和领导方法的新方向，创立了人际关系学说，为行为科学诞生奠定了理论和实验基础。梅奥等人提出的"人际关系理论"（Human Relations Theory）闻名于世后，成为行为科学研究的先导。从此，更多的管理学者、专家关注并致力于对人的行为的研究，自然科学和社会科学方面不断取得的成果又促进了对该问题的研究进程，从而导致行为科学这一新兴学科在20世纪40年代末50年代初正式形成。

3. 行为科学阶段

1949年，在美国芝加哥大学的一次跨学科的科学讨论会上，提出了如何运用现有的学科知识来研究人的行为产生的规律性问题。会上有人提议，把这种综合各学科知识系统来研究人类行为的科学称为"行为科学"（Behavioral Sciences）。1953年，美国福特基金会邀请了一批著名学者，经过慎重讨论后才正式采用"行为科学"这个名称。行为科学是凭借心理学、社会学、人类学及其他一切与人的行为有关的学科（如政治学、历史学、教育学、生物学、医学、宗教学等）的理论来研究人的各种行为，因而是一门综合性很强的科学，是由相关学科组成的学科群，心理学是其形成的一块重要基石。1958年，美国斯坦福大学的哈罗德·J.莱维特（Harold J. Leavitt）正式用"管理心理学"这个名称来取代原来沿用的工业心理学名称，管理心理学自此成为一门独立学科。

行为科学的产生和发展又促进了组织行为学派的形成。继梅奥之后，从事企业内部的人际关系和员工行为方面研究的学者大量涌现，使人际关系理论更加充实和深入,使行为科学与组织行为学在下面各个领域有了新的发展。

1)有关人的需要、动机和激励问题的研究

这方面代表性的理论研究有:亚伯拉罕·H. 马斯洛(Abraham H. Maslow,美国)在对人的需要和动机进行研究的基础上,提出了著名的"需要层次理论"。弗雷德里克·赫茨伯格(Frederick Herzberg,美国)从事提高生产效率因素的研究,提出了"双因素理论",认为保健因素是预防劳动能力丧失和预防员工不满的间接影响效率的因素,激励因素是直接影响工作效率的因素。伯尔赫斯·弗雷德里克·斯金纳(Burrhus Frederic Skinner,美国)的强化理论(操作性条件反射学说)是以行为学习的奖惩原则为基础,对认识、理解和修正人的行为的一种探讨。维克托·H. 弗鲁姆(Victor H. Vroom,美国)提出了"期望概率模式理论",这种理论认为,对行动成果意义的评估即效价和对行动成功可能性的估计(期望概率)两种因素决定着激励力量的大小。

2)同企业管理有关的"人性"问题的研究

道格拉斯·M. 麦格雷戈(Douglas M. McGregor,美国)提出了"X 理论与 Y 理论"。他把传统的对工人管束和强制为主的管理观念称为"X 理论",把以诱导办法鼓励员工发挥主动性和积极性的管理观念称为"Y 理论"。他反对"X 理论",主张"Y 理论"。埃德加·H. 雪恩(Edgar H. Schein)在《组织心理学》一书中陈述了四种人性假设(经济人、社会人、自我实现人及复杂人等),并对应提出了"X 理论""人际关系理论""Y 理论"和"权变理论"。

3)企业中的"非正式组织"及"人际关系"问题的研究

库尔特·勒温(Kurt Lewin,美国)的"团体力学的理论"继梅奥的人际关系学说之后,进一步研究、论述了非正式组织的团体要素、目标、内聚力、规范、结构、领导方式等。利兰·布雷德福(Leland Bradford,美国)的"敏感性训练"是通过对受训者进行情感、角色、人际关系的学习与敏感性训练,从而改进个人和团体的行为,达到提高效率和满足员工需要的目的。

4)组织理论与组织行为的研究

组织理论与组织行为逐渐成为一个独立的研究领域。梅奥克服传统组织理论的重视结构轻视人的机械主义模式,承认人是组织的一个部分。马奇和西蒙在组织理论中又开辟了新方向——人群系统和工作系统的研究。霍曼斯、利克特等人的现代系统与应变模式使研究不断深入。组织气氛、组织形象评估与设计以及组织文化建设的研究更扩充与发展了组织行为的研究领域,组织变革已成为全球化经济竞争中组织行为研究的首要问题。随着经济全球化的潮流和经济结构调整,对企业重组、战略管理、跨国公司或国际合资企业管理的研究呈现强劲势头,由于复杂性增加而导致研究的注意力全面转向整个组织层面。这方面的研究主要探索组织变革的分析框架、理想的组织模式、干预理论及变革代理人的角色等。

(四)现代管理理论

第二次世界大战后的管理形势逐渐向经营国际化、科学技术现代化、生产社会化、组织系统规模化方向发展,与"行为科学"平行发展起来的另一个西方管理理论是现代"管理科学"学派。这一学派的特点是把现代自然科学和技术科学的最新成果(如先进的数学方法、电子计算机技术与通信技术,以及系统论、控制论、信息论等)广泛地运用到企业管理上来,形成了一系列新的组织管理技术与方法,把管理工作纳入科学化轨道,提高到一个新的水平。"管理科学"名称是由许多现代的具体管理理论构成的理论派别的统称。

1. 决策学派

决策学派的主要代表人物是赫伯特·西蒙(Herbert Simon,美国),他将社会系统理论同心理学、行为科学、系统理论、计算机技术、运筹学结合起来考察人们在决策中的思维过程,并分析了程序化决策和非程序化决策,以及其使用的传统技术和现代技术,提出了目标-手段分析法等决策的辅助工具,被人们认为对经理人员的决策确有帮助,并为今后对人工智能等问题的深入研究提供了基础。西蒙的主要观点是:管理就是决策,决策贯穿于整个管理过程;把决策分为程序化决策和非程序化决策,二者的解决方法一般不同;信息本身及人们处理信息的能力都是有一定限度的,现实中的人或组织都只是"有限理性"而不是"完全理性"的;决策一般基于"满意原则"而非"最优原则";组织设计的任务就是建立一种制定决策的人-机系统。这一学派重点研究决策理论,片面地强调了决策的重要性,但决策不是管理的全部。

2. 经验学派

经验学派的代表人物是彼得·F. 德鲁克(Peter F. Drucker,美国)。经验学派也被称为经理主义学派、案例学派,以向企业的经理提供管理企业的成功经验和科学方法为目标。经验主义学派认为应该从企业管理的实际出发,研究企业的成功经验和失败教训,加以总结归纳,找出共性的东西,并上升到理性认识,通过这种办法来学习管理,并为管理者提供有益的建议。

3. 系统管理学派

系统管理学派盛行于20世纪60年代前后,由于当时系统科学和理论比较盛行,倡导系统管理的人士十分广泛,因此对管理学派影响很大,系统管理学派的管理思想基础是一般系统理论。系统管理学派对管理的定义是:用系统论的观点对组织或企业进行系统分析、系统管理的过程。系统管理学派认为,任何组织都是一个开放的系统,它与外界环境在不断地相互作用。它具有系统输入、输出和反馈功能,因此,一般系统论是系统管理学派的理论。按照系统论的观点,管理也是一个系统,因此必须重视管理的整体性,重视管理系统各要素的有机联系,从而达到"1+1>2"的效果。

4. 权变管理理论

权变管理理论的代表人物有保罗·罗杰·劳伦斯(Paul Roger Lawrence,美国)。权变管理理论把管理看成一个根据企业内外部环境选择和实施不同管理策略的过程,强调权宜应变。权变主要体现在计划、组织与领导方式等方面。权变管理理论的主要观点是:① 计划要有弹性;② 组织结构要有弹性;③ 领导方式应权宜应变。权变管理理论强调随机应变,主张灵活应用各学派的观点,但是过于强调管理的特殊性,忽视管理的普遍原则与规律。按权变的观点,管理者可以针对一条装配线的具体情况来确定一种适应于它的高度规范化的组织形式,并考虑二者之间的相互作用。

5. 企业再造理论

进入 20 世纪七八十年代,市场竞争日益激烈,美国企业为挑战来自日本企业、欧洲企业的威胁而开始探索。企业再造理论是 1993 年开始在美国出现的关于企业经营管理方式的一种新的理论和方法,它以一种再生的思想重新审视企业,并对传统管理学赖以存在的基础——分工理论提出了质疑,被称为管理学发展史上的一次革命。该理论强调企业为了能够适应新的世界竞争环境,必须摒弃已成惯例的工作方法和运营模式,以工作流程为中心,重新设计企业的经营、管理及运营方式。

6. 综合性理论

20 世纪 70 年代之后出现了以詹姆斯·G. 马奇(James G. March,美国)等为代表的综合性的现代管理学派。这种理论强调系统的组织和规划,将多学科的技术与理论综合在一起以完成预定的目标。强调从自然科学、社会科学和心理科学的角度研究管理,重视多学科技术、社会环境、人的相互关系对管理活动产生的影响。经济发展日趋全球化,加快和推进了商务电子化与网络化的进程,创新与发展已成为时代的特征与管理的灵魂,并出现了经济全球化、信息网络化、知识经济化的发展趋势;管理也出现了系统性、权变性、艺术性、战略性、文化性、高新科技与知识性等特点,强调管理的技能化,突出了概念化、人际关系、科技知识、网络信息与人际资源等管理技能的作用。

7. "学习型组织"理论

20 世纪下半叶,随着知识经济的到来,信息与知识成为重要的战略资源,相应诞生了学习型组织理论。"学习型组织"这一概念主要来自管理学者彼得·圣吉(Peter Senge,美国)。学习型组织是一个能熟练地创造、获取和传递知识的组织,同时也要善于修正自身的行为,以适应新的知识和见解。当今世界上所有的企业,不论遵循什么理论进行管理,主要有两种类型:一类是等级权力控制型;另一类是非等级权力控制型,即学习型企业。

【案例分享】

分析化验公司的学习型组织

年底,分析化验公司的经理们又汇聚一堂,制定年底的重要决策。首席行政总监张瑞照例没有参加他们的讨论。会后,他问大家:"今年,我们打算去哪里呢?""罗马。"他们回答。"罗马不错。"张瑞挺高兴今年"学习假期"能如期进行。这家吉隆坡的环保服务公司每年都要关门 9 天,让全体员工(共 28 人)公费集体出游。他们度假时拍的照片贴满了会议室。这边是他们身穿夏装,在泰国摆的各种姿势;那边是冬装裹身,在瑞士挤成一团;别的墙上还有背景各异的许多合影,例如,法国埃菲尔铁塔、中国的紫禁城和美国的国会大厦。

除度假支付的费用外,公司关门还造成了一笔不小的营业收入损失,这算是一种管理办法吗?

对张瑞而言,这是唯一的办法。他认为,公司必须留出时间和财力用于学习,费用占工资总额的 $10\% \sim 20\%$。观光能激发人们讨论和思考一国一城的兴衰变化。例如,员工们可以思考,文化上同样富足的威尼斯为何与佛罗伦萨相反,其古老结构并没有促进经济活动的发展。张瑞说:"度假时的学习效果更好。"学习对分析化验公司促进不少,在过去六年中,它已将业务从生产棕榈油之类的试验性产品转为处理和回收工业废料。这种转变就来自他们清醒地认识到哪些是马来西亚的夕阳产业和朝阳产业。张瑞说道:"拥有富有知识的工作人员,可使公司更快、更平稳地改变或实施计划。"在当今管理界,学习型组织是一个最为流行而又最受人误解的概念。面对这个智力为主要经济资源的时代,比竞争对手学得快被视为最根本的竞争能力。所有的组织理论都要求经理人去学习,并且将新的理论和方法付诸实践。如今,企业日益关注的是学习和变革之间的关系,要想学习富有成效,企业必须有能力、有意愿地进行变革。

资料来源:王梅,万婷,满丛英,等.管理心理学[M].武汉:华中科技大学出版社,2014.

二、国内管理心理学的理论与发展

我国是世界文明的发源地之一,"中国已有将近四千年的有文字可查的历史"。在我国古代的文化遗产中,有许多"行为管理"和"管理心理"的资料供我们择善吸取。

(一)我国古代管理理论与实践

1. 关于"人性"问题的争论

人性问题是管理理论的哲学基础。我国古代的思想家对"人性"问题有不同的论述:春秋时期,孔子在《论语·阳货》中提出"性相近也,习相远也"。他对人性善恶问题还说得不具体。战国时期,孟子主张"人之初,性本善",他认为人人都有善的萌芽,统治者能保持发展它,庶民则不能。孟子的"性善说"是他"仁政说"的理论基础,这类似现代西方的 Y 理论观点。荀子主张"人之初,性本恶",他在《荀子·性恶》篇中指出:"人之性恶,其善者伪也",讲善是人为的,这种理论与现代管理的 X 理论认为工人天生懒惰、缺乏雄心、不愿负责任的观点是相似的。汉代扬雄认为人性中有善的一面,也有恶的一面,这又有点近似于现代权变理论的观点。

2. "人能合群"的组织管理学说

荀子在《荀子·王制》篇说:"人力不若牛,走不若马,而牛马为用,何也?曰:人能群,彼不能群也。"他认为人能合群(构成社会组织)这是与动物根本不同之处。人为什么能合群呢?因为人能"分"(指不同的社会地位、职务);"分"的标准是"义"(伦理道德)。他指出:"义之分则和,和则一,一则多力,多力则强,强则胜物。"这就是说,人有了社会组织能利用群体的力量,胜过自然界其他动物。这是一种集体(团体)行为管理思想的萌芽。

3. 治国安邦的领导艺术与策略

《管子·牧民篇》说:"政之所兴,在顺民心。政之所废,在逆民心。"《管子·心术篇》又说:"心安是国安也,心治是国治也,治也者心也,安也者心也。治心在于中,治言出于口,治事加于民。故功做而民从,则百姓治矣。"这段话的大意是,要治理国家,使国家安定,必须先治民心,安定民心;要想治好民心、安定民心,则必须把国家的事、人民的事办好。这是一条很重要的管理思想。

我国古代虽有许多光辉灿烂的文化遗产和管理精华,但长期的封建社会和鸦片战争之后的半殖民地半封建社会,使得这些管理思想遗产没有得到充分的利用,以致1949 年以前的旧中国,生产关系落后,生产力与管理水平非常低下,经济相当贫困。

(二)1949 年至 1978 年的管理实践与理论研究

中华人民共和国的诞生,社会主义制度的建立,结束了灾难深重的半殖民地半封建社会的历史,在中国共产党领导下,全国人民艰苦奋斗,初步建立了独立的、比较完整的工业体系和国民经济体系,也形成了一套以毛泽东思想为指导的、在社会主义经济基础上的管理理论与管理方法。例如,关于依靠工人阶级办好社会主义企业的思想;关于实行干部参加劳动工人参加管理、改革不合理的规章制度和工人、技术员、干部共同管理企业的"两参、一改、三结合"的民主管理制度;关于产品好、成本低、推销快是企业行政、党组织、工会三位一体的共同任务,以及勤俭办工厂建立核算制、增产节约、使一切工厂实行企业化的管理思想;关于贯彻按劳分配的原则、反对平均主义、把物质鼓励和精神鼓励结合起来的思想;关于坚持政治和经济的统一、政治和技术的统一、又红又专的方向,以及"论十大关系"的思想;等等。这些管理思想保证了当时我国经济建设和企业管理沿着社会主义的方向前进和发展。

我国经济建设的发展也为工业心理学的研究开辟了广阔的前景。20 世纪 50 年代开始在机械制造、炼钢工业、纺织工业部门改进操作方法,促进技术革新和发明创造,进行职业技术培训,防止事故发生的心理因素研究。60 年代又开展了对铁路、水电站系统的中央控制台的信号显示研究;建筑工程系统中关于教室和工业厂房的照明标准的研究;以及仪表工业中表盘刻度等有关的工程心理学研究。另外,还进行了航空心理方面的飞行员选拔、训练和飞行错觉等研究。70 年代又开展了工程心理学、工效学和工厂管理问题的研究。

(三) 1978 年以后我国管理心理学的发展

党的十一届三中全会召开,全党的工作重点开始转到经济建设上来。党的十四届三中全会,党中央又提出了建立社会主义市场经济的决定,使国有大中型企业体制的改革不断向纵深发展。这种改革的浪潮,也促进了我国的管理科学和管理心理学的发展。

从 20 世纪 80 年代开始,我国有两个工业心理学的专门研究机构从事管理心理与组织行为学的研究:一个是中国科学院心理研究所的工业心理研究室,另一个是杭州大学的工业心理学专业。此后,我国心理学工作者与管理科学工作者共同努力,进行了组织管理心理学(组织行为科学)的普及宣传与研究。1981 年 3 月,"中国行为科学研究会筹委会"宣告成立,该研究会的宗旨是把心理学、社会学、管理科学及工业部门的研究人员联合起来,共同探讨行为科学、组织管理心理学在我国企业中的应用及理论问题。1985 年,"中国行为科学学会"正式宣告成立。随后,各省市的行为科学学会也先后成立。

21 世纪管理心理学与组织行为学出现了更加可喜的前景:① 建立学习型社会与组织,人力资源管理与开发出现了新方向、新理念;② 管理心理学学科的分化与组合加速，日益形成以管理心理学为主的学科群，如企业管理心理学、学校管理心理学、科技管理心理学、领导心理学、人力资源管理心理学；③ 经济全球化、知识经济化、信息网络化、管理手段与工具机械与电子化的时代特点，社会及企业的变革与发展过程中，管理心理学面临着关注国家目标与经济发展的许多新课题；④ 管理心理学发展到组织行为学阶段，组织与团体的研究越来越突出心理规律的作用，管理心理学与组织行为学的紧密结合，面临"科学研究、理论创新应用发展"的新局面；⑤ 根据科学发展观，创建和谐社会，以人为本，关注与提高工作、生活质量，已成为学科发展的主要动力和目标。

近年来，我们吸收国外的先进管理理论和方法，联系我国的改革实践和企业管理实践加以应用，收到了较好的效果。在各个领域内开展了多方面的研究，包括人员测评、岗位胜任特征、工作业绩评价、管理培训与发展、领导的品德绩效维系理论（CPM理论）、变革型领导、管理决策、跨文化研究组织气氛和组织文化、组织公民行为等，取得了可喜的成绩。但是，与西方发达国家特别是美国相比，我国在研究和从业人员数量、成果的数量和创新性、社会影响等方面仍存在较大的差距。离建立有中国特色的管理心理学体系还有一段距离，尤其是我国加入世界贸易组织（WTO）之后，在适应经济全球化和国际化的发展机遇和挑战面前，有许多新的课题值得研究。因此，我们应继续努力总结我们自己从新中国成立以来的管理经验，紧密结合我国的改革开放实践和企业内部管理体制改革，以及企业管理适应经济全球化、国际化、市场化发展的实际进行研究，以促进具有我国自己特色的管理心理学体系早日形成。使我们的管理心理学能为社会主义的物质文明、精神文明建设、政治文明建设和生态文明建设，为促进我国企业与经济向全方位开放的全球化、国际化、市场化发展，以及我国社会的全面发展为实现伟大复兴的中国梦做出更多的贡献。

管理心理学学界普遍认为，21世纪管理心理学研究将面对三大课题：面向全球竞争的社会经济结构调整、科技创新和跨国公司迅猛发展带来的全球化。在这种新型的社会经济条件下、人的因素日益突出，如何搞好人力资源开发，已经成为世界各国竞争中必须考虑的首要问题。美国国家科学院、国家工程院和国家医学院三院院长于1997年发表的三院长联合声明"为21世纪做准备"，就把人力资源开发和科技管理决策的行为科学研究列入头等重要的研究课题。此外，管理科学本身的发展也迫切要求心理学家不断提供人们如何适应科技进步和社会变化的新知识，这显然需要我们从新的视角，开展新型的管理系统中的心理学问题研究。

我国是一个发展中的社会主义大国，管理心理学的兴盛也与国家的社会经济进步和改革成功息息相关。东南亚金融危机的教训已经告诫我们，发展中国家通过引进发达国家先进技术来缩短差距的"后发优势"已不复存在,国际竞争无非是在"天、地、人"三方面因素上的竞争,发展中国家在"天、地"两方面毫无优势可言,唯有充分调动"人"的因素,吸取我国发展"两弹一星"的成功经验,方可在新世纪的科技创新和经济竞争中确立自己的地位,缩短与发达国家的差距。因此,在关注国有企业组织变革和经济转型等紧迫问题时,我国政府非常关注人、群体和组织在适应变革中的心理学问题,因此,国家科技部已把心理科学列为 21 世纪重点发展的学科之一。由于管理心理学与科技进步和经济发展直接攸关,其理论研究成果在社会经济发展中具有不可替代的重要作用。比如,目前国家正在进行的国有企业组织结构调整、住房制度改革、薪酬结构改革等重大管理决策,这些决策研究都有管理心理学学者的参与和指导。因此,管理心理学作为基础心理学研究的组成部分,对于管理科学的发展具有不可替代的作用。

思考题

(1) 什么是管理心理学?

(2) 试分析管理心理学研究对象的特点与研究内容。

(3) 请简单阐述外国管理心理学的发展。

(4) 在霍桑实验中,为什么实验组女工的生产效率提高?梅奥是如何运用心理学知识发现产量提高的原因的?

(5) 谈谈你将如何学习管理心理学。

案例研讨

卡耐基和韦尔奇的管理之道

安德鲁·卡耐基(Andrew Carnegie)作为美国第一代"钢铁大王",起家时两手空空,但到他去世时已拥有 20 亿美元的资产。人们对这位半路出家的钢铁大王的成功感到迷惑不解。其实,卡耐基身上除了具有可贵的创造精神之外,还有一个非常关键的因素,那就是他善于把握人心、善于识人和用人。卡耐基本人对钢铁制造和生产的工艺流程知之甚少,但他能够对手下的 300 多名精兵强将大胆启用、委以重任,从而极大地激发了他们的工作积极性、主动性和创造性,最后的结果是,卡耐基登上了美国"钢铁大王"的宝座。卡耐基自己这样总结道:"我不懂得钢铁,但我懂得制造钢铁的人的特性与思想,我知道怎样去为一项工作选择适当的人才。"这就是他一生事业发达兴旺的"万能钥匙"。和卡耐基一样,美国通用电气公司前 CEO 杰克·韦尔奇

(Jack Welch)也把物色人才、追踪人才、培养人才放在他工作的重要位置。他说:"一旦我们把人都调动起来了,我们的事情就做完了。"在当今管理"以人为本"的时代,如何像卡耐基、韦尔奇一样,把握人的心理特征、尊重人的创造人格,将是未来管理的重中之重和必然趋势。

资料来源:车丽萍,等.管理心理学[M].2版.武汉:武汉大学出版社,2016.

请思考:

卡耐基和韦尔奇的成功有什么共同点?

第二章
管理心理学的研究原则与研究方法

每个学科都有其从事研究、求证的方法。心理学乃至其他科学中的研究方法也适用于组织管理心理学。

第一节　管理心理学的研究原则

管理心理学研究除应遵循辩证唯物主义和历史唯物主义的哲学指导思想之外，还必须重视如下具体的研究原则。

客观性原则——不要用主观臆测的方法来研究人的心理，而应当尊重事实，按照事物本来的面目认识事物，实事求是地透过现象看本质，认识环境并找出人行为结果的真正心理原因。也就是，首先要有客观态度，其次要依据客观事实，再次要进行客观分析，最后要得出客观结论。

发展性原则——不要用一成不变的眼光来看人的行为与心理活动，而应当从历史、现状和发展前景变化的角度来研究企业管理活动中人的个体、团体与组织心理与行为的规律，在发展中把握研究对象。人的心理现象归根结底是客观世界的反映，而客观世界总是处在不断地发展变化之中，因此，受客观世界所决定的人的心理现象也不是一成不变的，而是不断发展变化的。

系统性原则——不要割裂与孤立地进行研究，而应当遵循系统论的观点，对管理活动中人的心理与行为活动规律进行综合性考察研究，从系统结构、系统分析、系统设计、系统管理的观点来研究个体、团体与组织心理规律在提高企业管理效能中的作用。人的心理现象不是一个自我封闭的系统，而是一个与自身的机体，特别是客观环境不断发生作用的开放系统。因此，在管理心理学的研究中，既要考虑心理现象内部各种因素的相互联系，更要考虑到心理现象同客观环境的联系。对管理活动中的心理现象进行多层次、多水平、多角度的系统分析。

理论联系实际的原则——研究课题要紧密联系企业的管理实践,具体研究成果要上升到理论高度并接受实践的检验;管理心理学是一门应用性学科,学习和研究管理心理学无论是从目的还是从方法上都应坚持实践性原则,立足于管理实践,做到理论联系实际,善于总结管理实践的新经验,探索其科学规律性的东西,坚持为管理实践服务,指导管理实践,并在实践中不断发展和完善管理心理学的理论体系。

定量与定性研究相结合的原则——对人的心理现象的研究与测验要进行统计处理和数据量化分析,又要对人的心理特性和规律进行综合与定性的分析。定量与定性研究是密切联系的两个方面,只有定性评价没有定量的考察结论,是不完整的;定性考核要以定量考核结果为基础。下面着重介绍定量和定性研究方法。

定性研究和定量研究作为社会研究科学的两大研究方法,经历了较长时期的使用和检验,并在社会研究实践中不断得以发展和完善。这两种方法在认识、研究的逻辑过程、理论基础、研究方法等方面都有很大的不同,但它们能够相辅相成以实现研究目的。

各种研究方法都有其自身的应用价值和优点,但也都存在一定的局限性。因此,研究者在开展管理心理学研究时要根据具体的研究课题和研究目的选用不同的研究方法。在管理心理学的实际应用中,常常不是单独地使用一种研究方法,而是采取综合的方法,或者以某种方法为主其他方法为辅,或者同时交错地运用几种方法,这样可以更准确、客观地反映人的行为和心理活动的规律与特点。

第二节　定量研究方法

一、定量研究定义

定量研究是指将问题与现象用数量来表示,进而去分析、考验、解释,从而获得意义的研究方法和过程。定量,就是以数字化符号为基础去测量。定量研究通过对研究对象的特征按某种标准作量的比较来测定对象特征数值,或求出某些因素间的量的变化规律。由于其目的是对事物及其量的属性做出回答,故名定量研究。

二、定量研究的优势与不足

1. 优势

(1) 定量分析采取实证主义范式,用量化手段(数字和统计)来理解传播现象,其研究目的在于找出相关关系和因果关系,因而其结论具有精确性和概括性,能够了解某个现象或事物在宏观层面上的信息,具有可信度。

(2) 定量研究追求"更多样本量、更好的统计显著性、推断出更大的总体",强调客观性和可重复性。

(3) 研究结果不会因人而异,不同的研究方法使用相同的研究设计和研究方法得出相同的结论。

(4) 研究过程测量的是客观事实,使用的是调查法、实验法和内容分析法,研究者从研究中剥离,因而研究过程中不会受个人因素的影响。

2. 不足

(1) 研究环境是受控的人工环境,不方便对研究对象进行观察与沟通。

(2) 研究过程是线性的,因而比较死板、单一。

三、具体的定量研究法

(一) 调查法

调查法是从大量被调查者中系统收集信息的方法。调查可以采用人员访问、邮寄问卷、电话访问和互联网或移动终端线上调查等方式。人员访问调查通常在工作现场进行,调查者通过运用复杂的问卷等方式,能在较短时间内收集到大量的信息。邮寄问卷调查所花的时间较长,所问的问题一般比较简单。这种方法可用来收集中等复杂程度的数据,其优点是费用较低。电话访问调查的特点是完成迅速,能提供良好的样本控制(谁回答问题),而且费用也不太高。与此类似的是,互联网或移动终端线上的调查也具有完成迅速、费用不太高等特点,更重要的是其覆盖面更广。

调查法的一个主要问题是拒访所引起的偏差比较大。在选择参与调查的对象中可能只有不到一半的人实际接受了调查。在电话访问和互联网或移动终端调查中,很多人不在家或者拒绝合作,而在邮寄问卷调查中,很多人拒绝或忘了做出回应。为了尽量避免这些情况所带来的不利影响,调查者可以通过电话或人员再访的方式来提高调查反应率。再访应该安排在不同的日子或同一天的不同时段进行。

调查法的优势与不足:

1. 优势

(1) 能在短时间同时调查很多对象,获取大量资料。

(2) 能对资料进行量化处理,经济、省时。

2. 不足

由于种种原因,被测试者可能对问题做出虚假或错误的回答。

（二）实验法

实验法是人为的设定条件，控制某些心理现象的发生并对其加以研究的方法。管理心理学涉及的是团体与组织内部的社会心理现象，实验方法的采用大多是在自然情境（非实验室条件）中进行的。这种方法的特点是在自然条件下（在正常的生产、营销、交往、社会生活中进行的）严格控制影响心理活动的因素（控制自变量），使自变量尽量单一化，其他无关因素尽量排除。从而说明在什么条件下的影响因素（自变量）能激发员工的劳动生产积极性，并提高劳动生产效率（因变量）。

实验研究具有以下几个显著特点：① 实验研究要操纵或控制变量，人为地创设一定的情境。通过对有关变量的操纵与控制，可以科学地显示某种心理现象或心理特征，简化和纯化心理现象，强化和深化被试者的某些心理特点，再现或改变（延缓或加速、缩小或放大）某些心理现象，重复和检验某些研究结果和理论，以利于进一步的分析和研究。② 实验研究的目的在于揭示变量之间的因果关系，研究者通过对变量的控制和操纵，引起或改变研究对象的心理现象，从而确认变量之间的因果关系。③ 实验研究有严格的研究设计，包括被试者的选择、研究材料和工具、实验程序、设计分析方法等，以保证实验结果的科学性。

其一般研究模式是：首先要明确组织心理（组织行为）有哪些自变量（含个体的自变量，如人的个性、认知、价值观、态度、能力、心理压力与职业倦怠、需要、动机、激励；团体自变量，如团体的领导方式、沟通、人际关系、竞争与合作、冲突水平等；组织变量，如组织结构、心理契约与组织忠诚、组织文化、组织气氛、组织形象等）。有哪些因变量（含企业产品与服务的数量和质量，行为有效性的效果、效率、缺勤、离职、工作满意度等），然后研究它们之间的相关关系与因果关系。

例如，研究领导方式与调动人的积极性、提高劳动生产效率的关系。可以选择三种领导方式加以比较：第一种为民主方式（群众路线的方式），第二种为专制方式（铁腕、独裁方式），第三种为软弱放任方式。结果表明，民主型的生产效率最好，软弱放任型的生产效率最差，专制型在治乱时能收到较好效果。

简要地说，实验方法可以"产生"新的现象，这些现象是在自然状态下观察不到的。实验方法可以发现事物之间的因果关系。新的现象及事物之间的因果关系都可以由不同的研究者各自做出检验。而且，实验是随时随地都可以进行的。

实验法的优势与不足：

1. 优势

（1）能够严格控制各种无关变量对实验结果的影响。

（2）控制条件严格、操作程序固定、可以反复验证。

2. 不足

（1）具有很强的"人造"色彩，与实际生活情境有一定距离，在研究比较复杂的社会活动时一般不宜采用。

（2）往往需要一个周密计划，并需要较长的时间，投入较大的人力与物力方能成功。

【案例分享】

著名的果汁软糖实验

20世纪60年代，果汁软糖实验由美国斯坦福大学心理学研究专家迈克尔·米舍尔所做，它证明了自律对一个人的成功起到了何等重要的作用。该实验中，研究人员把一些4岁左右的孩子带到一间陈设简陋的房子，然后给他们每人一颗非常好吃的软糖，同时告诉他们，如果马上吃软糖只能吃1颗；如果20分钟后再吃，将奖励1颗软糖，也就是说，总共可以吃到2颗软糖。结果有的孩子迫不及待地把糖吃了；有的孩子虽然犹豫了一会儿，但还是忍不住吃了；还有的孩子通过唱歌、做游戏甚至假装睡觉坚持到20分钟后。

这次实验过后，心理学家继续跟踪研究参加这个实验的孩子们，一直到他们高中毕业，追踪研究时间长达14年。发现到中学时，这些孩子表现出明显的差异：那些能等待并最后吃到2颗软糖的孩子，具有较强的适应能力和进取精神，到了青少年时期仍能等待机遇而不急于求成，他们具有一种为了更大的、更远的目标而暂时牺牲眼前利益的能力，即自控能力，而且他们表现得比较自信、合群、勇敢、独立；而那些急不可待只吃了1颗软糖的孩子，到了青少年时期表现得比较固执、虚荣或优柔寡断，往往会屈从于压力而逃避挑战，当欲望来的时候他们无法控制自己，一定要马上满足欲望，否则就无法平静下心来继续做别的事情。

通过果汁软糖实验，发现情绪智力即情商对人的成功与失败有着密切的关系。很多学者用不同的研究验证了"一个人的成功与否，20%取决于智商，80%取决于情商"。情绪智力是近年来对商业企业最有影响的思想之一，现在被越来越多地应用在企业管理学上。

资料来源：百度百科.软糖实验[EB/OL].(2024 - 05 - 21)[2024 - 05 - 26].https://baike.baidu.com/item/软糖实验/8564420?fr=ge_ala.

（三）相关法

相关是事物间的一种关系。相关法是管理心理学研究的另一种重要方法。相关性分析是指对两个或多个具备相关性的变量元素进行分析,从而衡量两个变量因素的相关密切程度。相关性的元素之间需要存在一定的联系或者概率才可以进行相关性分析。

两个事物(现象)的相关程度或强度可以用相关系数来表示。它是从 -1 到 1 之间的一个数值。如果相关系数为 0,则表示两者的相关很小,或者没有关系。大于 0 的相关为正相关,小于 0 的相关为负相关。例如,研究发现,学生的阅读、数学成绩与每天看电视的时间负相关,也就是说,学生每天看电视的时间越多,他们的阅读成绩和数学成绩就越低。相反,吸烟与肺癌发生率呈正相关,吸烟的数量越多,患肺癌的可能性越大。

但是,相关本身不能提供因果的信息,当两种现象被发现有相关时,甲可能是引起乙的原因,乙也可能是引起甲的原因,或者它们是以其他的方式产生相关的。只从相关本身的信息,你无法推断哪个是因,哪个是果。由于相关不同于因果关系,从相关研究中我们还不能得出行为变化的真正原因,如学生看电视的时间太多,可能耽误了做作业的时间,也可能引起"惰性"或降低阅读的兴趣,这些都可能导致阅读和数学成绩下降。引起成绩下降的真正原因究竟是什么,还需要进行因果研究。

相关法的优势和不足:

1. 优势

(1)通过相关研究可对人的心理现象进行预测。

(2)相关研究可以进行验证;数量化指标明确,且具有方向性。

(3)可反映变量间关系的具体情况和程度。

(4)往往可以作为其他研究方法的基础,以便进一步研究。

2. 不足

(1)无法确定因果关系。

(2)不能解决非量化指标问题。

(3)结果往往取决于其选用相关研究法的前提条件是否得到了满足。

(四)问卷调查

问卷调查是使用一定的调查与测验工具,通过书面形式进行管理心理学研究的方法。采用标准化的测验工具(测验量表)施测被试者,然后对测验数据进行科学的统计,从而对人的能力(智力与才能)、个性、品德、态度等做出评价判断的方法。一般来说,问卷法比测验法的科学性与标准化程度要低一些。问卷调查的具体方法有态度、需要、评价、满意、民意调查、人才调查等。这两种方法对于企业中的人事选用、人员培训、企业诊断及领导行为测评等都有重要意义。问卷的一种设计是计分法,这也是最常用的一种问卷测量方法之一,要求被试者对问卷中每个问题用五级计分或七级计分的方式进行回答的问卷调查。如工作满意度指数量表(见表 2-1),衡量工作者的综合满意度。

受访者被要求用1(非常不同意)到5(非常同意)的尺度来评价他们对量表中每个项目的同意程度。所有的题项均采取正向计分,分数越高者,代表其工作满足度越高。

表 2-1 工作满意度指数量表

题 项	非常 不同意	不同意	一般	同意	非常 同意
你对自己所从事的工作的性质感到满意吗?	1	2	3	4	5
你对指导自己的人(你的上司)感到满意吗?	1	2	3	4	5
你对组织中共事的人(你的同事或平级的人)之间的关系感到满意吗?	1	2	3	4	5
你对你的工作收入感到满意吗?	1	2	3	4	5
你对你在组织中能获得的晋升机会感到满意吗?	1	2	3	4	5
考虑到工作中的每个方面,你对你当前的工作情形感到满意吗?	1	2	3	4	5

问卷法的优点是可以在较短时间内取得大量广泛的材料,而且能使结果数量化,因而得到广泛应用;被试者在填答一些不宜当面询问的敏感性、尖锐性和隐私性问题时,不会产生顾虑,从而能搜集到较为真实的材料。由于问卷法具有规范化特征,便于对其进行整理、比较、分析,可采用计算机技术对资料进行统计分析。但问卷法也存在一些不足,用这种方法所取得的材料质量和真实性,往往受被试者主观因素的影响,因此难以控制;关于调查对象心理特点的结论必须从调查对象的回答中寻找,是一种自陈式的数据获得方法,如果被试者说不清楚,就无法进行有效的自我报告,因而有较大局限性。问卷设计具有规范与统一的特征,对所要调查的问题和被选答案都做了预先设定,被调查者只能对预定问题作相应回答,或对预定答案作某种选择,在一定程度上缩小了所获信息的容量。

第三节 定性研究方法

一、定性研究定义

定性研究,即对事物或研究对象具体性质及特征进行定义,通过文献研究、资料调研、人物访谈、案例分析等的方式挖掘本质,从而明确定义的研究方式。定性研究最终结果的得出需要经过一系列的理解与解析,并以文字的形式解释、总结结论,佐证研究。通过综合描述与分类来对事物进行衡量的研究。定性研究的一个基本特点就是它不要求被调查者按照事先安排好的回复类别来回答问题。答案是文字性的,不是数量化的,被调查者要用自己的话来陈述答案。事实上,研究人员可能也并不知道真正的答案是什么,但也正因为这点,研究者才使用定性研究方法。这种方法可以使研究人员发现被调查者的动机、态度、偏好及未来的行为倾向。

二、定性研究的优势与不足

1. 优势

(1) 由于定性研究是在自然环境中使用实地体验、开放型访谈、参与性与非参与性观察、文献分析、个案调查等方法对社会现象进行深入细致和长期的研究,因而简便易行,并且能够与研究对象贴近。

(2) 定性研究能使研究人员在近距离和比较自然的环境下对研究对象进行观察与沟通,有利于从研究对象的角度观察和理解他们的行为、态度和动机等。

(3) 定性方法采取解释性范式,重视对现象的解释和理解,因而它的研究设计比较灵活。

(4) 定性研究不具有客观性和可重复性,因此其研究结果往往留下很大的阐释空间。

(5) 在定性研究过程中,个人起的作用较大,因而能充分调动参与人的积极性。

2. 不足

(1) 由于定性研究以研究者本人为研究工具,因而其结果受研究人员个人因素的影响较大,很难重复。

(2) 由于研究结果因人而异,所以研究结果的代表性、效度通常受到怀疑。

(3) 数据难以用统计方法处理,因此无法提供定量的信息。

三、具体的定性研究法

管理学研究中较为常用的定性研究方法有访谈法、观察法、焦点小组访谈法、案例研究法等。

(一)访谈法

访谈法(interview)是指通过访员和受访人面对面地交谈来了解受访人的心理和行为的心理学基本研究方法。访谈法运用面广,能够简单而叙述地收集多方面的工作分析资料。

因研究问题的性质、目的或对象的不同,访谈法具有不同的形式。根据访谈进程的标准化程度,可将它分为结构型访谈和非结构型访谈。结构型访谈的特点是按定向的标准程序进行,通常是采用问卷或调查表;非结构型访谈指没有定向标准化程序的自由交谈。访谈法运用面广,能够简单而叙述地收集多方面的工作分析资料。

访谈法的优势与不足:

1. 优势

(1)可以对工作者的工作态度与工作动机等较深层次的内容有比较详细的了解。

(2)运用面广,能够简单而迅速地收集多方面的工作分析资料。

(3)由任职者亲口讲出工作内容,具体而准确。

(4)使工作分析人员了解到短期内直接观察法不容易发现的情况,有助于管理者发现问题。

(5)为任职者解释工作分析的必要性及功能。

(6)有助于与员工的沟通,缓解工作压力。

2. 不足

(1)访谈法需要专门的技巧,需要受过专门训练的工作分析专业人员。

(2)比较费精力费时间,工作成本较高。

(3)收集到的信息往往已经扭曲和失真。

(4)访谈法易被员工认为是其工作业绩考核或薪酬调整的依据,所以他们会故意夸大或弱化某些职责。

(二)观察法

观察法(observation)是指通过感官或仪器按行为发生的顺序进行系统观察、记录并分析的研究方法。观察法是在自然情况下有目的、有计划、有组织地直接观察被研究者的外在表现,了解其心理活动,进而分析其心理活动规律的一种方法。

运用观察法,首先应有明确的目的,要制订研究计划,拟订详细的观察提纲。观察过程中要敏锐捕捉各种现象,准确、详细地将其记录下来,及时予以整理和分析,以利于科学结论的产生。由于观察法很少干扰或不干扰被观察者的正常活动,因而得出的结论比较符合实际情况。但由于观察者往往处于被动地位,他只能等待需要观察的现象自然出现,不能在必要时反复观察,因而在对观察所得的材料进行区分时,往往不足以区别哪些是偶然的现象,哪些是规律性的事实。此外,观察法对研究者要求较高,观察法表面看起来很简单,但实际运用起来难度非常大,因此,只有经过严格训练的人才能有效使用。

观察法一般适用于以下情形：观察者所关注的行为是公开的，这些行为经常重复出现或者是可以预测的，行为发生在相对较短的时间跨度里。

观察法的优势与不足：

1. 优势

（1）它能通过观察直接获得资料，不需其他中间环节。因此，观察的资料比较真实。

（2）在自然状态下的观察，能获得生动的资料。

（3）观察具有及时性的优势，它能捕捉到正在发生的现象。

（4）观察能搜集到一些无法言表的材料。

2. 不足

（1）受时间的限制，某些事件的发生是有一定时间限制的，过了这段时间就不会再发生。

（2）受观察对象限制。如研究青少年犯罪问题，有些秘密团伙一般不会让别人观察的。

（3）受观察者本身限制。一方面，人的感官都有生理限制，超出这个限度就很难直接观察；另一方面，观察结果也会受到主观意识的影响。

（4）观察者只能观察外表现象和某些物质结构，不能直接观察到事物的本质和人们的思想意识。

（5）观察法不适应于大面积调查。

（三）焦点小组访谈法

焦点小组访谈法，又称小组座谈法，是指采用小型座谈会的形式，挑选一组具有同质性的消费者或客户，由一个经过训练的主持人以一种无结构、自然的形式与一个小组的具有代表性的消费者或客户交谈。从而获得对有关问题的深入了解。

焦点小组访谈法优势与不足：

1. 优势

（1）参与者之间的互动作用可以激发新的思考和想法。

（2）资料收集快、效率高，取得的资料较为广泛和深入。

（3）结构灵活，通常比其他方法容易执行。

（4）能将调查与讨论相结合。

（5）可以进行科学监测

2. 不足

（1）焦点小组所说的观点并不一定都具有典型性。实际上应做的是先进性定性调研,然后再进行定量调研,容易造成判断错误。

（2）对主持人要求较高,主持人是整个互动过程的一部分,这就决定其不能有任何的偏见,个人风格的不同也会使结果产生偏差,另外也与受访者本身有关。

（3）有些涉及隐私、保密等问题,不宜在会上多讨论。

（4）受到讨论时间、保密等问题的限制,有时很难进行深入细致的交流。

（5）回答结果的散乱,使后期对资料的分析和说明比较困难。

（四）案例研究法

案例研究法是对某一个体、群体或组织,在较长的时间里连续进行调查了解,收集全面的资料并进行分析,从而得出科学结论的方法。案例研究法又叫个案法或实例研究法。案例分析法有助于发现新问题,对管理心理学的研究具有重要意义。它有利于对企业做全面的分析和了解,在研究企业群体、人际关系等方面也有一定的优势,但不适合探究变量之间的因果关系,而且案例分析的结论缺乏普遍性、很难进行外推,还要特别注意主观因素对研究结果的影响。

例如,研究者通过对某一企业某一班组长时期直接观察,查阅相关文字记录资料,掌握整个班组人员状况、生产情况、智力结构、关键事件等,并在此基础上进行深入分析,整理出反映该班组特点的详细资料。进行个案分析,总结案例经验,用管理心理学的理论加以概括,有利于揭示管理过程的社会心理规律。例如,在20世纪80年代末与90年代初总结的首都钢铁公司、武汉钢铁公司、鞍山钢铁公司及邯郸钢铁公司的改革及现代科学管理经验;海尔集团从严格质量管理创冰箱品牌立足,到开发多元家电产品,及国际化的经营战略经验等。总结这些单位的经验与成就,有助于我国科学管理理论的发展,结合成员个体、团体组织的心理规律来总结他们的经验,有助于促进我国管理心理学理论与应用的发展。

案例研究法优势与不足:

1. 优势

（1）可以为研究问题提供详尽、全面的深层资料。

（2）能详细解释个体某些心理和行为的产生、发展、变化的原因,有助于研究者获得某种假设。

2. 不足

（1）由于个案法只使用少数案例,研究的结果可能仅适合个别情况。因此,在推广运用这些结果或做出更概括的结论时,必须持谨慎态度。

（2）耗费时间多,不能揭示因果关系。

四、定量研究与定性研究的联系与区别

（一）定量研究与定性研究的联系

定性研究和定量研究是教育研究方法中的两大主要研究方法，其从古至今都是被当作两种独立的方法，甚至有人认为二者间存在着不可跨越的沟壑。虽说在收集资料的方式、适用的情境、研究过程及成果展示形式上有很大的不同，但是这两种方式各有优点与不足，它们之间的关系不是用对立能解释的，在很多情况下它们都是互补的，统一的。

如果脱离了定性研究，单独采用定量研究，则可能在研究过程中很难把握住研究的重点，造成无法深入，甚至走很多的弯路。这是因为定性研究可以避免对数据进行烦琐的计算分析，更加的省时省力，同时其也具有严密的逻辑性，能够深入本质，提炼出研究的重点，找到合理的切入点。

如果直接盲目地采用定量研究，则很难把握研究的重点，到底从哪方面去研究会使我们做起来没有围绕中心，也没有主次之分。

（二）定量研究与定性研究的区别

定量研究与定性研究是社会科学领域两种对立的研究范式，二者在研究目标、对象及方法上都存在着明显的区别。首先，研究目标上，定量研究重视预测控制而定性研究重视对意义的理解；其次，研究对象上，定量研究强调事实的客观实在性而定性研究强调对象的主观意向性；最后，研究方法上，定量研究注重经验证实而定性研究注重解释建构。

（1）在资料收集上：定性研究收集资料的方法有观察法、访谈法、文献法，通过这些方法来收集资料，然后从个别现象中提炼出一般性结论，并提出假设和理论。定量研究收集的资料与定性研究有着很显著的区别，它是通过观察、实验、问卷、量表、结构式访问等方法进行测量，更加注重的是测量出的一些数据，通过计算分析和严谨的逻辑思维进行定量分析，以数据或图形图表等形式表现出来。

（2）在适用情境上：定性研究应该在自然的情境中进行，研究结果也只适应于特定的情境中，在生活情境中探索被研究者的生活习惯和日常的行为，把自己试着放入一个丰富自然情境中去体验研究最真实的状态。例如，在教育事件发生时，融入情境中去探究人所处的环境及相关事物对该教育事件的影响。定量研究起源于实证主义，更加强调通过具体的实证来探究教育事件中发生的现象，它在各个方面都有着非常严苛的标准。这样就需要设计一个实验的情境，改变单一的条件，严格控制无关变量，从而能够更加精确地发现其中的关系。

（3）在研究过程上：在定性研究的研究过程中，先是提出一个问题，再用观察、访问、查阅文献等方法围绕着这个问题去收集资料，然后再分析资料，依据资料来归纳一个理论框架，然后用文字或者图片描述出来。"质"的研究遵循的是以归纳为主的意义建构逻辑，遵循的是从特殊情境中归纳出一般结论的思维方式，所以归纳出来的结论只适用于类似此种事件的情况，不能全部都推广到本研究范围以外的现象中去。定量研究在研究过程中则是以演绎推理为主的假设检验逻辑，具有标准化程序，其遵循的是从一般到特殊的思维方式，最终以数据的形式表现出研究结果。

（三）定性研究与定量研究相结合

由于定性研究得出的结论非常有限，所以一些研究人员使用定性研究与定量研究相结合的方法来制定战略决策。他们用定性研究的结果来得出新的观点，用定量研究的成果预测人们的行为。有时从定性研究中产生的观点又被经验检验并且成为设计定量研究的基础。研究人员已经发现，这两种研究方法不是相互矛盾的，而是一种相互统一的自然补充。定量研究使预测成为可能，定性研究提供了理论依据，把二者相结合能帮助研究人员对人们的行为有更充分的了解。

了解了这么多管理心理学的常见方法，我们也不要忘了管理的直接目的是要提高组织活动的效率。活动效率是参与活动的人的行为选择的结果，而人的行为选择则受制于人的思维方式。学习和研究管理心理学，要求我们在马克思主义理论指导下用科学的方式去思考管理实践的特征，提高我们对管理理论的认识和运用能力，提高我们的管理思维能力。科学的管理思维是战略思维、历史思维、辩证思维、创新思维及底线思维的统一。

（1）学习和研究管理心理学，要有战略的思维。战略思维是整体的思维、长期的思维、系统的思维。战略思维要求我们"高瞻远瞩、统揽全局，善于把握事物发展总体趋势和方向"。管理研究的对象是一个构成复杂、关系交错、动态变化的整体。管理研究和学习要视野开阔、见微知著，站在组织活动系统协调、动态整合的高度来观察、思考和研究管理过程中的问题，要"透过纷繁复杂的表面现象把握事物的本质和发展的内在规律"。

（2）学习和研究管理心理学，要有历史的思维。历史思维，就是要"以史为鉴、知古鉴今，善于运用历史眼光认识发展规律"，以把握前进方向，指导现实，走向未来。一方面，管理研究的对象——组织的活动及其管理是一个动态发展、逐渐演化的过程。准确剖析今天管理活动的特点要求我们深入追踪昨天组织活动的选择及其影响因素。

（3）学习和研究管理心理学，要有辩证的思维。辩证思维，就是要"承认矛盾、分析矛盾、解决矛盾,善于抓住关键、找准重点,洞察事物发展规律"。管理实践中充满了矛盾。这些矛盾不仅涉及个人和组织及各种群体间的利益冲突,还可能表现为可供组织选择的不同战略之间的相互对立及被选择的战略在不同背景下实施效果的不一致。辩证思维要求我们在管理实践中分析矛盾的本质,抓住冲突的关键,消除不一致,实现组织的和谐发展,同时在对管理实践对立统一过程的分析中揭示管理活动的发展规律。

(4)学习和研究管理心理学,要有创新的思维。创新思维要求破除迷信,因时制宜,知难而进,敢为人先。管理实践是一个不断创新的过程。经济学家熊彼特认为,企业生产经营活动是生产要素组合的过程,企业家的职能就是在这个过程中不断寻求要素组合的新方法。要素组合方法的不断创新必然要求管理协调的相应改变,创新思维要求我们追踪管理实践的变化,分析管理实践中遇到的新环境、新问题,探讨解决问题的新方法、新工具,发现管理活动的新规律,以推动管理实践和管理理论的新发展。

(5)学习和研究管理心理学,要有底线的思维。底线思维不仅指企业经营活动内容方向,以及方式的选择要在道德和法律的框架内进行,而且强调企业活动目标的制定要同时考虑期望达到的状况与水平,以及目标活动中可以接受的不利结果的范围和程度。企业在组织任何活动的过程中不仅会遇到希望达到的有利结果,而且可能会遇到主观不希望出现的不利情况。这种不利的情况有时是不可避免的。企业要预先估计这种不利情况出现的可能性,并限定不利情况可以允许的范围和程度。超过这个范围、程度,就要对企业目标活动进行调整。只有充分预估了这种可能性并事先做好调整的准备,才能临危不乱,保证企业活动有序地进行。

综上,管理心理学是管理科学与心理科学交叉而成的一个重要分支。它既是管理科学的分支学科,也是心理科学的应用心理学分支学科。它是运用心理学、管理学、社会学、人类学等学科的原理、原则,研究管理活动中人的心理活动与行为规律,协调人际关系,满足员工需要,调动人的积极性,提高管理效能的科学。理论联系实际还要求我们了解和掌握心理学、管理学、社会学、人类学等学科的原理、原则,综合运用这些学科的理论与方法来关注、探讨、分析甚至指导、提升我们的管理实践。

思考题

(1)管理心理学的研究原则有哪些?

(2)管理心理学的研究方法有哪些? 各有什么优势和不足?

(3)什么是定性研究? 定性研究的优势和不足有哪些?

(4) 定性研究的研究方法有哪些？各有什么优势和不足？

(5) 什么是定量研究？定量研究的优势和不足有哪些？

(6) 定量研究的研究方法有哪些？各有什么优势和不足？

(7) 试比较定性研究和定量研究

案例研讨

绕不过的"16圈"：曼思与福特公司的传奇故事

曼思是德国的一位工程技术人员，因为失业和国内经济不景气，不远万里到了美国。他幸运地得到一家小工厂老板的看重，聘用他担任生产机器马达的技术人员。1923年，美国福特公司有一台马达坏了，公司所有的工程技术人员都未能修好。正在焦急万分的时候，有人推荐了曼思，福特公司就派人请他修理。他来之后什么也没做，只是要了一张席子铺在电机旁，聚精会神地听了3天，然后又要了梯子，爬上爬下忙多时，最后他在电机的一个部位用粉笔画了一道线，写上"这儿的线圈多绕了16圈"几个字。福特公司的技术人员按照曼思的建议，拆开电机把多余的16圈线取走，再开机，电机正常运转了。

福特公司总裁得知后，对这位德国技术员十分欣赏，先是给了他1万美元的酬金，然后又亲自邀请曼思加盟福特公司。但曼思却向福特先生说，他不能离开那家小工厂，因为那家小工厂的老板在他最困难的时候帮助了他。

福特先生先是觉得遗憾万分，继而又感慨不已。福特公司在美国是实力雄厚的大公司，人们都以进福特公司为荣，而他却为了报恩舍弃如此好的机会。

不久，福特先生做出一个决定，收购曼思所在的那家小工厂。董事会的成员都觉得不可思议：这样一家小工厂怎么会进入福特先生的视野？福特先生说："人品难得，因为那里有曼思。"

资料来源：百度百科.思坦因曼思[EB/OL].(2022-03-04)[2024-05-26].https://baike.baidu.com/item/思坦因曼思/2623152.

请思考：

(1) 以上案例反映了本章讲到的哪些原理或方法？

(2) 福特先生的管理决策对你有何启发？

第三章
管理心理学的研究与实践前沿

管理中和人有关的心理问题研究是近现代企业管理的必然要求。人机适应、人力资源的管理、人际关系的协调都必然涉及管理中的心理问题,管理科学的发展也必然涉及人的心理问题。管理心理学作为一门独立的学科,起源于 20 世纪 20 年代,成熟于 20 世纪 50 年代,它的发展是和经济发展的历史以及管理科学、心理科学的发展紧密相关的。随着社会的不断发展进步,管理心理学也在新的心理学和互联网技术的融合下,产生了新的发展与进步。本章重点介绍认知神经科学带来的革命,5G 技术对管理心理学的影响及关于消费者心理的研究在管理中的应用。

第一节　认知神经科学带来的革命

一、认知神经科学的主要技术方法

认知神经科学(cognitive neuroscience)是在神经科学和认知科学的基础上发展起来的一门新兴交叉学科,主要采用神经生物学和认知心理学的方法,并借助神经影像学和神经电生理等技术对人类的注意、语言、学习记忆、运动、知觉等高级神经机能的生物学机制进行研究,从神经层面揭示认知问题的产生和形成机制。在过去的 30 年间,信息机技术和神经影像技术的进步推动了认知神经科学的快速发展,并引起了包括管理学、社会学、心理学等多学科领域对认知神经科学的关注,催生了神经经济学、神经管理学、神经营销学等新兴交叉学科领域。管理心理学及其交叉学科领域常用的认知神经科学技术如下。

（一）眼动追踪

眼动追踪(eye-tracking)是通过测量眼睛注视点的位置或者眼球相对头部的运动

而实现对眼球运动的追踪。眼动追踪一般借助于硬件和软件两种媒介来实现。其中,以硬件为基础的视线追踪是采用图像处理技术,通过摄像机锁定眼球,利用从人眼角膜和瞳孔反射的红外线连续地记录视线变化,从而达到记录并分析眼动追踪过程的目的。在采用这种方法之前需要先固定受试者的头部,这在一定程度上会对受试者带来不适感;以软件为基础的眼动追踪技术则是通过摄像机去获取眼球或脸部图像,再利用软件去定位和跟踪图像中人脸和眼球,从而对受试者在屏幕上的注视位置进行估算。

眼动追踪指标一般分为时间和空间两类。其中,时间指标包括注视时间(如首次注视时间、总注视时间和平均注视时间等)、眼跳时间、眼跳潜伏期和回视时间等。这些指标可以精细地从时间进程上揭示信息加工过程;空间指标包括注视点、各种不同眼动的次数、眼跳距离、眼动轨迹图和热点图等。这些指标可以从空间上揭示不同区域的加工模式。眼动的时空特征被证实可以作为生理和行为指标很好地反映视觉信息的提取过程。比如,心理语言学的相关研究经常采用注视次数和注视时间来反映学习者对视觉信息的加工强度;利用回视时间来揭示词汇通达的加工过程,以及后期句子整合的加工过程等。管理心理学和营销领域的研究则利用眼动轨迹和热点图等空间指标来表征客户浏览和注视网络信息的视觉加工过程和加工顺序及注意分配等。

(二)事件相关电位

事件相关电位(Event-Related Potential, ERP)是一种特殊的脑电信号,是对感受器官施加多个或多样的刺激时发生的神经电活动,是一种诱发脑电。事件相关电信号一般是隐藏在十分微弱的自发脑电信号中,幅值相比自发脑电信号更加微弱,因此需要各种信号处理方法来提取事件相关脑电。目前的研究通常是对头皮表面采集到的脑电信号运用平均叠加技术来提取,以此来反映认知过程中大脑的神经生理的电活动变化,为大脑认知活动的研究提供了新的思路和方法。

事件相关电位具有高时间分辨率的特点,使其在揭示认知的时间过程方面极具优势,能锁时性地反映认知的动态过程,并以不同的脑电成分来表征。这类脑电成分包括外源性成分和内源性成分。其中,外源性成分与刺激的物理性因素相关,而内源性成分与认知活动密切相关。该方法已经成为研究脑认知活动的重要手段。比如P300就是较早发现的内源性事件相关电位成分,主要与人在从事某一任务时的认知活动,如注意、辨别及工作记忆有关。P300可能代表期待的感觉信息得到确认和知觉任务的结束,目前已被广泛用来研究认知功能。其潜伏期反映对刺激物的评价或归类所需要的时间即反应速度,随作业难度的增加而延长,而波幅反映了心理负荷的量,即被试投入到任务中的脑力资源的多少。

（三）功能性磁共振成像

20 世纪 90 年代以来,在传统磁共振成像技术的基础上发展起来的功能磁共振成像(Functional Magnetic Resonance Imaging, fMRI)技术已经被广泛应用于脑功能的临床和基础研究。广义而言,这项成像技术包括弥散加权成像(Diffusion Weighted Imaging, DWI)、灌注加权成像(Perfusion Weighted Imaging, PWI)、弥散张量成像(Diffusion Tensor Imaging, DTI),以及磁共振波谱分析(Magnetic Resonance Spectroscopy, MRS)。狭义而言,该技术主要指血氧水平依赖(Blood Oxygen Level Dependent, BOLD),且 BOLD 在 fMRI 中的应用最为广泛。该技术是通过一定的刺激使大脑皮质各功能区在磁共振设备上成像的方法,它结合了功能、影像和解剖三方面的因素,是一种在活体人脑定位各功能区的有效方法。

由于功能磁共振成像技术能够无创伤地对神经元活动进行较准确地定位,有较高的空间分辨率和可接受的时间分辨率,以及较好的可重复性和可行性等优势,已经成为脑功能成像发展迅速的新技术之一,并且广泛应用于认知神经科学、心理学等基础研究,也越来越受到管理学、经济学和教育学等社会科学的青睐。比如,2003 年,在《科学》(Science)期刊上发表的一篇有关"最后通牒博弈"任务的 fMIR 研究,揭示了受试者接受不公平的给予时会引起与情绪相关的前脑岛(anterior insular)和与高级认知相关的外侧前额叶皮层(dorsolateral prefrontal cortex)的激活,而当受试者拒绝不公平给予时,前脑岛的激活则更为强烈。研究揭示了受试者在接受不公平待遇时的神经基础,为"最后通牒博弈"找到了客观的科学依据。

（四）功能性近红外光谱成像

功能性近红外光谱成像(Functional Near-infrared Spectroscopy, fNIRS)是利用血液的主要成分对 600～900 nm 近红外光良好的散射性,从而获得大脑活动时氧合血红蛋白合脱氧血红蛋白的变化情况。大脑通过血液的新陈代谢为神经元活动提供所需的氧,而氧的消耗又刺激大脑局部血管的舒张,促使毛细血管血流量增加,导致局部脑血流(rCBF)和脑血容(CBV)的增加,表现为大脑血氧水平的迅速提高,这就是神经与血管匹配的机制(neurovasular coupling)在这个机制的作用下,认知神经活动过程中大脑神经活动区域增加的脑血流所携带的氧将大大超过大脑活动所需的氧,而氧通过血液中的血红蛋白进行传输,故而认知活动过程中大脑活动区域会出现血液中氧合血红蛋白浓度的上升,脱氧血红蛋白浓度的下降功能磁共振成像技术(fMRI)正是利用认知活动中血红蛋白浓度的变化导致的磁性变化,从而获得 BOLD 信号。

与 fMRI 脑功能成像技术类似，fNIRS 的测量对象并非神经元活动本身，而是神经元活动相关的能量代谢物。该技术由于具有造价低、便携性好、无噪声、无创伤性，以对受试者动作不过分敏感等优点，极大地拓展了现有脑成像研究的对象范围和实验范式类型。由于 fNIRS 对头部和肢体晃动的敏感性远低于 fMRI，受试者在实验过程中可以适当地眨眼、说话、运动。降低了使用过程中的不适感。因此，fNIRS 非常适用于婴儿、儿童、多动症患者等对设备不适性容忍度较低的受试群体。更重要的是，fNRIS 还能够用于研究户外跑步、运动训练等真实环境下的运动功能的测量，并且可以在真实社会交互情境下进行多脑成像。这种设计更加贴近真实生活，让研究具有更高的生态效度。也正是因为这类优势，该技术已被逐步应用于心理学、管理学和认知神经科学等多个学科领域。比如，近期发表在《神经影像》(*NeuroImage*)期刊上的一项研究发现，在双人决策中，与决策反馈相关的左额下回(l-IFG)和内侧丘脑皮质(mFPC)的脑间同步性受人际关系的调节。基于支持向量机(SVM)算法也揭示与正负反馈相关的前额叶各通道的脑间同步性分别预测了陌生人群和好友群的不确定性决策倾向。社会价值取向(SVO)通过右侧小脑外侧皮层的脑间同步性对不确定性决策倾向的调节作用也得到了验证。这些研究结果表明，在不确定的情况下，在不同人际关系中，不同的行为反应和大脑同步模式是群体决策的基础。

二、认知神经科学对管理心理学的主要贡献

认知神经科学的快速发展及其在心理学、管理学和经济学等学科的广泛应用，无疑推动和促进了诸多学科的发展，并催生了许多新的交叉学科领域，也为管理心理学及其他心理学科方向的发展做出了重要贡献，主要体现在以下三个方面：

（一）进一步揭示和完善管理心理学领域的诸多假设

包括管理心理学在内的诸多心理学理论的科学依据主要来自早期的行为研究，还存在诸多相互矛盾和不一致的理论解释。譬如，传统的风险决策理论坚持"理性人"假设，认为人们在决策过程中都在尽可能地追求个人利益最大化，对可利用的信息进行深入分析，以使自己的决策达到不确定条件下的最优。但这个假设仅仅关注了人的理性，却忽视了人的非理性。认知神经科学家则借助于认知神经科学手段揭示了情绪等非理性因素是如何影响风险决策。譬如，科里切利(Coricelli)等在 2005 年通过简单的轮盘赌博任务发现海马(hippocampus)前部、背侧前扣带回(anterior cingulate cortex)及内侧前额叶(medial prefrontal cortex)在决策诱发的后悔情绪中的作用，这个发现为预期和体验情绪的能力对于人们做出适应性决策的重要性的假设提供了重要的实验证据。

（二）对管理心理学领域的一些问题做新的诠释与补充

在管理心理学中，早期的风险决策理论认为决策者在决策过程中谋求的加权估价后形成的预期效用最大化。然而，预期效用理论却存在一定局限性，它无法揭示为什么人们痛恨损失的程度往往更大于收益带来的喜悦程度，为什么会出现偏好反转等现象。2002 年诺贝尔奖获得者、心理学家丹尼尔·卡尼曼（Daniel Kahneman，美国）于 1979 年提出的前景理论则很好地解释了这类现象，他认为大多数人对损失比获得更敏感，因为损失时的痛苦要大大超过获得时的快乐。基于神经科学的风险决策研究则为这一理论揭示提供了充分的证据支持。风险决策的神经科学研究发现，人们在作风险决策任务时会显著激活眶额皮层（OFC）、腹内侧前额叶（vMPFC）、前扣带回（ACC）和杏仁核等区域。卡尼曼等人认为，该研究及其他研究说明了人们存在两种风险决策模式：依赖经验和直觉的风险决策和需要更多认知努力和认知加工的决策。人们需要通过较多的认知努力才能更好地抑制情绪对决策的影响。

（三）对管理心理学原有研究方法的补充与创新

传统的管理心理学和经济心理学对风险决策的研究往往会把人的行为和选择设定在一个特定的范围中，采取给定参数选择、动机成因和可行性约束，虽然这种方式能揭示很多行为，但实际的决策行为无法用一种单一、简单的模型来完全设定和揭示，并出现了很多"异象"和无法解释的现象。而借助于认知神经科学的研究方法，通过实验和神经成像技术来测量决策过程中的大脑活动，发现个体决策行为的内在机理及其神经机制，使得研究结论更加客观。

（四）促进管理心理学各流派的发展与融合

一方面，管理心理学的神经科学研究主要是研究人脑是如何对外界刺激做出反应，而这种反应义如何作用于人类的管理行为，它可以说是管理学、经济学、心理学和神经科学相互结合派生出来的产物。传统的管理心理学研究是运用采用数理和行为来反映人们的管理心理和行为。而管理心理学领域的认知神经科学研究则是以大脑作为研究对象，观察大脑实际的活动来拓展传统研究，从大脑神经活动的视角对人们的在管理过程中所体现出的心理活动进行更客观的量化。

另一方面，虽然管理心理学的神经科学研究与传统研究在方法学上有很大的不同，但研究的出发点是一致的，都是共同致力于对人类的管理心理与行为及其结果的解释和分析，共同寻求管理活动中的心理与行为的共性规律，试图为建立一个更为严密的理论体系提供支持。更重要的是，二者都力图能对一定时期内存在的管理心理与行为从各自不同的角度，按照不同的思维方法做出独立的并且更符合逻辑的解释。

例如,风险决策的认知神经科学研究发现,人们进行远期的风险决策行为时,他们的决策行为更符合传统决策理论假定的"理性决策"过程,此时的决策行为更多地涉及大脑的前额叶皮层;但面对短期决策,比如一般消费活动时,非理性冲动因素发挥主导作用,它会左右着人脑的决策,大脑的边缘系统在此时的作用会超过前额叶,此时的决策更倾向于满足即时需要。由此可见,只有将二者结合起来才能更好地解释和反映现实生活中的人类行为。

第二节　5G 时代的数字转型对
管理心理学的影响

一、5G 时代下的数字化转型

(一)5G 带来的可能性

随着互联网技术的日益发展与成熟,在充满挑战的时代中如何加速数字化转型,凸显信息通信技术赋能数字经济和社会高质量发展的关键作用,成了新时代管理者迫切需要解决的一大问题。而肩负着能使千行百业数字化的 5G,将成为这个充满挑战时代的行业数字化转型的加速器。全球越来越多的国家或地区都在发力数字新基建,5G 无疑是重中之重。例如,欧盟委员会提出的"2030 数字罗盘"计划,到 2030 年所有欧盟家庭实现千兆比特连接,所有人口密集地区实现 5G 覆盖。美国宣布的一项总额约 2.25 万亿美元的基础设施建设一揽子计划中,有 1 000 亿美元将用于数字基础设施建设。5G 在中国更是与大数据中心、人工智能、工业互联网等七大领域共同入选"新基建"。根据中国信息通信研究院测算:预计在 2020—2025 年,5G 将拉动中国数字经济增长 15.2 万亿元,5G 与人工智能、大数据等信息通信新技术的融合发展,将推动数字经济生产组织方式、资源配置效率、管理服务模式深刻变革。

特别是 2020 年新冠疫情发生以来,以习近平同志为核心的党中央把人民群众生命安全和身体健康放在第一位,提出了坚定信心、同舟共济、科学防治、精准施策的总要求。习近平总书记指出:"要鼓励运用大数据、人工智能、云计算等数字技术,在疫情监测分析、病毒溯源、防控救治、资源调配等方面更好发挥支撑作用。"打赢疫情防控阻击战,要发挥好大数据、人工智能、云计算等数字技术的重要作用。依托疫情防控大数据平台,开展流行病学和溯源调查,对密切接触者"追踪",大幅提高防控精准度和筛查效率；通过"5G＋医疗"，多学科、多专家远程为重症患者协作诊疗，提升抗疫一线医疗救治水平；智慧物流打通物资流通堵点，保障医疗防护服等抗疫物资紧急调配……在疫情应对中，以 5G、大数据为代表的数字技术发挥了重要作用。

不得不承认，在全球应对新冠疫情的挑战中，信息通信技术在疫情防控、远程医疗、网络教育、电子商务、复工复产中发挥出不可替代的作用，让全球超过 80 亿的无线用户紧密连接。加速推动数字化转型对于应对全球挑战、推动经济社会高质量发展具有重要作用。在疫情危机、全球气候变暖等这些人类共同面临的挑战面前，数字化转型或许不是唯一答案，但在连接与沟通、提高效能以尽可能实现可持续发展等问题上，数字化的重要性不言而喻。

（二）从数字化到数智化

数智，即数字化和智能化的结合体。数智革新，虽然代表两个不同的东西，但是数智化转型的本质还是尽可能地挖掘和释放"数据"的价值。数智化并不是一个环节，而是利用数字化实现层层打通，是涉及物联网和移动互联网的科技，以及通过传感器把大量数据进行收集打通，然后利用数字化科技进行判断、分析和应用。比如，零售品牌通过线上线下的数据采集机制，帮助自己在供应链环节做出及时的判断，到最后更高端的阶段就进入智能化，不需要人工的帮助，系统直接跟系统对接，做出决策。例如，在亚马逊，每个产品从客户需求、销售预测到仓储库存都是系统之间的决策和判断。客户的订单从哪个仓库发货、使用什么路线、由哪部车辆运送全都是系统决策。而且亚马逊在电商平台的价格也是一种动态定价，全部由算法推算出来，这就是智能化。智能化是企业数字化转型追求的最高境界。

严格意义上讲，当前中国企业整体上处于数智化的状态，即以数字化转型为主、智能化升级为辅，互相融合推进。欧洲零售和金融企业的数字化水平是偏低的，比如法国的数字支付、数据采集的普及度很低。但德国工业 4.0 的水平是世界认可的，但在客户触达和粉丝互动方面却比较保守。相比之下，美国的科技进步和发展水平属于全球引领的位置。美国诞生了很多先进的云计算、人工智能、物联网、元宇宙的科技企业，如亚马逊、微软、谷歌、Meta 等。

在数智科技方面，中国具有的优势是：中国市场对新事物的接受度较高，比起保守的欧洲，中国市场更愿意尝试创新，行动力更强。当然，中国也有很多传统企业家在拥抱数智化转型的时候会有所顾虑和焦虑，从这个角度看，对企业家群体的数智化转型普教就很重要，帮助并鼓励中国的企业在数字化转型时增强信心，借助科技把企业做得更大更强，达到降本增效，升级转型的目的。

【案例分享】

中国企业数字化到数智化的转型

中国企业的数字化转型已经持续了较长时间,在数据成为新生产要素的同时,数据的价值还有待释放。因此对于很多企业而言,在数字化转型之后,还要继续进行数智化升级。那么企业从数字化到数智化该如何转型呢?

据国家统计局数据显示,2021年1—11月,全国实物商品网上零售额为98 056亿元,已经占社会消费品零售总额的将近四分之一。对于实体零售来说,未来通过线上线下整合,会涌现出更多的消费模式。以智能音箱为例。音箱只是传统的听觉设备,后来出现了形态各异,适宜不同消费水平群体的智能音箱,为消费增长企业转型注入了新的活力。

在后疫情时代,对于实体零售企业来说,首先在企业自身的战略层面上,要对数智化转型有一个准确把握。数智化转型不同于信息化,信息化很重要的一个推动力就是要提升效率,通过引入信息化的一些手段提升整个企业的运营效率。但数智化转型不仅是效率的提升,更多的是一种模式的升级或转变。在对数智化的概念有一个准确把握之后,不同企业的数智化转型应该"因企施转,量身定制"。第一是自主转,有一些大企业可以自主去转;第二是协同转,引进互联网大厂,还要引进专门做量身定制工作的咨询机构;第三是创新转,创新是一种业态,在创新的过程中连带着转型;第四是赋能转,就是用线上线下做得比较好的企业去给缺乏能力转、或不会转的企业赋能,然后把最核心的问题解决掉。例如,北京苏宁易购副总经理高崑认为,企业应该根据自己的实际情况来确定自己的转型路线和起步平台,大胆、坚决地"迈出转型的一步""对商业企业来说,最主要的抓手就是数据。有了数据之后,技术转型肯定是要有比较大的投入,从硬件到软件都要有所投入。企业家一定要有信心和决心,看准了方向一定要大胆投入,未来会有回报的。"

资料来源:赵丽梅.实体零售数智化转型箭在弦上.中国青年报.2021-12-16.

二、组织动能与管理

在创新驱动和转型升级的经营环境下,企业组织的结构持续演变并日趋扁平化、柔性化和敏捷型,经营管理体制加速转换。数字化转型,组织变革、组织发展、组织创新和组织可续成为管理心理学的主旋律。管理心理学的组织心理理论与方法不断得到丰富和完善,并得以广泛的应用和优化。对于组织和组织结构的概念和规律,有了更为深层次的理解。

（一）组织结构与设计

1.组织结构特征

现代组织的概念把组织看成一个开放的社会-技术体系,即组织不断与外部环境开放式进行人员、资源、技术与信息的交换,组织由技术子系统和包含心理、管理、战略要素的社会子系统等组成,形成了整合系统。组织的核心是其使命、愿景、价值观及其行为过程与绩效结果。组织结构是"一种由部门、队伍、业务、职权和指挥关系构成的组织目标与功能运作体系"。组织结构规定了组织活动的模式和功能,其主要目的在于指挥和协调员工的行动,从而实现组织的目标。无论企业的背景、产品、人员有多大的差异,相同组织结构的功能模式十分相似。组织结构需要建构并实现组织目标相适应的任务或管理过程,称为"劳动分工";组织结构还必须把任务结合和协调在一起,以取得总体绩效,称为"任务协同"。

2.组织结构演变的五种模式

组织结构及其设计的心理机制是管理心理学和管理学的重要内容。组织结构的演变基本上经历了五种模式。

（1）层峰职能式组织结构与特点。层峰职能式组织以马克斯·韦伯的层峰组织模型为基础,从管理的分化与整合特征提出层峰组织的六大特点:选拔与晋升标准,权威层次,规则与规章,劳动分工,书面文件和所有制分离。从字面上看,"层峰式"就意味有多层级且高耸型的组织结构模式。决策权集中于高层,权力处于"命令链",如图3-1所示。层峰结构促进"上情下达"效率,以个体目标为主,各尽其职,按章行事,管理运营成本较低。我国企业"直线职能制"结构是这种层峰结构的一个例子。在这种结构下,职能专业化,规章制度繁多,决策权集中在高层,任务常规化标准化,注重任务绩效。这种组织结构可能导致职能化过细、专业化过窄的问题,出现"各自为政"和刻板而缺乏主动性的局限。

（2）矩阵项目式组织结构与特征。层峰职能式组织在常规、单一、稳定的业务经营上比较合适,却难以适应新兴、多元、动态的业务发展和资源整合式经营模式的变革。矩阵结构组织由威廉·大内(William Ouchi,美国)在《Z理论》一书中提出,在原有层峰结构的基础上,根据新业务的需要,增设了若干意在整合各个职能或部门人才资源的跨部门项目组,使之发挥纵横结构二者的长处,具有较强的整合性和协调能力(见图3-2)。例如,把产品或项目部门化横向模式与职能式纵向结构相结合。矩阵组织注重交叉目标、双重角色,强调部门间的协作和项目组间配合,在绩效管理、任务

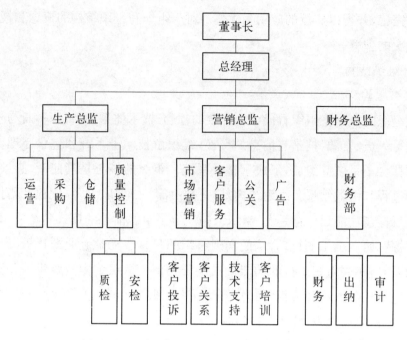

图 3-1 层峰职能式组织结构与直线职能制举例

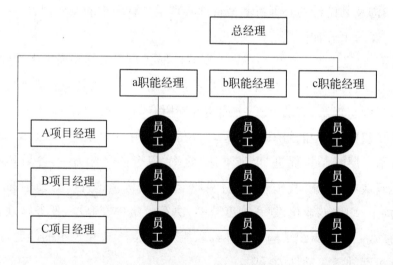

图 3-2 矩阵项目式组织结构模式

绩效上增强了相互间的周边绩效(协作绩效和公民行为),是一种项目式组织结构,可以派生出新的业务部或分公司结构。矩阵结构的难点是可能形成"多头管理",纵横协调可能出现矛盾,需要特别加强协调反馈和调节机制,并努力建设团队化的组织文化。

(3) 网络互联式组织结构与特征。随着高新技术、电子商务和互联网等的迅猛发展,企业组织结构的模式日新月异。从 IBM 联合美国金融业和电信业共同首创电子商务网络组织开始,网络互联式组织结构日趋流行。在线远程也称为虚拟组织。虚拟组织使得组织设计更为动态,在线远程员工及多个合作项目间的互动、融合与交叉加速,组织的边界淡化,美国通用电气的全球杰出 CEO 杰克·韦尔奇(Jack Welch)称之为"无边界组织"。这种组织的直线指挥系统淡化,控制幅度不再受到限制,自主性工作团队成为主体。网络互联式组织强调各参与公司或项目团队在合作组织中以自身专长负责任务的"责任绩效"并且强调基于共同目标的竞合关系。这类组织也分担了风险和成本,成为颇有前途的组织设计方案。

（4）平台分布式组织结构与特征。随着互联网、大数据、人工智能、物联网的迅猛发展,共享经济、数字经济、智慧城市、认知商务快速发展,新型组织设计成为各类企业构建竞争优势和"结构服从战略"的重要手段。这里更多指数字化转型背景下的开放式工作平台组织(见图3-3),使得各类项目组在数字化平台上充分共享资源、柔性组合、同担责任、互动创新,从而形成多样业务项目和交叉团队。管理心理学最新研究表明,数字化平台组织可以显著提升对市场和客户需求的敏捷性,丰富员工的多种数字化体验,强化数字化

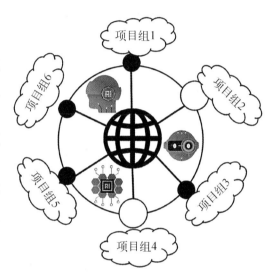

图3-3　数字化平台分布式组织结构

联结,显著加快即时反应,从而显著提升对数字化转型的认同感。通过数字化"内部创业"项目组建共享型平台是比较典型的平台组织,鼓励跨部门启动各种数字化创意、新技术、新模式的内创项目,内部立项,适时投资,并配套出台内外合作的创业创新能力开发计划,以创业创新机制支撑多项目的创业创新活力,形成数字化创新生态系统。

管理心理学的最新研究表明,平台分布式组织注重创新绩效,需要在领导授权模式、客户参与程度、产品服务模式、团队合作方式和运营绩效评价等方面做好创新准备。在中国企业实践中,组织设计与变革发展常嵌套在一起,许多企业根据业务类型而采用多种组织形式。在数字化、多业务、平台型组织中通过"中台结构"加以协同和启动分布式治理模式等都是组织设计的变革和发展。

（5）双栖生态式组织结构与特征。在动态变化和竞合创新的情境下,组织的设计与动态能力的建构融合在一起。奥赖利和图什曼(O'Reilly 和 Tushman,2013)系

统回顾了组织双栖(organizational ambidexterity)概念自 1996 年提出以来的沿革,并指出了发展方向。组织双栖性被定义为"在同一企业内建立多重矛盾性的架构、流程和文化以同时追求渐进式创新与离散式创新的能力",从而实现长期的适应与生存。詹姆斯·G. 马奇(James G. March,美国,1991)的开创性文章则以开发现有资产的能力和探索未来市场与技术变化的能力表现新探索与开发的双栖机制。进入新世纪,研究开始关注组织双栖能力与公司绩效的紧密关系,并发现制造业与服务业的不同模式。一般来说,可以采用多种方式实现组织两栖性:时段双栖(先后采用不同策略,适合稳态环境)、结构双栖(组织结构或业务板块分设不同策略,平衡适应快变情景)、场景双栖(创设双栖组织特征,自选多元策略)等。无论以哪种方式推进组织双栖性,为了保持企业的创新性和可持续发展,趋于常态化的双栖型领导力开发和双栖型组织建设已成为一项战略任务。

(二)组织动能

为了使组织结构不断适应战略发展,避免出现"结构僵化"或者"活力弱化"的问题,需要持续强化组织的动力机制,主要表现在以下四个方面。

1. 柔性架构动力特征

架构格局是指组织结构的布局和形态,主要由职责分工和任务协调要求所决定。架构通常可以用组织结构图来描述,包括所有职位、人员、任务报告关系、正式沟通与命令链路线等。结构服从战略,战略面向目标。只有保持架构的柔性,才能形成基于应变和适应能力的动力机制。常规组织的岗位职责与工作划分模式比较固定,存在职责固化、任务单一,人员不流动,分工即"分家"的刻板模式。柔性架构动力要求组织架构和部门设置都比较灵活、弹性和多样,有能力跟随不同战略的转移、相关业务的创新、并购重组的升级、数字化转型等需要而不断更新组织架构的模式与运营机制。通过新型组织弹性设计和多样化、丰富化措施相结合,增强架构的柔性和新动能。

2. 创新目标动力特征

目标模式主要指管理体制与政策下特定组织目标的运营模式和员工活动方式。目标模式基本上有两个方面的特征:目标决策集中化程度和模式程序正规化程度。创新目标强调授权和敏捷,要求适当降低决策集中化和提高程序的灵活度。加强员工授权参与度,有益于创新目标的设置与实现。研究表明,创新目标动力要求减少组织的刻板程序与规章约束的比重,通过组织的工作设计、员工积极性和群体互动程度的调配,增强适应力和新动能。组织管理的趋势是采取更加参与式的决策模式和互动式的程序规范,在决策和程序方面设法协调员工自主性和组织管控支持之间的平衡,增强组织的创新目标动力。

3. 责任职权动力特征

这是指组织完成工作任务以取得成效所承担的责任。责任受到所有制的影响，在组织中形成了自上而下的下行"责任链"。责任链的分布成为组织结构的重要特征。职权则是指组织中的法定权力体系。职权与责任相互联系，经理与主管都需要对资源有足够的职权，才能充分实现其管理责任。新的趋势是随着组织架构的柔性化和部门项目之间的协同化，管理心理学强调"共担责任"和"参与管理"。为此，管理心理学研究提出若干种有效的授权方法，例如，创建"责任导向的组织发展计划"，注重员工和团队的赋能授权，设置参与管理奖项，启动内部创业和创新项目，建设高目标、高支持的组织文化等举措。

4. 协同团队动力特征

众多团队基础上的团队活力和团队间的互动关系一直是组织结构的关键动力特征。在常规结构下，团队在职能架构下运行，主要依赖于团队内的合作与任务达成，团队的内聚力、参与度、自主性、激励性和目标性都是主要的团队动力因素。为了激发持续的协同团队动力，需要全新的多个团队间协作精神和合作思维，创建合作创新文化和团队协同场景。

管理心理学把工作与组织设计看成一种行动研究过程，从组织设计策略和技术创新策略出发，做出结构优化决策，对愿景目标、自主创新、商业模式和变革发展做出选择，并在组织管理策略和人才队伍策略的共同调节下确定组织结构维度，定制出具有团队化、联盟化、数字化和平台化的维度组合。商业模式创新是一种组织设计，在这一过程中，组织效能始终是行动目标。根据组织管理的一项"黄金定律"，即"结构服从战略"，进一步决定组织效能。在制定有关组织设计与结构模式的决策时，需要考虑组织设计因素(技术、环境、战略、业务、管理等)和工作设计因素(任务、能力、职责、模式等)。在多变、不定、复杂和模糊的 VUCA[①] 环境下，组织设计相关的四种策略(组织设计策略、组织管理策略、技术创新策略、人才队伍策略)直接或间接地影响结构优化决策(愿景目标、自主创新、盛业模式、变革发张)乃至组织结构维度(团队化、联盟化、数字化、平台化)，在组织文化与领导力以及组织与团队动力的调节下决定了组织效能。在组织效能方面，研究提出了任务绩效、周边绩效、责任绩效和创新续效四维效能体系。从系统观点，组织结构，组织动力与组织效能的框架，可以帮助我们全面理解企业组织的整体发展与关键策略。

---

① VUCA，即乌卡时代，是 volatile(易变不稳定)、uncertain(不确定)、complex(复杂)、ambiguous(模糊)4 个单词的首字母。乌卡时代是一个具有现代概念的词，指我们正处于一个易变性、不确定性、复杂性、模糊性的世界里。

三、数字转型与数字管理

（一）数字化心智模式与项目策略

1. 数字化心智模式

管理心理学研究表明，数字化转型正在颠覆传统组织，许多企业成功地重新设计组织、重塑团队、重组队伍、瘦身剥离、开发人才。不断提高各级人员的"数字化能力"，成为各类企业数字化组织的战略任务。其中一项重要工作是学习与转换数字化心智模式和重新设计组织模式。在数字化场景下，除了需要具备基本数字化知识（数字信息处理、数字化沟通、数字内容创建、数字安全和数字化解法等）和数字化技能（对云计算、数字化营销、数字化分析和数学化平台等方面技能）等，特别要转换数字化心智模式。数字化心智包括两方面要素：数字化工作心智和数字化发展心智。

（1）数字化工作心智。是指数字化工作的基本心理特征和心智要系，"数字流利度"属于基本元素之一，是把数字化工作看成基本认知、概念凝练和技能提升的过程。数字流利度是指对于数字工作或操作活动的数字认知技能、数学概念思维和数字程序胜任的特征集。数字流利度包括三个特征：数字技能、数字思维和数字胜任。数字流利度的获取主要通过参与、设计和践行多种数字工作任务与项目等途径。数字化工作心智还包括对于数字化工作新模式的适应性、选择性和开发性，主要包括分布式团队、联盟式理念、敏捷型工作、创造式思维、迭代式学习、协作性认知、互动式激情、行动式创意等要素。在数学管理心理学中，分布、联盟，敏捷、创造、迭代、协作、互列、行动等都是关键的工作心智特征。

（2）数字化发展心智。这是指数字化工作的群体与组织心智要素，主要包括协同价值、更新知识、大局埋念、联动激情、变革思维、竞合才能、颠覆创意、成长网络等要素。在数字化心智方面，协同、更新、大局、联动、变革、竞合、颠覆、成长等都是重要的发展心智特征。

2. 数字化项目策略

数字化转型在不同类型企业或单位采用的策略各不相同，有的企业（如手机业）以创新见长，在数字化转型浪潮中采用激进式的创新模式建立高科技产品开发平台，以满足全新的客户需求；有些企业（如影业公司）采取以数字化传承经典系列电影，既创造新鲜主题，又保持经典连贯，取得倍增效果；许多数字原生公司（如互联网企业）则敏捷迭代产品与服务平台，创建新型生态圈。可谓数字化浪潮各显神通。对于大部分现有企业组织或单位来说，可以通过数字化转型把已有的管理与运营基础转化为新的优势。比较成功的做法是策划和启动数字化项目，创造和改变现有的弱项或新选项,并在项目设计与实施的过程中持续尝试与学习,以新的数字化创新愿景实现数字化。

【案例分享】

数字化转型战略:业务导向,数据驱动

中国数字化转型的先进企业对于数字化战略与自身业务发展战略的强耦合有深刻的理解。一方面依照整体业务发展战略制定其数字化转型的策略与规划,使其与企业的整体战略高度契合;另一方面将其数字化战略作为企业战略的重要组成部分,确保其获得领导层的支持与足够的资源投入。

例如,白色家电巨头美的集团,他们认为企业转型是一把手工程,有企业转型才有企业的数字化转型,企业转型是数字化转型的前提。美的董事长方洪波主导的转型,涵盖了产品升级、营销模式转型,以及客户运营的提升,这些都是美的数字化转型的前提和基础。美的集团服务于企业业务转型的数字化转型,其核心诉求是实现企业精益和敏捷运营。

数字化转型与业务转型的深度融合,主要体现在如下方面:

1. 支持企业增长:海外市场拓展与多元化

在很多场合,企业的数字化战略成为其实现/保持业务增长动力的重要途径。例如,作为全球家电行业巨头的海尔,就将其数字化转型战略与企业发展战略实现了无缝融合,将其作为拓展海外市场、实现全球化运营的重要手段。海尔将"企业无边界"作为数字化战略的目标之一,致力于汇集全球资源支持其全球运营,并通过数字化转型强化基于平台的全球研发。

2. 推动业务转型,实现制造业服务化

随着经济增长模式的转型,越来越多的企业把业务转型作为持续价值创造的战略重心。例如,知名的激光加工设备生产商大族激光,把推动企业从产品制造向服务提供的业务转型,作为其数字化战略的核心内容。为了推动企业从单机提供商向智能设备、解决方案乃至智慧工厂服务商转型,大族激光通过研发创新与工厂生产流程的数字化,借助云平台打通企业运营的上下游,实现业务创新与运营优化。

3. 提升竞争力,实现可持续发展

中国很多企业在一些行业的技术与产品等方面与全球巨头的差距不断缩小,甚至实现赶超。此时,企业的战略重心转移到如何打造持久的竞争优势,实现可持续发展的轨道上。对于这类企业而言,数字化转型将成为其实现可持续发展,打造百年老店的重要途径。经历了南北车合并和中国高铁建设高潮,目前已经成为轨道交通领域世界级企业的中车集团,已经把"高端、智能、绿色、服务"作为未来企业发展的方向。通过发力"互联网＋高端装备＋制造服务",建设"数字化中车"的数字化战略,中车集团希望通过数字化运营获得持续发展动力,抢占未来竞争制高点,实现永续经营。

资料来源:织信 INFORMAT.企业数字化转型案例[EB/OL](2022－07－15)[2024－07－12].https://baijiahao.baidu.com/s?id=1738409468085815904.

(二)数字化转型带来的挑战

1. 管理幅度的变化

在传统时代,管理幅度在很大程度上取决于管理者自身的能力与注意力消耗。然而不论管理者如何提升自己的管理经验和技巧,由于受到精力和注意力的限制,他们能够直接管理的下属数量达到一定限度后就很难再提升了。

在数字化组织当中,由于数字技术的支撑,组织资源、业务流程、工作任务、环境变化的状态信息具有了非常高的可见性,管理者甚至可以实时地掌握组织状态及其变动,也可以较为高效率地掌握组织内个体的行为、状态及活动结果,从而大大降低管理者的注意力消耗。这就意味着在数字技术的支撑下,管理者有能力同时管理更多的下属。

2. 基于混合智能的决策模式

在数字化企业中,管理决策已经从高度依赖经验和直觉的决策模式,转变为"混合智能的决策模式",就是在企业的管理决策中,有相当数量的决策被内嵌在组织流程中的规则和算法直接决定结果,或者是已经限定了管理者可以自由发挥或自行处理的空间。在此情形下,管理者依然需要运用自己的经验和直觉来进行一些决策,因为规则和算法更适合处理那些可以结构化的问题,而一些非结构化的问题仍然需要依赖管理者的决策,至少在人工智能发展到足够成熟之前是如此。而管理者在很大程度上是可以拥有跨越或绕过组织规则的权力,因此,虽然管理者需要与组织规则共享他们的管理控制权力,但这种限制有很大的弹性空间。

而数字化企业的出现在很大程度上改变了这一点,因为在数字化企业中,很多规则和算法被嵌入到那些基于软件系统的流程及规则当中,由于软件系统的非人格化及内嵌的逻辑一致性要求,使得这些规则被"固化"了。如果你不遵循这样的规则,整个业务流程将无法运转下去。因此,对于那些由算法和规则统治的领域,管理者所拥有的决策弹性空间被大大压缩。就此而言,数字化企业相对传统意义上的企业能否拥有更大的优势，在很大程度上取决于管理者的个体能力、经验和直觉，能够很好地与基于算法和规则的组织系统进行融合，发挥各自的优势，形成互补而非对抗的关系。

3. 数字领导力

彼得·M. 圣吉在 1990 年出版的《第五项修炼：学习型组织的艺术实践》中提出了管理者的五项修炼——自我超越、心智模式、共同愿景、团体学习和系统思考。随着数字化企业的出现，数字领导力（digital leadership）正在逐渐成为管理者的"第六项修炼"。

在数字化企业当中，一些传统意义上需要大量消耗管理者注意力的业务或管理决策将被数据驱动的算法和规则所处理。可以预见的一个趋势是，管理者将会把更多的注意力放在与人有关的因素之上，这也更契合管理和领导力的本质。因为组织的设计就是建立在对人性洞察的基础上的，而领导力的核心是释放个体的创造力、主动性和潜力以推动组织发展并实现高绩效，这些都需要关注"人"本身。在此过程中，数字化也赋予了组织更大的可能性来实现个体、团队的自我激励。由于管理者通过数字技术赋能可以更为准确地理解和掌握组织状态的变化，他们将更愿意赋予个体和团队更多的自由，参与式管理也就有了更大的可能成为组织内部的常态。

4. 对变革驾驭能力的高要求

企业从传统时代的组织转变成数字化组织是一个充满挑战的过程。这些挑战既包括管理者需要在思维和观念上的转变，也需要为数字化企业的出现做好能力上的准备。更重要的是管理者需要建立驾驭变革过程的能力。数字化转型，并不仅仅意味着企业将数字技术和系统引入到企业内部，它还需要企业在战略、组织结构、业务流程、组织文化等诸多方面重新审视自身。而管理者需要做的是，不仅仅是自身去拥抱数字化所引发的变化，还需要帮助组织及组织中的个体从思维和能力上去适应和完成这样的转变。数字化转型背后的变革，需要的是智慧和勇气的完美结合。以勇气去改变那些被认为是无法改变的、去完成那些必须做出的"痛苦的"改变，以智慧去推动那些不愿意改变的、去坚持那些必须坚持的。

（三）数字化项目运营与行动学习

1. 虚拟式团队与管理

虚拟团队，定义为"跨越时间、空间或组织边界并通过在线通信系统一起工作的团队"，具有共同目标、动态性、异质性和灵活性的特点。通过组建和发展虚拟团队，得以聚集多地的优秀员工，集中多样跨界才能，适应多层员工需求和技术优势，提升团队多样性、自主性、合作性、创造性和项目协同水平，加强组织的分布性、敏捷性和创新性。虚拟团队的工作节奏加快、知识融合加深、项目质量提高,比较好地发挥团队的整合效能和综合优势。虚拟团队的种类比较多,比较流行的有合作式网络团队、并行式交叉团队、项目式开发团队、分布式数字团队、全球化服务团队、创新型行动团队、责任型管理团队。在很大程度上,虚拟团队代表着团队成长的新方向。

虽然虚拟团队有很多优点,但其管理却比一般的团队要困难,常见的挑战有:虚拟团队由于时间、地点不同而容易出现交叉文化不匹配或冲突,团队成员缺乏内聚力和各自利益不容易协调,项目任务分散而工作步伐不容易协同,人员激励与配置的人资管理成本比较高等。管理心理学的研究提出需要关注团队的互动特征、资源利用和管控责任,以及文化、技术上的差异。基于此,我们提出虚拟团队成功的若干策略。

(1)指导引领策略。虚拟团队由于其跨时间性及采用非同时沟通媒体,使领导者更难实施常规的绩效管理。领导者收到的信息是延迟的,产生被动的反应;领导者监控和管理团队绩效也会更难;当虚拟团队跨时间分布时,领导者难以进行团队发展。因此需要采用指导引领策略并提升以下能力:

① 前瞻指导。领导者需要预见问题并提供清晰的方向和目标,这会有助于团队成员调节个人绩效。领导者也应该把指导意见和其他反馈机会整合进团队管理结构中,保证团队成员取得更新的绩效;还要把更多的资源准确分配到绩效管理行为中。

② 分布控制。领导者要监控环境,及时通知团队成员任何重要变化;领导者应该设计支持性计划,提供在环境变化条件下暂时的缓冲效应。这种缓冲效应允许领导者修订团队目标,保证团队成员适应新环境中的角色和行为。

③ 聚焦引领。当虚拟团队跨时间分布时,连贯性和合作性成为团队成功的必要条件,领导者的发展功能会变得更加关键。领导者需要决定如何通过沟通技能培养团队凝聚力,需要评估团队成功所要求的组织凝聚力,选择基于这些需要的沟通媒体。

④ 网络协同。由于团队成员在不同虚拟团队中拥有多种角色,且团队成员不断进出,团队成员对于工作内容和任务角色并不熟悉,就会很难整合团队力量。领导者清晰地定位团队成员的角色和团队角色网络,尤其是当虚拟团队任务变得复杂时,领导者能够建构良好的角色网络将有助于团队成员相互依赖、有效地协同运作。

(2)信任认同策略。管理心理学十分重视虚拟团队的信任特征,提出了"快速信任"的新概念来揭示虚拟工作模式必须迅速建立信任和在线实时形成依存关系的特点和信任形成的三阶段机制(职权信任、知识信任和认同信任)的阶段式信任发展。团队成员多样化角色会影响领导者的绩效管理和团队发展。由于团队成员在不同虚拟团队或同一虚拟团队中扮演了多种角色,容易导致角色边界不清和角色模糊。这时信任认同策略显得尤其重要。

（3）激励赋能策略。对于虚拟团队而言,薪酬激励需要从三个方面加以优化和赋能:

① 利用成员多元化特征。虚拟团队的成员来自不同组织或部门,成员各自拥有迥异的理念和价值观,需要按照工作性质不同、考评人员多样、结果可比性低等特点加以区分式定制和评价。

② 结合任务节奏性特征。虚拟团队是较为临时性、任务导向的,这要求能够迅速地启动整个团队,以快节奏、高效率完成项目任务。激励与赋能策略也注重可续效应,关注团队任务工作弹性大、变化快、不易形成固定作业模式的特点。

③ 提高结构紧凑性特征。虚拟团队成员大都来自不同单位,彼此不太熟悉,团队内聚力属于慢热式,归属感不强,信任与协作逐步加强,团队氛围相对松散。虚拟团队的薪酬设计需要以最小成本建立紧凑有效的激励机制。可以考虑选择目标设置理论进行激励设计。员工的绩效目标成为工作行为最直接的推动力。为了准确地设置员工的绩效目标,有效地达到激励员工的目的,许多虚拟团队采取自行申报挂钩奖励制度。

（4）心理共享策略。共享心理模型用来说明在成功虚拟团队中观察到的流畅、内隐的交互特征。这一策略成为团队成员为完成协作性团队任务而共享任务信息和相互期望过程的新范式。

2. 人工智能与消费

人工智能（Artificial Intelligence, AI）作为一个生态系统包括三个基本要素:数据收集存储、统计计算技术和输出系统。这些能够让产品和服务代表人类做出匿名和智能的决策来执行任务,其中包括四项基本能力:听、预测、生产和交流。AI可以帮助企业为消费者提供众多便利,如通过可穿戴设备进行健康监测,通过推荐系统提供建议,通过智能家居产品提供放心,通过声控虚拟助手提供方便。然而,尽管人工智能被视为评估效率和准确性的中立工具,但没有考虑到使用人工智能可能出现的社会和个人挑战,管理心理学的有关研究旨在连接两种观点:一是将AI技术嵌入产品和服务后为消费者带来的价值,二是考虑消费者与AI互动产生的成本。从消费者的角度出发,确定受益于成本,基于此为管理者提供相关的建议。

目前的研究可以将消费者体验AI分为四种类型:数据采集、分类、代表团和社会。数据捕捉体验可能服务或剥削消费者,分类体验可能理解或误解消费者,委托体验可能授权或取代消费者,社交体验可能连接或疏远消费者。

（1）数据采集。AI在获取数据方面的优势:推送相关情境的行动指南,享受数字辅助决策的结果,提供自我提升和改进的机会。然而技术公司持续地为消费者提供便利、生产力、安全、健康和福利,进而寻找获取信息监控的新手段,同时通过一系列复杂的通知、提醒等设置来触发消费者行为改变,推动消费者分享信息的边界不断扩大。AI的不透明度特征让他们感到对生活失控的无助、道德愤怒以及心理逆反。消费者正在经历一种掠夺式的数据获取体验,即技术公司和政府机构都在获取财政权和政治权。

对管理者来说,可以确定和提高组织对消费者心理成本的认识水平,更好地理解消费者的被剥夺感。首先,公司可以赞助和支持相关研究,比如了解监视式社会思维对其文化和实践的影响,以及对营销活动和消费者的负面影响;其次,可以采用一种更公共的方法,与其他公司、行业协会、教育工作者和媒体分享个体或组织的学习过程;最后,行业组织可以寻找为个体权利创造和应用算法的学者合作。

(2)数据分类。公司利用AI的预测能力来创造超定制产品,并最大限度地提高参与度、相关性和满意度。然而,分类经验也可能导致消费者感到误解,当他们认为AI将他们错误分配到一个群体,或在群体分类的过程中做出了有偏见的预测。在社会层面,AI的分类与一种反乌托邦叙事相联系,在这种叙事中,某些群体对资源和自由的获取途径受到限制。

因此组织要更多关注营销部门、面向消费者的部门,并检查它们的数据库。因为这些组织在考虑它们为谁服务、应该为谁服务及为什么服务等问题时,带有根深蒂固的社会和种族偏见。公司也授权消费者验证AI的推论来减少被误解的感觉。

(3)AI授权。AI可以帮助人做决策,以及在数字世界行动,如写邮件;或者在真实世界行动,如测量体温。但是在代表人的过程中降低了消费者满意度,增加了失业率和剩余人口的数量,导致系统性的人性丧失,增加"无用阶层"。然而,人们有强烈的愿望将消费结果归因于自己的技能和努力,AI的出现剥夺了人的成就感;阻止人们去练习和提升技能,导致自我效能感的丧失。

企业可以向那些保护、支持和提高"人"的属性的相关组织学习,因为个人仍然优于机器。人工智能可以被视为一个从本质上提高人类技能和价值观的平台。

(4)AI的社交经验。社交机器人的发展使创造舒适甚至有情感意义的AI赋能交互服务成为可能,增加消费者对自动驾驶汽车的信任,并在消费者处于掌权状态时降低感知风险。然而当人类与人工智能互动时,他们不那么开放、随和、尽责和自我表露。AI可能加剧现有的社会歧视或文化障碍,阻止特定社会群体获得基本社会服务,加剧社会不公平。

企业应该直接从指定消费者中收集信息,他们在与人工智能的互动中经历了异化。此外,企业可以利用技术来衡量异化;企业还可以与心理学家、社会学家、老年学家和其他专家互动,了解异化的原因和后果。

【案例分享】

人工智能与消费

传统的零售体验一般是,消费者走进商店,寻找合适的产品,然后购买。但人工智能的出现正在改变一切,通过个性化、自动化和效率的提高,将零售体验提升到一个新的水平。

1. Lowes 采用机器人定位商品

在一家硬件商店里浏览商品可能很困难的,但 Lowes 使用了一款名为 LoweBot 的机器人,它可以在商店里为顾客导航,帮助找到顾客所需的商品。LoweBots 在商店里巡游,向顾客提出简单的问题,找出他们正在寻找的商品。同时,它还会提供产品的指示和位置地图,并向顾客分享专业知识。在后端,LoweBots 还可以帮助门店监控库存,及时提醒补货。

2. 丝芙兰轻松利用人工智能为顾客找到合适的化妆品

利用人工智能,走进丝芙兰商店,不需要往脸上涂抹任何东西,就可以找到非常适合你的化妆品。比如,Color IQ 可以通过扫描顾客的脸部,为其提供个性化的建议,比如适合哪款粉底和遮瑕膏。Lip IQ 也是如此,它可以帮助顾客找到完美的唇膏色调。对于苦于反复试用化妆品的消费者来说,这真是帮了大忙。

3. 优衣库用 AI 倾听顾客心声

优衣库是使用科学和人工智能打造独特店内体验的先行者。在优衣库精选商店内,布置了基于人工智能的 UMood 信息亭向客户展示各种产品,并通过神经递质识别他们对颜色和风格的反应。UMood 会根据每个顾客的反应推荐商品。顾客甚至不必按下按钮,他们的大脑信号就足以让系统知道他们对每件商品的感受。

4. Sam's Club 让仓库购物变得更简单

仓库超市 Sam's Club 最近开设了一家名为 Sam's Club Now 的小型人工智能商店,使用人工智能技术让客户不需要通过传统的收银台完成购物。相应的应用甚至可以提供最有效的店内路线,让顾客获取购物清单上的所有商品。

5. Olay 使用 AI 实现个性化护肤

在人工智能的帮助下,Olay 客户可以获得个性化的护肤服务,而无需看皮肤科医生。通过 Olay 的 Skin Advisor,顾客可以自拍一张自己的脸型,使用 AI 来判断皮肤的真实年龄,评估皮肤健康状况,并通过个性化的皮肤护理方案,为问题区域提出建议。

资料来源：Blake Morgan. 零售体验中使用人工智能的 20 个最佳实例[EB/OL]. (2019 -03 - 14).[2024 - 07 - 12].http://www.d1net.com/ai/appcase/556768.html.

第三节　当代消费者心理研究的管理应用

一、消费者心理与研究

（一）消费者心理

狭义消费者心理以市场及消费者需求为出发点，主要研究影响消费行为的各种要素，包括消费者的需要及其特征；消费者的消费动机及影响消费决策的各种因素，如消费者所处的地域环境、社会文化、政治及经济因素，消费者获得商品信息的途径、商品的品牌因素，消费者所属群体、家庭、个性影响因素，以及商品的价格、生产商的广告宣传因素等；并探讨消费行为的模式及消费的趋势。狭义消费心理的研究目的是为企业制定一套行之有效的市场营销策略，包括新产品、新技术开发的市场定位，目标市场的细分，产品价格、包装、广告策略以及销售人员的职能培训策略等。

产品一旦解决了物质功能条件，即产品进入生命周期的成熟期后，同类产品都具有相似的功能与质量，消费者对产品的形态、色彩等属性的要求就会上升到消费需求的第一位，也即产品给消费者的视知觉心理感受就上升到了第一位。这就是所谓的广义消费者心理，即消费者对产品的视知觉心理感受。

（二）消费者心理研究项目

研究消费者心理行为的目的是为企业的生产、经营活动提供决策依据，通过研究消费者的心理行为规律，可以发现新的市场机会、寻找投资方向，并为新产品开发、市场推广、优质服务体系的建立提供决策依据。消费者心理行为研究的目的直接与经营活动挂钩，客观准确的研究结果不仅有助于提高经营活动的效益，也有助于为消费者提供良好的服务，为满足消费者需要创造条件。根据消费者心理行为研究的内容，可以归纳出 12 大类 50 多个小类的常规性研究项目：

（1）消费兴趣：个人消费兴趣研究、消费时尚与潮流研究。

（2）消费者认知：消费信息渠道研究、消费者认知特点、消费者卷入研究。

（3）广告认知：广告诉求研究、广告故事版测试、广告效果研究监测。

（4）产品形象：产品概念跟踪研究、产品名称测试、产品功能测试、产品原型测试、产品价格研究及测试、产品包装测试、产品属性综合研究、产品形象研究。

（5）品牌形象：品牌形象研究、品牌形象测试、广告概念研究、品牌形象跟踪研究。

（6）情感与态度：消费者情感研究、消费者态度研究、消费者态度测量。

（7）需要、动机、决策、购买：需要与动机研究、需要与动机测量、购买决策模式研究、决策阻力与风险研究。

（8）营业环境：购物环境研究、服务质量要素探索、购买行为研究。

（9）消费经验与满意度：产品质量跟踪、服务质量跟踪、消费者经验跟踪、消费者满意度研究。

（10）行为变化：购买频率研究、品牌忠诚度研究、消费习惯研究。

（11）消费群体心理：消费群体研究、消费者背景特征研究、价值观与生活态度研究、消费风俗与习惯研究、消费行为趋势研究。

（12）外部影响因素：社会热点研究、文化热点研究、重大社会事件跟踪、重大自然现象跟踪。

二、消费者心理研究的管理应用

（一）传统营销管理应用

在产品策略中，消费心理研究的应用主要体现在新产品的开发与设计。在此过程中必须应用新产品设计的心理策略，主要包括新产品设计必须适应消费的变化、符合生理需求、审美要求、个性特征并适应社会消费潮流等。而好的商品名称能引人注意，激发消费者的购买欲望。因此企业要应用商品命名的心理策略，如借助商品效用、借用比喻等策略，将商品名称与商品某方面的特征相联系，以激发需求，实现购买。

在价格策略中，消费者心理研究的应用主要体现在定价方法和定价策略的选择上。在定价方法中，需求导向定价法是以消费者的需求强度及对价格的承受能力为依据，通过研究消费者对商品价值的感受与理解程度来定价的方法。在策略上可应用心理定价策略，如声望定价、尾数定价、习惯定价等策略。

在渠道策略中，必须考虑消费者的购买习惯等心理内容，以便渠道能更好地满足顾客的需要，使其在适当的时间、适当的地点买到适当的产品。

在促销策略中，对消费者心理研究的应用是全面紧密的，它直接关系到策略的成败。营业推广是一种有效的迅速促使顾客做出购买决定的促销手段，如有奖销售、免费品尝、试用等方式，在应用中必须根据产品特点及顾客消费特点来选择制定推广的方法策略，以达到预期效果；公共关系是一种着眼于长期目标的促销手段，它通过提升企业形象来促进销售。企业面对的公众是多方面的,在公关策划中必须充分了解公众的各方面需求特点,以求得理解和支持,取得良好的销售业绩。

【案例分享】

促销决策下的两阶段定价法

以创新产品上市为例。针对策略型消费者和短视型消费者并存的市场,考虑消费者面对创新产品上市时焦虑心理对购买决策的影响,经有国等学者(2020)研究了创新产品的促销与定价决策优化问题。研究发现,促销决策下的两阶段定价①高于不促销,增值因子与两阶段定价均呈正相关关系,策略型消费者占比与第一阶段定价呈负相关关系,与第二阶段定价呈正相关关系;消费者的策略行为对促销和不促销时的利润均产生消极影响;当消费者对促销决策的反应程度较大时,企业的盈利水平更高。

在手机、汽车、PC 等行业,新产品的发布日益频繁,新技术和新功能的推陈出新,一方面使企业可以更好地满足消费者需求;另一方面也使消费者对新产品的技术和功能产生疑虑或者焦虑情绪,从而影响消费者的购买行为。除此之外,消费者对创新产品削价定价的预期日益普遍,众多企业为了迎合消费者的这种预期及其策略行为,往往会采取促销和动态定价的方式来实现自身利润最大化。因此,在进行创新产品促销和定价时很有必要考虑消费者的焦虑心理和策略行为。当消费者面对上市的创新产品产生焦虑情绪时,企业在初期进行促销投资能减轻消费者的焦虑情绪,同时能为消费者带来增值效应。研究结果可以总结为以下几点:

(1) 促销决策下的两阶段定价高于不促销。

(2) 随着市场上策略型消费者增多时,第一阶段定价降低,第二阶段定价提高。

(3) 消费者策略行为对促销和不促销下利润的影响都是消极的,但当消费者对促销决策的反应程度较大时,企业的盈利水平更高。

本研究的结果只适用于垄断性质的零售商,其他情况应该结合实际情况进行具体分析。

资料来源:经有国,李胜男.消费者焦虑心理与策略行为下创新产品促销与定价[J].物流管理,2021(04):23-27.

---

① 两阶段定价法,是指企业先收取一定的固定费用,在此基础上再加收一定的可变使用费用。

（二）当代营销管理应用

1. 社会营销

社会营销是一种利用营销手段达到社会公益或者社会公众目的，从而促进企业发展的解决方案，包括低碳环保、关注健康、减少污染等。社会事件或者公益慈善一向最吸引消费者及各大媒体，如习近平总书记提出的"绿水青山就是金山银山"理念就是社会发展的新标杆，改善生态环境就是发展生产力。良好生态本身蕴含着无穷的经济价值，能够源源不断创造综合效益，实现经济社会可持续发展。绿水青山就是金山银山，这句富含哲理的话如今已广为人知、深入人心，更在生动实践中开花结果、惠及民生。"绿水青山"指的是生态环境，"金山银山"说的是经济发展。二者间有何关系？这句话给出了答案：生态环境是人类生存发展的根基，保护好生态环境，走绿色发展之路，人类社会才能高效、永续地发展。也就是说，新时代中国发展追求的是人与自然的和谐共生。

企业应当自觉遵守国家政策与社会规范来迎合消费者的规范心理，在生产过程中注重减少污染的排放，增加企业在节能减排方面的资金支出，在销售过程中注重减少因售卖产品带来的资源浪费与垃圾增多，将企业包装简化，设计出更多简约大气颜值高的包装。同时现代消费者更加关注健康的消费心理，就需要企业对产品进行正确的市场定位，一些适合高年龄消费者的健康产品现在同样受低年龄消费者的喜爱，企业应当抓住这一变化，将自己的目标市场扩大，将健康理念引入产品本身来满足消费者对于健康的需求。

改善生态环境就是发展生产力。良好生态本身蕴含着无穷的经济价值，能够源源不断创造综合效益，实现经济社会可持续发展。绿水青山就是金山银山，这句富含哲理的话如今已广为人知、深入人心，更在生动实践中开花结果、惠及民生。"绿水青山"指的是生态环境，"金山银山"说的是经济发展。二者间有何关系？这句话给出了答案：生态环境是人类生存发展的根基，保护好生态环境，走绿色发展之路，人类社会发展才能高效、永续。也就是说，新时代中国发展追求的是人与自然和谐共生。

2. 速度营销

一是加快产品更新速度。现代消费者心理转变速度加快，企业要保持与消费者心理的同步，不断创造出新的产品来，必须争取"第一行动优势"。一个新的产品被推入市场，虽然很快就会被模仿，但是快一步就能在消费者心里留下"第一印象效应"，使得消费者先入为主，从而抑制竞争对手。二是加快物流配送服务。快速的生活节奏使得消费者也追求快速便捷的购物方式，消费者希望自己买的产品能够快一点到达手中并尽快使用,所以企业也要做好物流配送服务。快速的物流配送服务要求企业构建完备的信息平台、管理平台、运作平台,企业需要快速把握住顾客信息,进行物流配送,将产品交到顾客手中。企业也可以进行物流配送的"外包",将物流交给专业的第三方物流配送公司。

3. 网络营销传播渠道拓展

全媒体社交背景下,电商运营的渠道进一步扩宽。不同的媒体平台赋予电商以更多的传播选择,特性各异的渠道为产品的出售打开了销路。电商要根据平台特点结合运营模式进行产品信息发布的选择。在微博,产品信息可以被更多人看到,新产品信息也能及时推送到潜在消费者面前;论坛互动性较强,可借助论坛与消费者进行联系、解答消费者关于产品的疑惑;朋友圈是相对较为私人的平台,而朋友圈的产品信息可借助熟人效应不断推广。电商在运营初期要重视运营平台的搭建和选择,利用不同平台的特性将产品信息以不同方式推送到消费者面前。在营销初期要选择能够迅速聚焦关注和人气的平台,如微博;在营销过程中则可选择论坛、朋友圈、官方网站等平台对产品进行介绍,加深消费者对产品的印象,在营销完成后要从评论中获取消费者的反馈,及时调整运营方案以适应消费者心理变化。在不同的运营阶段选择不同的平台,既可充分利用现代信息媒体技术促进产品销售的成功,又可充分满足消费者对于产品不同层次的需求心理。

思考题

(1) 认知神经科学带来了哪些革命?

(2) 强化组织的动力机制包括哪四个方面?

(3) 什么是数字化转型?数字化工作有哪些特点?

(4) 举例说明数字化项目运营有哪些?

(5) 举例说明消费者心理研究有哪些应用?

案例研讨

时间与金钱概念对消费者购买决策的不同影响及其心理机制

研究内容:时间与金钱是影响人们消费行为决策的两种不同的重要资源。消费者在进行产品购买时,常常会受到商家广告语和购物环境中所隐含的时间或金钱概念的影响,从而做出不同的决策。具体而言,时间与金钱概念会对消费者的购前决策、购中决策及购后决策三个方面产生不同的影响。从双加工理论的角度来看,产生这种不同影响背后的心理机制在于时间与金钱概念启动了个体不同的认知加工方式和思维定式,进而影响了消费者不同的购买决策。

时间与金钱概念对消费者购买决策的影响:

(1) 购前决策:主要体现在购前决策(产品搜索和产品评估策略)、购中决策(产品选择)及购后决策(产品态度和产品偏好一致性)等方面都有所差异。

(2) 购中决策:时间概念的启动会影响消费者对有害品与有益品的选择。童璐琼等人(2011)的研究表明,当启动消费者的时间概念时,消费者会意识到时间资源的稀缺,更关注自身的长远利益和幸福,从而在有益品和有害品中更倾向于选择有益品。金钱概念的启动会影响消费者对享乐品和实用品的选择。Tong 等人(2013)的研究表明,当启动消费者的金钱概念时,消费者更倾向于在享乐品和实用品中选择实用品。

(3) 购后决策:① 改变产品态度。莫吉尔纳和艾克(Mogilner, C.和 Aaker, J., 2009)的研究发现,时间与金钱概念的激活会使得消费者对产品的态度和决策发生转变。② 产品偏好一致性。时间与金钱概念甚至可以加强或动摇消费者的产品偏好一致性 (the consistency of product preferences)。

时间与金钱概念对消费者购买决策不同影响的心理机制:

(1) 启发式加工 vs.分析式加工(heuristic vs. analytic):做与时间相关的决策时会更加依赖启发式的信息加工方式。萨伊尼和蒙加(Saini, R.和 Monga, A., 2008)的研究也证实了,当决策与时间而不是金钱相关时,人们更倾向于使用启发式的信息加工方式。

(2) 整体式加工 vs.分析式加工(holistic vs. analytic):启动时间概念会使得消费者采用整体式加工方式,而启动金钱概念则会使得消费者采用分析式加工方式。

(3) 情感效用最大化 vs.经济价值最大化(Emotional vs. Value maximization):启动时间概念会激发个体的情感效用最大化思维定式,处于此定势下的个体会以获得情感上的幸福体验(增加积极情感和减少消极情感)为目标,以实现个人快乐为信念。而启动金钱概念则会激发消费者的经济价值最大化思维定式,处于此定势下的个体会以获得经济效用(利益)最大化为目标,以实现这些价值最大化目标为信念。

(4) 情感式加工 vs.分析式加工(affective vs. analytic):时间概念激活了个体的情感式加工模式,而金钱概念则激活了分析式加工模式。

未来的研究方向:① 细化时间和金钱概念启动对消费者购买决策的不同影响;

② 考虑时间与金钱的权衡对购买决策的影响;③ 进一步探究时间和金钱概念的激活对购前决策的不同影响;④ 探讨时间概念与金钱概念对购买决策不同影响的神经机制。

资料来源:贺汝婉,李文武,张淑颖,等.时间与金钱概念对消费者购买决策的不同影响及其心理机制[J].心理科学进展,2021,29(09):1684-1695.

请思考:

(1) 时间和金钱概念对购买决策的影响还有哪些具体的例子?

(2) 选择一个感兴趣的未来研究方向,提出具体的实验设计。

中 篇

管理心理学的
微观视角

第四章
个体认知与管理

现代企业往往强调以人为中心的管理。企业管理者要想成为一名有效的管理者，就必须了解个体的认知过程。人的认知差异是人力资源管理的一个重要课题。个体认知因素是影响组织管理活动中个体间行为差异的重要心理条件之一。个体认知因素直接影响人对工作的物理环境、社会心理环境的认知和理解，并由此而影响人的心理状态和行为，从而影响管理的绩效。本章将着重介绍一般知觉、自我知觉、社会知觉等内容及其在管理中的作用。

第一节　知　觉　概　述

一、知觉的一般概念

知觉(perception)是指直接作用于感觉器官的事物整体在脑中的反映，是人对感觉信息的组织和解释的过程。知觉往往在感觉的基础上产生，是对感觉信息的组织和解释的过程。我们的知觉既以信息内容本身特点为基础，同时也受知觉者本身特点的影响。每个人都有自己的经验、偏好、兴趣，这使不同个体眼中的相同事物打上了主观特点的烙印。

【案例分享】

硬　币　实　验

美国心理学家杰罗姆·S. 布鲁纳(Jerome S. Bruner)曾经做过一个著名的社会知觉实验考察个人经济背景对硬币大小知觉判断的影响（Bruner & Goodman，

1947)。该实验分别以富家子弟和贫困少年为两组被试。实验材料是1分、5分、10分、25分、50分等种种大小不同的圆形硬币;另一套则是与硬币大小形状相同的硬纸片。在实验开始时,实验者先把两套材料先后投射在银幕上,让被试依次观看,然后移去刺激物,让被试画出刚才看到的硬币与圆形纸片。实验结果发现,被试画出来的图形大小和实际上看到的刺激物并不完全相同,他们画的圆形纸片与实际的硬纸圆形的大小较为一致,但是他们所画的硬币的圆形大小却较他们看到的真正硬币大小并不相同。相比之下,富家子弟画出的硬币的圆形大小比他们实际看到的硬币要小,而贫困少年画出的硬币的圆形大小却比他们实际看到的硬币要大。

这一实验说明,人们的行为是以他们对现实的认知,而不是以现实本身为基础的,而知觉并不总是能够准确无误地反映客观现实,而且对于同一个对象,不同个体的知觉可能会有差异,对于组织来说,当这种差异随着群体人数的增多而增多时,产生误会和冲突的可能性也增多了。

资料来源:Bruner, J. S. & Goodman, C. C. Value and need as organizing factors in perception. *The Journal of Abnormal and Social Psychology*, 1947, 42(1), 33.

二、知觉的一般过程

一般来说,知觉的一般过程往往涉及知觉主体、知觉客体、知觉情境三个方面。知觉主体,又称知觉者,是指对感觉信息进行组织和解释的个体。知觉主体的兴趣、动机、知识和经验都可能会对个体的知觉活动产生影响。知觉客体是指知觉主体在知觉过程中的知觉对象。知觉客体的颜色、形状、大小、新奇性、声音等特征往往会影响着人们的知觉过程。知觉情境是指知觉主体和知觉客体所处的特定情境,如发生的时间、地点、客观环境等。处于不同知觉情境中的知觉主体可能会以不同的方式对知觉客体进行组织和解释。而当知觉客体出现或发生在不同的知觉情境中时,知觉主体的知觉行为也会有所不同。知觉主体、知觉客体、知觉情境三者之间的相互影响和相互作用共同形成了一个完整的知觉环路。

知觉的加工主要包括自下而上的加工和自上而下的加工两种加工模式。知觉依赖于直接作用于感官的刺激物的特性,如颜色和明度知觉依赖于光的波长与强度;音调和音响知觉依赖于声波的频率与声压水平;形状知觉依赖于物体的原始特征和线条朝向;运动知觉依赖于物体的位移等。此类特性的加工叫自下而上的加工(bottom up processing)或数据驱动加工(data driven processing)。知觉还依赖于感知的主体,即具体的、活生生的人，而不是孤立的眼睛、耳朵和鼻子。知觉者对事物的需要、兴趣和爱好，或对活动的预先准备状态和期待，或一般知识经验，都在一定程度上影响到知觉的过程和结果。人的知觉系统不仅要加工由外部输入的信息，而且要加工在头脑中已经存储的信息。此类加工叫自上而下的加工（top down processing）或概念驱动加工（concept driven processing）。一般说来，在人的知觉活动中，非感觉信息越多，他们所需要的感觉信息就越少，因而自上而下的加工占优势；相反，非感觉信息越少，就需要越多的感觉信息，因而自下而上的加工占优势。

三、知觉的特性

（一）知觉的选择性

人在知觉客观世界时，总是有选择地把少数事物当成知觉的对象（object），而把其他事物当成知觉的背景（background），以便更清晰地感知具体的事物与现象。个体优先把知觉对象从背景中区分出来的特性叫作知觉选择性。知觉的选择性与个体注意的选择性有关。当注意指向某种事物的时候，这种事物便成为知觉的对象，而其他事物便成为知觉的背景。当注意从一个对象转向另一个对象时，原来的知觉对象就成为背景，而原来的背景便成为知觉的对象。

知觉的对象与背景不仅互相转化，而且互相依赖。个体对某一对象的知觉不仅取决于对象本身的特点，而且受到对象所处背景的影响。在不同背景下，人们对同一对象的知觉也可能是不同的。因此，人们的知觉是由对象及其背景的相互关系来决定的。知觉的选择性在信号检测与信息管理、产品检验与质量管理、广告传媒与营销管理、军事伪装、直观教学等方面具有广泛的应用价值。

（二）知觉的整体性

知觉的整体性是指当客观事物的个别部分或个别属性作用于人的感官时，人能根据知识经验把它知觉为一个整体。在知觉活动中，整体与部分是互相依存的。一方面，分析事物的特征及其结构关系有十分重要的作用。知觉的整合作用往往离不开组成整体的各个成分的特点。另一方面，我们对个别部分的知觉又依赖于事物的整体特性。离开了整体情境，离开了各部分的相互关系，部分则失去了它确定的意义。

在知觉活动中，整体水平的加工往往先于局部水平的加工，即具有"整体优先"（global precedence）的特点（Navon，1977）。在提取事物的细节信息之前，我们对事物的整体可能已经有了粗略的了解。知觉的整体性能够提高人们知觉事物的能力，但有时也会使得人们忽略部分或细节的特征。

（三）知觉的恒常性

知觉的恒常性是指当知觉的客观条件在一定范围内改变时,我们的知觉映象在相当程度上仍然保持其稳定性。在视觉范围内,知觉的恒常性主要包括形状恒常性、大小恒常性、明度恒常性和颜色恒常性四种类型。由于知觉恒常性的作用,使人们在环境条件发生变化时仍能正确认识客观世界,如图4-1所示。

图4-1　形状恒常性

（林崇德 等,2003）

知觉的恒常性对于人的正常生活和工作具有重要意义。人在实际生活中建立了大小和距离、形状与观察角度、明度与物体表面反射系数的联系。当观察条件改变时,人们利用生活中已经建立的这种联系,就能保持对客观世界较稳定的知觉。研究知觉恒常性,不仅有助于建筑、艺术等实践部门的工作,而且有助于现代计算机技术的发展。

（四）知觉的理解性

知觉的理解性是指个体能够利用已有的知识经验去解释被知觉的对象,并能用词语把它的名称标记出来。人的知觉与记忆、思维等高级认知过程有着密切的联系。人在知觉过程中,不是被动地认识知觉对象的特点,而是以过去的知识经验为依据,力求对知觉对象做出某种解释,使它具有一定的意义。人们可以根据知觉对象提供的线索,提出假设,检验假设,最后做出合理的解释。当知觉对象是我们熟悉的事物时,人们对对象的理解往往采取压缩的形式,知觉者能很快给对象命名,并把它纳入一定范畴之内（如图4-2所示,你认为中间是什么?）。

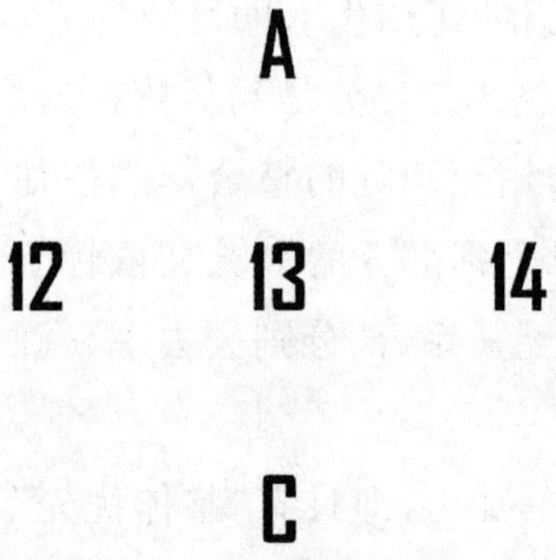

A

12　**13**　**14**

C

图4-2　知觉的理解性

【案例分享】

知觉整合的认知神经机制

在自然场景中往往存在各种各样的噪声，人类往往可以在充满噪声的环境下把碎片进行快速和有效的整合来指导之后的各项行动。作为人类视觉系统的一个基本和重要的能力，知觉整合能快速从环境中将离散和模糊的碎片整合为一个有结构的整体。前人研究表明，知觉整合依赖于多个脑区之间的反馈调控，但是该反馈调控的来源及其知觉整合加工的具体神经时空动态模式仍然未知。

近期研究(利用脑磁图(MEG)技术)发现，知觉整合起源于视觉背侧通路的顶内沟区域的早期快速激活，之后沿着视觉背侧通路，反向依次调节低级脑区参与知觉整合的加工(Liu et al., 2017)。这一结果表明，知觉整合过程可能是借用背侧视觉通路的快速特性，首先快速抽取视觉刺激的整体信息，然后根据这个粗略的整体信息逐级返回到初级视皮层进而对局部细节加工进行指导和调制。这一"从整体到局部"的加工过程和以往的整体优先性发现一致。这一研究使用具有毫秒级高时间分辨率，同时又具有较高空间分辨率的脑磁图(MEG)技术，并结合一种追踪神经时间响应函数(TRF)的新方法在人类受试上探索知觉整合的神经时空动态模式。这种高时空分辨率的脑磁图技术在揭示人脑认知功能和神经机制研究方面发挥重要的作用。

资料来源：Jia, J., Liu, L., Fang, F., & Luo, H. Sequential sampling of visual objects during sustained attention. *PLoS biology*, 2017, 15(6), e2001903.

第二节　自　我　知　觉

一、自我与自我知觉

自 1890 年美国心理学家威廉·詹姆斯(William James)在其著作《心理学原理》中首次提出"自我意识"这一概念以来，自我一直是心理学领域中经久不衰的研究课题。从广义上说，自我是指一切个体能够称之"我的"之总和。它既包括个体的躯体、生理活动、心理活动，也包括所有与个体有关的存在物，如个人的事业、成就、名誉、地位、财产、权力等。自我是一个复杂的系统，是自己对所有属于自己身心状况的认识。

自我、自我知觉与自我意识在心理学领域中的含义相近。自我知觉，又称自我概念,是指个体对自己及自己与周围环境关系的觉察,即个体把自己当作与其他事物无异的客观存在时所做出的认知与评价,主要包括个体对自身生理状态、心理状态及社会关系等的认识和评价。自我知觉理论认为,人们通过自己的行为和行为发生的情境了解自己的态度、情感和内部状态。当内在线索不够清晰、模棱两可或较为微弱的时候,个体倾向于利用外在行为或是外在线索来推论自己的态度并以此做出相应的判断。

二、自我知觉的结构

自我知觉具有非常丰富的内涵。社会心理学家从不同的角度对自我知觉的结构进行了划分。

(一)物质自我、社会自我与心理自我

詹姆斯将自我知觉分为物质自我、社会自我与心理自我三个部分。物质自我是指个体对自己身体、性别、体态、外貌、年龄、健康状况等生理特征的认识。物质自我包括个体对与身体密切相关的穿着打扮,以及外部世界中与个体紧密联系并属于个体的人和物的意识。物质自我在情感体验上表现为自豪或自卑,在意向上表现为对身体和外貌的追求、物质欲望的满足、对自己所有物的维护等。

社会自我是指个体对自己被他人如何看待、理解和认可的认识,即他人所知觉的个体自身的社会角色、社会任务或社会地位。在宏观上,社会自我是指个体对自己隶属于某一时代、国家、民族、阶级、阶层的意识;在微观上,社会自我是指个体对自己在群体中的地位,名望,受人尊敬、接纳的程度,拥有的家庭、亲友及其经济、政治地位的意识。社会自我在情感体验上表现为自豪或自卑,在意向上表现为追求名誉地位、与人交往、与人竞争、争取得到他人的好感和认可等。

心理自我是指个体对自身能力、态度、情绪、兴趣、动机、意见、气质、性格以及愿望等方面心理特点的意识。心理自我在情感体验上表现为自豪、自尊或自卑、自贱,在意向上表现为追求智慧和能力的发展、追求理想和信仰、注意自身行为符合社会规范等。

物质自我、社会自我和心理自我既相互区别又相互联系,是个体自我知觉的有机组成部分。物质自我是其他自我的载体,如果没有自身的生理载体,其他自我也不会出现;社会自我是自我概念的核心,自我不是随着生理发展而自然形成的,而是在个体参与社会生活的过程中形成的,它是个体参与社会生活的基本形式与特征;心理自我则决定了个体与他人进行互动的内容与形式,它既有可能促进个体的社会参与,也有可能限制个体的社会活动。

（二）现实自我与理想自我

美国心理学家卡尔·R. 罗杰斯(Carl R. Rogers)从自己的临床实践出发,提出了现实自我与理想自我的概念。现实自我是指个体对自身受周围环境影响,在与周围环境相互作用过程中表现出来的现实状况和实际行为的意识,即对自身现实的社会存在的真实反映。理想自我是指个体经由理想或为满足内在需求而在头脑中形成的有关自我的理想化形象,即个体想要达到的完美的自我形象。尽管理想自我表达的内容也是客观社会现实的反映,包括对来自他人和社会范式的要求以及它们是否满足个体需要的反映,但是由这些内容整合而成的理想自我却是观念的、非实际存在的认识。

现实自我和理想自我的形成与社会环境的影响密切相关。现实自我产生于自我同社会环境的相互作用,而理想自我则产生于这种相互作用中他人和社会规范的要求被内化后整合形成的自我的理想形象。在一般情况下,当理想自我的形成建立在理智认识或对他人和社会规范的自觉内化之上时,理想自我可以在现实自我和社会环境之间起到积极的调节作用,并指导现实自我积极地适应和作用于社会环境。此时,理想自我、现实自我和社会环境的要求在新的水平和方向上达到协调一致,自我得到了满足并持续发展。

然而,当理想自我产生于基于焦虑的感性认识时,理想自我、现实自我及社会环境要求之间可能产生尖锐的矛盾冲突。此时,个体可能会出现过度的攻击、自卑、依赖或逃避、退却等脱离现实的消极心理倾向。如果个体使用这种心理倾向指导现实生活,则必然会与现实自我、社会现实发生矛盾冲突,引发个体内心的混乱,从而造成生活适应上的困难,甚至引发心理疾病。

（三）当前自我与可能自我

美国心理学家黑泽尔·马库斯(Hazel Markus)认为,自我知觉不仅包括过去和当前的自我知觉,还包括指向未来的可能自我。可能自我是指个体觉得自己某方面有潜力的自我构想,是自我意识系统中有关未来取向的成分。可能自我既是未来行为的诱因,通过认知、情感与身体三个方面对行为产生影响,又为当前自我提供了一个评价和解释的情境。被激活的可能自我的性质决定了个体如何感受,以及应该如何采取行动。可能自我描述了人们可能成为什么样的人、希望成为什么样的人,以及他们害怕自己成为什么样的人等多种想法。尽管可能自我并不完全建立在过去经验之上,但是可能自我也是自我知觉中重要的组成部分。因此,在一定程度上,可能自我也会影响到个体的行为表现。

（四）个人自我与公众自我

个人自我是指个体不想被他人所了解或获知的隐秘内容,而公众自我是指另外一些可以公开的、能够让他人了解的或者是与他人密切相关的内容。凡尼斯汀等人强调个体身上会同时存在这两个自我方面,只是其表现出来的程度不同而已。

个人自我意识强的人对群体中社会压力的敏感度低,其外在表现和内在态度更为一致。他们更加关注自身的理想、人生价值和个人情感等个体内在方面,而较少考虑和思考他人的建议。与之相对,公众自我意识强的人则会尽量避免不合群情况的发生,对他人的意见非常敏感,并且会针对其所期待的社会交往而调整自身意见的表达。

三、自我知觉的特征

自我知觉作为人类特有的意识的重要形式之一,具有社会性、矛盾性、形象性、独特性等特点。

(一)社会性

自我知觉是个体社会化的产物,其产生、形成和发展都是在个体社会化的过程中进行的。人只有在社会环境中才能发展成长,在成长过程中逐渐产生对周围世界的认识,形成"自我",即认识到自己是什么人、并以什么样的角色和地位与他人交往等。与此同时,也产生了对自己的认识,即形成自我知觉。生活于不同的社会意识环境中的人也具有不同的自我意识和角色认知。如果一个人从小脱离社会,没有社会化的过程,他就无法产生自我知觉。如果脱离了人类的社会生活,没有人类社会意识环境的熏陶,只能称之为一个生理意义上的人,而不是一个社会意义上的人。由此可见,自我知觉是在社会生活过程中个体对人际关系的反映。

(二)矛盾性

随着个体的身心成熟,自我知觉逐步分化为主观与客观两个维度,即个体自身既是观察自己的观察者,又是被观察者。处于前者地位的自我,往往代表了社会的要求,在头脑中塑造了一个理想自我的形象,而处于后者地位的自我则代表了现实自我的形象。在个体自我知觉形成过程中,如果主观自我与客观自我、理想自我与现实自我之间出现了矛盾或分歧,个体便会产生复杂的自我情绪。

(三)形象性

自我知觉发展的基础是他人对自己的期待与评价。个体通过觉察到对方的态度与言语中所包含的内容,进而丰富自我意识的内容并产生分化,从他人对自己情感与评价的知觉中逐步发展为自我态度。他人评价并不是指某个人的某一次评价,而主要是指在对自己有影响的、关系较为密切的人的一系列评价中概括出来的较为稳固的评价。

(四)独特性

随着年龄的增长,个体在社会交往的过程中会逐渐把他人对自己的判断标准内化为自己的评价标准,进而按照自己假想的他人的观点来评判自己的行为。随着时间的推移,个体自我知觉中的自我评价与自我体验慢慢地脱离了他人的评价,逐步形成了自我态度,表现出与众不同的风格与独特的形态,成为人格中的一个重要组成部分。

四、自我知觉的过程

作为社会生活的积极参与者,人们会寻求有关自我的准确信息以了解自己,建立自尊,寻求能支持原有自我观念的信息,并有意识地表现某些社会行为以建立、维持、加强、澄清他人对自己的印象。自我知觉的过程是指影响自我知觉的形成、自我知觉的方向或目标的心理加工过程,包括自我评价、自我提升、自我表露等。

(一) 自我评价

自我评价指个体对自身状况所作的肯定与否定的判断,它常常发生在个体希望准确地、客观地描述自我的时候。自我评价最终决定一个人的自尊,以及与此相关的自我表现。自我评价一般通过社会比较和自我估价来实现。

1. 社会比较

社会比较是指通过将自己与他人进行比较以获取有关自我的重要信息的心理过程。美国心理学家利昂·费斯廷格(Leon Festinger)提出的社会比较理论认为,在没有客观的、非社会性手段的情况下,个体通过与他人的意见和能力进行比较来评价自己的观点和能力,尤其是同社会上与自己地位、职业、年龄等相类似的人进行比较。社会比较一般发生在我们对自己或环境的某些方面没有把握的情况下。当我们处于模棱两可的情境中时,我们常常将自己与其他被试者进行比较以减小自己的焦虑。

2. 自我估价

尽管我们会根据社会比较或他人对自己的评价来进行自我评价,但我们有时也会对自己的心理活动及行为表现进行主观分析,并通过这种自己对自己的分析、观察来进行自我评价。自我估价是指通过完成能够提供有关自己能力或品质的准确信息的任务,以检验自己的自我观念的过程。当人们对自己的能力或特质没有把握时,常常趋向于通过完成任务对自己进行检验性评价。

(二) 自我提升

当个体接收的信息对其自我知觉构成威胁时,个体的情感状态便会发生紊乱。在这种情况下,个体往往会采用自我提升的方式促使能够支持自我概念的表征开始运作。自我提升,又称自我提高或自我增强,是指个体以一种有利于对自己做正面评价的方式收集和解释有关自我的信息,即个体在社会比较中保持和提升自尊的倾向。

自我提升主要包括向下的社会比较、选择性遗忘、有选择地接收反馈、缺陷补偿、自我防御性归因、自我设障等六种方式。自我提升与心理健康、社会适应、学业成绩等有着密切关系。

（三）自我表露

自我表露是指个体通过自己的社会行为以形成、维持、加强或澄清他人对自己的印象的过程。自我表露是一种双向的、持续的人际交互过程，可以使得个体与他人的关系变得更加丰富、深入和复杂。自我表露不仅可以向对方呈现真实自我，而且是人们表达与创造亲密和爱的方式。当我们向他人进行自我表露时，往往会引出他人对自己所分享信息的反馈，进而帮助我们对自己有更加深入的认识。自我表露具有重要的社会功能。自我表露能增进个体的自我认识，有助于问题的解决，促进与他人关系的建立和发展，同时也有益于自身的生理和心理健康。

【案例分享】

自我知觉的认知神经机制

对自我的讨论与人类历史几乎同样古老。现代科学家普遍认为，自我往往包含有躯体和周围环境中的自我相关刺激。近期研究通过对近 300 篇自我信息加工的脑影像研究进行元分析，提出了自我信息加工的层级式递进的神经机制假设，并建立了一个全面揭示自我加工机制的神经机制模型（Qin et al., 2020）。

在该模型中，第一层主要包含前脑岛（anterior insula），这个负责加工躯体内部感官功能（如心跳、饥饿、肠胃扩张等）的关键脑区，是自我信息加工中的核心脑区；同时，第二层包含前内侧前额叶（Anteromedial Prefrontal cortex, AMPFC）和颞顶联合区（Temporal Parietal Junction, TPJ），涉及内-外躯体感官信号的区分与整合，将外界刺激转变自我相关刺激；最后，第三层由扣带皮层后部（Posterior Cingulate Cortex, PCC），内侧前额叶（Medial Prefrontal Cortex, MPFC）等广泛的默认网络（default mode network）脑区组成，通过第二层的加工，将各种复杂的社会、外部环境有关的信息与第一层相连，从而整合进自我的框架，实现不同层次的自我信息加工。

资料来源：Qin, P., Wang, M., & Northoff, G. Linking bodily, environmental and mental states in the self: A three-level model based on a meta-analysis. *Neuroscience & Biobehavioral Reviews*, 2020, 115, 77-95.

第三节　社　会　知　觉

一、社会知觉的一般概念

任何人都不能脱离社会群体而独立生活,每天都需要和他人打交道。人的社会行为既是指向他人的,又是对他人行为做出的反应。因此,个体在社会交往中,对他人的行为进行准确地理解和判断尤为重要。这就涉及管理心理学中社会知觉的相关内容。

社会知觉(social perception)这一概念最早由美国心理学杰罗姆·布鲁纳于1947年提出,用以指受到知觉主体的兴趣、需要、动机、价值观等社会因素影响的对物的知觉。作为知觉的一种特殊形态,即以人为对象的知觉,社会知觉服从于一般知觉所具有的普遍规律性,又具有一般知觉所不具有的特点。社会知觉的刺激一般来源于社会客体。社会客体的含义十分广泛,既包括他人、群体、人际关系,也包括认知主体自身。管理心理学所感兴趣的是作为知觉主体的个人对他人、群体的人际关系的社会认知,以及与此相伴随的自我省察的过程。在这个过程中,认知客体不仅要了解对方的物理特征,如高矮、胖瘦、衣着、相貌等,还需要对客体的许多内在特点,如对动机、能力、情感、意志等方面做出判断,进而形成完整的印象。因此,社会认知是个体通过人际交往,根据认知对象的外在特征,推测与判断其内在属性的过程。

二、社会知觉的种类

(一) 对他人的知觉

对他人的知觉是指在社会交往活动中,通过观察他人的外部特征来了解他人的内部世界,从而形成对他人整体的知觉。我们要认识某个人,总是要在一定的社会环境中通过接触到这个人的外显行为,注意其言谈举止、表情动作、神色姿态、仪表风度等,并形成一个初步印象,即对他人外部特征的感知。如果他人体态潇洒、仪表堂堂、言谈举止得体,就会给观察者留下好的印象,反之则会留下不好的印象。人的外部表情往往是反映其内心世界的一种标志,所以要重视对人的面部表情、身段表情、言语表情的观察。

通过对他人外显行为印象的推测与判断,可以获得对其身份、兴趣、爱好等方面的认识,即对其内在心理特征的知觉,包括对其需要、动机、信念、世界观、人格特征等方面的知觉。只有在长期的社会实践过程中通过人际交往,逐步深入地了解、认识,才能逐渐形成对该人正确的、深刻的、完整的认识。俗话说,路遥知马力,日久见人心。对他人的认知要防止以假象掩盖真相、以貌取人、以偏概全、以短长、以静止眼光看人、以传闻看人、以个人好恶知人等偏差。要想真正认知他人,除了察其言更要观其行,而且不仅看其一时一事的表现,还须多方面地长期考验之。应坚持"全面、立体、历史、发展及知人善任"的识人原则。

(二)人际知觉

人际知觉是指在社会生活的过程中,个体对人与人之间的相互关系、彼此作用的知觉。人际知觉带有鲜明的情绪色彩,表现为亲则近之,疏则远之。从主体的角度来看,人际知觉包含两个方面的知觉,即对自己与他人的相互关系和作用的知觉,以及对他人与他人的相互关系和作用的知觉。

对人际关系的知觉和判断往往会受到多种因素的影响。其一是人际关系本身的特点。人际关系是简单还是复杂,是真实还是虚伪,是长久、稳定,还是短暂、变化等都会影响人们对人际关系的认知和判断。其二是主体本身的特点。知识经验、情绪状态、态度倾向、个性特征等会影响人际知觉的效果。其三是认知主体对组织及组织观念的认识。是否有全局观念、纪律观念、发展观念、革新观念;以及对职位的认识,如正确的职务、职权、职责、职能、职德、晋升等观念也影响人际知觉。

(三)角色知觉

角色是指处于一定社会地位、身份、职业、职务、职位的个体,依据社会规范和标准所表现出来的与环境相适应的行为方式。角色知觉是指对个体在社会活动中所扮演的角色的认知与判断,以及对其有关角色行为的社会标准的认知。对角色的正确知觉,是进一步较好实现相应社会职能的前提和基础。在现实生活中,人们总是依照自己认定的角色标准,扮演一定的角色行为。同时依据自己的标准,对他人的角色扮演进行评定。这样一来,就很容易出现偏差,特别是在管理过程中。因此,我们要对自己或他人在特定职位上所需承担的角色和职责有一个正确的认识,一旦角色知觉出现偏差,必然会影响到角色行为。

一个完整的角色知觉过程包括角色认知、角色行为、角色期望、角色评价四个部分。

1. 角色认知

角色认知是指一个人对自己应该在社会与组织中所处地位的认识。每个人都在心目中勾画着自己的形象,思考着自己应该在社会中承担何种角色,这些都是角色认知的表现。

2. 角色行为

角色行为是指一个人按照特定的社会与组织所赋予角色的特定行为模式而进行的行为。一个担任商店营业员角色的职工,其在商店内的行为模式是要有熟练的服务技能,丰富的业务知识,周到、热情的服务态度。而作为一个单位的领导与管理者,其行为模式应该是要完成多项领导行为与职能,包括成为群众组织者、群体教育者、群体利益代表者与维护者、信息使用和传播者等。

3. 角色期望

角色期望是指他人对一个人所应承担角色的希望与寄托。在一定的客观环境中,人们总是依照自己认定的角色标准,期望扮演一定角色的人有特定的角色行为。群众对于承担领导角色者寄予很大的期望,希望领导带领他们向着既定的目标迈进。

4. 角色评价

角色评价是指他人对一个人的角色扮演的评估。人们自然而然地由角色期望开始,最后对角色扮演者的角色行为进行"评头论足",做出应有的评估。角色知觉中的角色认知与角色行为是角色扮演者主观方面的因素;而角色期望与角色评价是指他人对角色扮演者的反馈信息,属于客观方面的因素。

角色知觉作为复杂的社会认知与社会知觉中的一个方面,只有在主客观因素相互作用的条件下才能最后完整、正确地形成。这也说明角色知觉是一个人在社会实践中的动态的实现过程,而不是消极的静态的反映过程。

三、社会知觉的偏差

社会知觉是一个主观色彩较浓的认知过程。由于社会知觉往往会受到知觉者的主观因素、知觉对象的复杂性,以及知觉情境等因素的影响,人们在知觉他人或自己时会不可避免地产生偏差。在日常生活和工作中,我们常常会在潜意识里受到这些知觉偏差的影响从而形成一些错误的社会知觉。了解社会知觉偏差的表现,对于我们正确、客观地认识他人,处理好人际关系有重要意义。

（一）首因效应

首因,即首次或最初的印象,是指两个素不相识的人初次见面时所形成的印象,主要是根据对方的仪表、风度、表情、姿态、言谈、举止、年龄、身材、相貌、服饰、打扮等印象而形成的。一般说来,最初获得的信息比后来获得的信息对印象形成影响更大。这种最初获得的信息对印象形成具有强烈影响的现象,被称为首因效应（primary effect）。第一印象一旦建立起来,便会将对后来获得的信息的组织和理解有着强烈的定向作用。由于人们保持认知平衡与情感平衡的心理作用,后来获得的信息的意义必须与已有的观念保持一致。人们对后来获得的信息的解释常常是根据第一印象来完成的,第一印象起着先入为主的作用。

关于首因效应产生的原因有多种解释,一种解释认为,在整体印象形成过程中最初获得的信息之所以作用巨大,是因为最初接触陌生人时,人们注意力的投入是完全的、充分的,因此形成的印象比较强烈。对后继的信息,人们的注意力会游离,因而信息的影响力会下降。心理学家通过实验发现,当实验者提醒被试注意新接触的人各个方面的因素,注意力不要仅仅高度集中于最初信息时,首因效应会随之消失。另一种较有影响的解释则认为,对后继信息人们总是喜欢按照先入为主的最初印象去处理。

(二)近因效应

近因效应(recency effect)是指在总体印象形成过程中,新近获得的信息比原来获得的信息影响更大的现象。已有研究发现,近因效应一般不如首因效应普遍。在印象形成过程中,当不断有足够引起注意的新信息呈现出来,或者原来的印象随着时间的推移已经淡忘时,新近获得的信息的作用就会较大,近因效应就会产生。

在社会知觉中既存在首因效应,又存在近因效应。前人研究认为,这两种现象的出现与具体的社会认知情境有关。在关于某个体的两种信息连续被人们感知时,人们总倾向于相信前一种信息,并对其印象较深,即此时起作用的是首因效应;而在关于某个体的两种信息断续被人们感知时,即此时起作用的则是近因效应。首因效应和近因效应的出现往往受到时间因素、认知因素和人际因素的影响,如间隔了较长时间,那么近因效应发生的机遇则更大些;认知结构简单的人,容易出现近因效应,而认知结构复杂的人,容易出现首因效应;认知者在与熟人交往时,近因效应起较大作用;与陌生人交往时,首因效应起较大作用等。

(三)晕轮效应

晕轮效应(halo effect),又称光环效应,是指知觉者对一个人的某些品质、特征形成了清晰鲜明的印象后,此印象掩盖了其余的品质、特征的知觉偏差。晕轮效应最早是由美国著名心理学家爱德华·L. 桑戴克(Edward L. Thorndike)于 20 世纪 20 年代提出,他认为人们对他人的认知和判断往往只从局部出发,没有扩散而得出整体印象,因此常常以偏概全。个体在对他人知觉时,往往先将人分为好、坏两种,然后从这个判断推论其他品质。如果认为某人是"好"的,他就被一种积极的光环所笼罩,从而被赋予一切好的品质;如果认为某人是"坏"的,他就被一种消极的光环所笼罩,从而被认为所有的品质都很坏。这种强烈知觉的品质或特点,就像月亮形成的光环一样,向周围弥漫、扩散,从而掩盖了其他品质或特点,所以就被形象地称为光环效应。

（四）刻板印象

刻板印象(stereotype)是指由于受到社会的影响而对某一类人持有的稳定不变的看法,即在头脑中形成的关于某一类人的固定印象。知觉者总是习惯于按照一定的标准将他人进行归类,将其归属于一些预设好的群体类别中。在认知具体个体时,一旦发现对方所属的群体类别,就会将群体的特性加在其身上,如老年人是保守的,年轻人是爱冲动的;北方人是豪爽的,南方人是善于经商的;等等。刻板印象的形成原因一般包含以下三个方面：① 刻板印象与认知主体的不同类型有关。每种类型的人都有特定的人格结构和社会观念,认知主体在与其接触的过程中将这些人格特点和观念加以概括化、固定化。② 刻板印象往往是通过间接的信息形成,即通过他人的介绍、大众传播媒介的描述而获得。③ 由于历史的原因,不同国家、民族、职业、年龄、性别的群体成员之间存在固有看法。

在前人研究中,刻板印象主要包含心理动力学、社会文化和社会认知三种基本理论取向。心理动力学取向认为,刻板印象源于知觉者的动机,通过启用心理防御机制,人们会将自我或内群体某成员消极的属性知觉为外群体的特征,并以不友好的术语标定外群体,从而认为内群体成员比其他群体"更好"。社会文化取向认为,刻板印象是社会情境与文化传承的产物,强调刻板印象的形成和维系过程中社会的影响作用。人们通过社会学习获得社会环境中所流行的群体的观念与态度,反过来这些观念系统又会得到社会的强化,其焦点在于刻板印象与偏见是如何通过社会化经验、伙伴群体的影响,以及媒介的渲染得以保持的。社会认知取向认为,刻板印象是一种可以引导信息加工的观念系统或认知结构,强调信息加工系统的机能,及该系统如何影响群体与群体成员的知觉,也强调从外界刺激中提取的信息与人际行为知觉的最终形式之间存在着信息加工的中介机制。

【案例分享】

工作场所中他人感知的员工工作—家庭冲突：刻板印象视角

以往研究发现,工作场所中他人感知的员工工作—家庭冲突对员工工作结果具有重要影响,但相关研究处于起步阶段。在文献回顾的基础上,从刻板印象理论出发,近期研究采用能力—热情维度框架探讨他人感知员工工作—家庭冲突的作用机制,其研究理论模型如图4-3所示(金杨华,2022)。

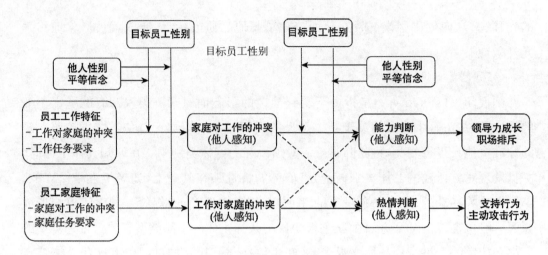

图 4-3　研究理论模型

他人感知工作—家庭冲突的提出是对传统工作—家庭冲突研究的拓展和补充，有助于全面揭示工作—家庭关系对员工在职场中的人际互动的影响机制。虽然一些学者对他人感知工作—家庭冲突的前因变量、有效性及作用机制进行了讨论，但相关研究尚处于起步阶段，无论是理论构建还是实证研究都需进一步加强和深入。该模型指出，刻板印象理论可作为今后他人感知工作—家庭冲突研究的一个重要的理论视角，并在此框架下提出了可能的影响因素、人际作用机制及作用边界。

资料来源：金杨华，陈世伟，朱玥，等.工作场所他人感知的员工工作-家庭冲突：刻板印象视角[J].心理科学进展，2022，30(1)：230-238.

四、社会行为的归因

（一）归因概述

归因(attribution)，它指的是根据所获取的各种信息对他人的外在行为表现进行分析，从而推论其原因的过程。确切地说，归因就是对自己或他人的外在行为表现的因果关系做出解释和推论的过程。这里所说的外在行为表现意指通过感官可以直接观察到的行为表现，包括一个人的某种行为活动及其存在状态。掌握归因理论对于准确地认识个体的行为和心理活动规律，搞好管理工作是非常必要的。

（二）归因理论

1. 海德的归因理论

美国社会心理学家弗里茨·海德(Fritz Heider)在他1958年出版的著作《人际关系心理学》中从通俗心理学角度提出了归因理论。海德认为，在日常生活中，每个人都会对行为背后的原因感兴趣,人们想知道别人行动的前因与后果。归因不仅是人们的心理活动,更是人的内在需要。人们就像业余的科学家,尝试着拼凑各种信息以了解他人的行为,直到找到一个合理的解释或理由为止。

海德的理论主要涉及人们行为的原因源,即关注他人行为的因果关系。海德认为,对人知觉在人际关系上的作用就在于使观察者能够预测和控制他人的行为。在日常生活中,每个人都在试图解释别人的行为,个体对他人行动的预测主要源于两种需求,即控制环境和形成对周围环境的一贯性理解。海德区分了导致行为发生的两种因素,即包括能力动机、努力程度等的内在因素和包括环境特点、他人表现和任务的难易程度等的外在因素。海德认为,在对因果关系进行朴素分析时,行为观察者会试图评估这些因素的作用。如果把某项行为归因于行为者的内在状态,那么观察者将由此推测出行为者的许多特点。即使这种推测并不是很准确,它也有助于观察者预测行为者在类似情况下的可能行为。但是,如果某项行为被归因于外在力量,观察者就会推断说该行为是由外力引起的,那么则难以确定此类行为能否再次发生。因此,海德认为,对行为的预测与对行为的归因是相互联系的。

2. 韦纳的成就归因理论

美国心理学家伯纳德·韦纳(Bernard Weiner)在海德等人对归因的研究基础上提出了自己的归因理论,即成就归因理论。该理论重点研究的是归因的维度及归因对成功与失败的行为的影响,韦纳认为人的各种行为活动的结果都可以从由成功到失败的方向考察,所以他的研究一般着重于人的成就行为和行为的归因后果。

韦纳指出,能力(ability)、努力(effort)、任务难度(task difficulty)、运气(luck)是个体分析工作成败的主要因素。而这些因素除了按照内部与外部这个维度进行分类外,还可以按照稳定与不稳定、可控与不可控这两个维度进行归类。按照此种分法,能力是内部的、稳定的、不可控的因素;努力是内部的、不稳定的、可控的因素;任务难度是外部的、稳定的、不可控的因素;而运气是外部的、不稳定的、不可控的因素,如表4-1所示。

表 4-1　韦纳的成就归因理论

归因维度	稳 定 性		内 在 性		可 控 性	
	稳　定	不稳定	内　在	外　在	可　控	不可控
能　力	+		+			+
努　力		+	+		+	
任务难度	+			+		+
运　气		+		+		+

不同的归因结果会导致个体不同的情感反应与认知结果。如果把成功归因于内部的稳定因素,会使个体产生自豪感,觉得自己聪明导致了成功;而如果把失败归为内部稳定因素,会导致个体产生自卑与羞耻感。而相关研究也发现,把成功归于努力的学生比把成功归于能力的学生在以后的工作中坚持的时间更长,把失败归于能力的人比把失败归于努力的人在未来的工作中花的时间更少。

3. 琼斯和戴维斯的相应推断理论

美国心理学家爱德华·埃尔斯沃思·琼斯(Edward Ellsworth Jones)和柯蒂斯·尤金·戴维斯(Keith Eugene Davis)扩充并发展了海德的归因理论,提出相应推断理论。该理论主张,当人们进行个人归因时,要从行为及其结果推导出行为的意图和动机。一个人所拥有的信息越多,他对该行为所做出的推论的对应性就越强。一个行为越是异乎寻常,观察者对其原因推论的对应性就越强。

琼斯和戴维斯认为,行为和引起行为的意图总是与人的某种重要的稳定特性相对应。因而,对他人倾向性的归因能够使我们理解和预测他人的行为,但这个过程受到以下因素的制约:行为结果的严重性、社会赞许性、非共同性效应、选择自由性。例如,某种行为越被社会所赞许,越难对其原因进行推断。

4. 凯利的三维归因理论

哈罗德·哈丁·凯利(Harold Harding Kelley)的三维归因理论是在相应推断理论之后对海德归因理论的又一次扩充和发展。凯利认为,人们在归因时会像科学家一样在所有信息中去寻求规律,寻求决定一种效应是否发生的各种条件的规律性协变。人们在归因的过程中受到三个方面因素的影响,即客观刺激物、行动者、所处关系或情境。这三个方面构成一个协变的立体框架,因此称为三维归因理论。三维归因理论遵循的总原则是协变性原则。协变是指多个事件同时出现的现象。如果两件事情总是同时出现,它们之间就具有高协变性;如果只是偶尔同时出现,则具有低协变性。例如,每次我穿皮大衣时小狗都会打喷嚏,这就是高协变性;而如果它只是有时在我穿皮大衣时才打喷嚏,这就是低协变性。我们想要了解某个结果出现的原因,就应该考察结果与各种可能的原因之间的协变性,将结果归于协变性最高的原因。例如,如果小狗打喷嚏和我穿皮衣之间的协变性很高,就可以推测它打喷嚏是因为对皮衣过敏。

凯利认为,人们在进行协变信息评估时会考虑与行为相关的三种因素,即区别性、一致性和一贯性。区别性是指行为者只对某一特殊事件反应,而不对其他事件反应,是行为者对刺激的区别性接受。一致性是指行动者的行为是否与其他人的行为在此种情况下一致,即面对同一刺激对象,行动者的行为是否与其他人相同。一贯性是指行为主体在不同背景下所做出的反应是否一致。区别性、一致性、一贯性与行为的原因密切相关，三种特性的组合不同即意味着导致行为的原因不同。根据凯利的观点，导致行为的原因可能出自三个方面，因此与行为原因相联系的三种特征的组合包括三种：① 一致性低、一贯性高、区别性低，此时行为的原因在行为者自身；② 一致性高、一贯性高、区别性高，此时行为的原因在行为所指对象的身上；③ 一致性低、一贯性低、区别性高，此时行为的原因在于行为发生时的环境；如表4-2所示。

表4-2　凯利的三维归因理论

行　为　信　息			归因类型
区别性	一贯性	一致性	
低	高	低	行为者
高	高	高	行为所指对象
高	低	低	行为发生环境

（三）常见的归因偏差

1. 基本归因错误

在对他人的行为进行归因时，人们往往夸大行动者的个人因素，而忽视引起行为的外部客观因素。这一归因现象被称为基本归因错误（fundamental attribution error），又称对应偏差（correspondent bias），或行为中心偏差。此时，人们往往忽视某种行为产生的环境因素，如社会规范、社会角色，或其他社会环境的作用，而将行为看成是行动者自由选择的结果，是其稳定的人格品质的一种系统反映。比如，那些流浪乞讨的人常常被认为是懒惰、自享其成者，而造成他们乞讨的客观原因可能是天灾人祸。

2. 行动者与观察者归因偏差

在日常生活中，情景中的突发情况、他人的影响、自己的情绪状态，以及个性特点等各种各样的因素常常会干扰我们的理性思维和逻辑推理，进而使得我们在为自己或他人的行为做出归因时形成各种各样的偏差。已有研究表明，行动者与观察者在归因时存在显著的区别。作为行动者，我们往往把自己的行为归因于外在的或情景的因素，即外在归因。而作为观察者，我们则会把他人的行为归因于内在原因，即内在归因。

前人对行动者与观察者归因偏差的心理机制做出了两种解释：第一种解释认为，由于行动者和观察者得到的信息不同，因此行动者和观察者的归因方式也有所不同。行动者对在各种具体的环境中自己的行动方式更为了解,因此行动者容易把行为归因于不同的情景,并在情景因素中求得解释。与之相对,观察者只能根据行动者即时的行动来判断行动者,因此观察者往往会对这种行动加以泛化,并把行为的原因归于行动者的内在特征。第二种解释认为,行动者与观察者的归因方式不同的原因在于行动者与观察者看待问题的角度或倾向性不同。从行动者角度上来说,行动者的注意力往往集中在环境上,因此行动者更可能利用环境提供的线索作为归因的依据。与此相对,从观察者的角度来说,观察者的注意力往往集中在行动者的行动上,因此观察者更可能以行动者的行为作为归因的基础来推论出对方相应的内在特征。

【案例分享】

观察者的位置与归因

泰勒和费斯克采用行为实验的方法考察了观察者所处的位置与其归因方式之间的关系(Taylor & Fiske,1975)。实验开始时,两位实验助手以行动者的角色面对面地进行谈话,六名被试者分别坐在实验助手的前面、侧面或者后面。行动者与观察者的座位安排如图4-4所示。对于坐在行动者对面的观察者来说,行动者的位置较为突出。对于坐在行动者后面的观察者来说,行动者的位置显得并不突出。而对于坐在行动者侧面的观察者来说,两位行动者位置的突出程度是相等的。在实验过程中,两位行动者共同完成一次标准化的5 min的谈话。谈话的内容均是精心设计和安排的。

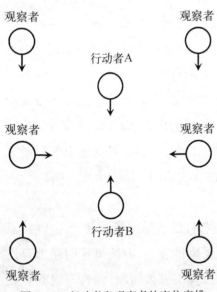

图4-4 行动者和观察者的座位安排

实验结束后,实验人员对被试者进行了结构化的访谈,要求被试者报告他们的因果认识,如哪一个行动者控制着谈话、决定着沟通信息的种类、导致另一个行动者的行为等。具体的实验结果如表4-3所示。实验结果表明,被试认为感觉上突出的行动者有着支配性的因果作用,而不突出的行动者有着较少的因果作用。坐在实验者助手两侧的被试者认为两名行动者支配谈话的作用是相等的。由此可见,观察者往往会对在感觉信息上更为突出的事物的因果作用有着更为突出的认识。

及其强度如何。中心品质模式突破了信息精细加工思维的限制,重新关注了人类认知的模糊性特点。

(二)印象管理的策略

1. 获得性印象管理策略

获得性印象管理,也称自信性印象管理,是指试图使别人更积极地看待自己,努力树立和完善在他人心目中的完美形象,其目的是获得他人的好评和赞许。社会心理学家琼斯等人提出了五种获得性印象管理策略:逢迎讨好、自我推销、树立典范、显示弱点和威慑。保罗·罗森菲尔德(Paul Roseafeld,美国)在《组织中的印象管理》(2002)一书中也列举了五种获得性印象管理策略:讨好、自我宣传、以身作则、威慑和恳求。也有研究者把获得性印象管理策略分为:示好、示弱、自诩、威吓、拉关系、自夸、树立榜样和贬低他人等。

2. 保护性印象管理策略

保护性印象管理,也称防御性印象管理,是指尽可能弱化自己的不足或避免使别人消极看待自己的一种防御性措施。消极事件的出现是保护性印象管理行为出现的客观原因。消极事件是对良好印象造成威胁的因素,可能会使一个人的声望、形象和自尊受到损害,行为者会发现自己处于相当棘手的危机情境之中。如果不能很好地处理和解决消极事件,他人就会对行为者产生负面印象,行为者甚至可能会面对制裁和惩罚。个体通常采取四种方式进行危机控制,即降低消极印象、否认消极印象、中和消极印象、把消极印象重新界定为积极印象。

思考题

(1)什么是社会知觉?它主要分为哪些种类?

(2)简述自我知觉的主要内容。

(3)请列举日常生活现象说明对象与背景之间的关系。

案例研讨

堤义明:马拉松式的经营观

日本西武集团总裁堤义明先生提出了别具一格的"马拉松式的经营观"。在堤义明的观念里,职员进公司三年以后才能做出评价,否则就不知道他的真正价值。有的人开始时工作很得要领,第二年起就开始动脑筋偷懒,而把不愿做的事推给别人去做。头脑灵活的人,总有这种倾向,爱要小聪明,想逃避艰苦的工作。相反,开始时动作迟钝,缺乏表现力,又其貌不扬的职员,也许领悟力较差,不容易掌握工作要领,但一旦掌握就绝不会偷懒。而且,这种人还担心如果不加紧努力就会被人赶上,所以努力不懈,即使别人不愿做的工作他也做。出于这种独特的思路,堤义明对经理和子公司社长的提拔方法也别具一格。能言善道、思路敏捷而又自命不凡的人,基本上绝不会被安置在重要的岗位上。堤义明认为,一项工作如果不做上20年,就不会成为真正的专家。

堤义明认为,企业的经营管理如同田径比赛中的马拉松。即使暂时取得突出的业绩,那种景气马上就会结束,以后就只能在低谷徘徊,事业难以为继。对员工也是如此,开始时无论显得多么精明能干,但是那样的情况绝不会持续长久。以长远的眼光来看,只有拙笨而精力旺盛的马拉松型的员工,才有利于公司未来的发展。堤义明深悟此理,因此在日本西武铁路集团内部,他也始终贯彻着这样的理念。

资料来源:陈渊.日本企业中人的因素分析(四)(EB/OL).(2000 - 07 - 14)[2024 - 03 - 25]. http://www.emkt.com.cn/article/19/1974.html.

请思考:
马拉松式的经营观对你有何启示?

第五章
工作动机、需要与行为

动机对人的积极性和行为效果有着直接而又十分重要的影响,企业管理中的关键问题之一,就是如何激励员工的工作动机,以便充分而又有效地调动他们的积极性。因此,研究和了解如何形成人的正确有效的动机,使员工具有强烈而持久的工作动力,是管理中的一个重要问题。

第一节　个体的动机

一、动机的定义

动机这个名词是从拉丁语"movere"引用来的,其含义是"趋向于"(to move)。动机(motivation)是一个概括性的术语,它概括了所有引起、支配和维持生理和心理活动的内部过程。动机所涉及的是行为的能量和方向,是激发、维持、调节人们从事某种活动,并引导活动指向某一目标的内部心理过程或内部动力。动机通过调动内部能量和调节行为方向与有机体的活动紧密联系在一起,成为有机体行为的决定因素。

个体的行为与动机密不可分。具体而言,动机能激发个体产生某种行为,能使个体的行为指向某一目标,能调节个体行为的强度、时间和方向。例如,喜欢玩沙的儿童会乐此不疲,喜欢攀岩的勇士不惧攀登的艰险,渴望有朝一日抽到大奖的彩民不在乎日复一日的投入。动机是环境刺激和行为变化之间的中介变量,它常以隐蔽内在的方式支配着行为的进程和方向。尽管动机是隐蔽的,但我们可以通过个体对任务的选择、个体的努力程度、个体对活动的坚持性和言语表达等外部指标来推断个体的动机。

二、动机的特征

为了进一步理解动机的本质,我们基于动机与行为的关系,进一步分析动机的特征。动机的特征主要表现在激活性、方向性、坚持性、隐蔽性和复杂性等。

（一）激活性

激活性是动机心理学家所公认的动机特征,也是人们能直观感受到的,即具有激发行为的作用,能推动个体产生某种活动,使个体由静止状态转向活动状态。例如,饥饿激发觅食,孤独引起合群。也就是说,动机可以使个体根据环境的变化和个体内部的需要,改变着活动的方式,新行为的产生就是动机的证据,这也是动机的功能。

反应的活力或动机的强度是动机激活性特征的表现。动机强度随着个体需要的程度、目标实现的可能性而增强或减弱,这种强度直接影响着行为。例如,当人们行走时,行走的时间越长,寻找水源的动机强度就越大,而当找到水源时,寻找水源的动机强度也随之而降低。所以,一般认为,动机水平高则行为强度大,表现出活跃的行为;而动机水平低,行为表现较迟缓。例如,被剥夺食物 48 h 的老鼠比被剥夺食物 3 h 的老鼠奔向食物的速度要快。

（二）方向性

方向性是指动机使个体的行为指向一定的目标或对象。早期的需要理论就指出需要给行为以方向。例如,在学习需要的支配下,人们去图书馆看书;在休息需要的支配下,人们去影院、游乐场或高尔夫球场等。当今的目标理论同样认为目标指引行为。例如,我们由于饥饿的生理需要引起进食的驱力,但是吃什么这就要受到人们的习惯和思想的影响,决定吃中餐还是西餐。由此可见,动机不但能激发行为,还能指引行为的方向,而且方向或目标才是激发行为真正的原动力。

特定动机所引导的行为方向是确定的,但是当某一种动机有几个可供选择的目标时,动机的方向性就不是那样容易确定了。例如,学生的升学和就业,有许多专业或职业可供选择,只有当学生做出决策确定某一专业或职业才确定了行为的方向。在这样的决策中,学生的偏好起着重要的作用。例如,有的学生偏好文科,有的偏好理科,有的偏好医学,有的偏好工科等。

（三）坚持性

坚持性是指当个体的活动产生后,能否维持或持续进行这种活动,同样受到动机的调节和支配。传统的奖赏理论认为,当行动指向个体所追求的目标时,相应的动机便获得强化,这种行为便能维持,并继续进行下去;相反,当行动背离个体所追求的目标时,相应的动机也就得不到强化,也就会降低个体继续进行这种活动的积极性,甚至使个体放弃这种行动。例如,一个学生学习数学,经常取得的是不及格的成绩。在这种情况下,他学习数学的动机就会减弱,甚至想放弃,从而产生厌学,形成一种恶性循环,学习数学也就没有动力了。

但是,有时人们在成功机会很小的时候,也会坚持着某种行为,也就是说,在没有外部奖赏的时候也能坚持,德西和瑞恩认为这是来自内部动机(Ryan & Deci,2000)。内部动机的理论认为,许多行为的原因来自个体掌握和发展能力的过程,是由于人们具有更长远的目标,或形成了某种信念。

(四)隐蔽性

隐蔽性指动机是一种内部心理过程,是一种中间变量,不能直接观察。但是可以通过任务选择、努力程度、活动的坚持性和言语表示等行为进行推断,推断个体行为的原因并进行解释。例如,一名学生周末在图书馆看书,对于他的学习动机,我们观察不到,只能通过他的学习行为表现、态度是否认真、坚持学习时间的长短、努力的程度如何进行推断。同时,对他学习的一贯表现、学习成绩等作进一步地考察,才可能较准确地对这名学生的学习动机进行推理性的解释。

(五)复杂性

复杂性是指动机产生因素的多重性及对行为调节的多样性。动机的产生受有机体内外各种因素的影响,内部因素包括个体的生理结构、生理的激活水平、心理的认知能力、风格、情绪和个性特征等,外部因素包括自然的变化、社会变迁的影响,如生活条件、社会地位、传统文化、风气等诸多因素都会直接地影响动机的形成。例如,一个人投掷石头砸玻璃,可能是由于受了挫折而愤怒,或者试图给朋友留下印象,也可能是因为生活乏味、寻求刺激等。

同时,个体某一种动机在不同情境下可能引起不同的行为。例如,在一种场合下,饥饿动机可能会引起狼吞虎咽地吃;在另一种场合下,则表现得非常有节制。在同一种情境中,不同的个体也可能产生不同的行为。例如,受到朋友的拒绝,有的人愤怒,有的人伤心,有的人无所谓。这一切表明动机不是简单地调节着人们的行为。

三、动机的分类

人类的活动丰富多样,而这些活动背后的动机也各有不同。根据动机的性质可将动机分为生物性动机和社会性动机;根据行为的原因和目标可将动机分为内部动机和外部动机;根据激起行为的刺激的属性和动机的指向可将动机分为趋近动机和回避动机。

（一）生物性动机与社会性动机

1. 生物性动机

生物性动机（biological motivation）又称原发性动机或生理性动机，它是以有机体的生理需要为基础的动机，如饥、渴、饿、睡眠、性等生理需要是一种内驱力，是推动人们去行动的生物性动机。生物性动机的根本功能在于维护有机体的生存和繁衍。此处主要介绍摄食动机和性动机。

（1）摄食动机。摄食动机是有机体最基本的生物性动机，它每天都以有节律的变化规律支配着动物的觅食和人类的进餐行为，以维持机体的生存、发育、成长和机体的活动能量。体内平衡理论认为保持体内能量平衡是摄食的基本动力，该理论强调存在于身体内部的调节机制可以对身体内部环境进行检验，当体内能量偏离某个最佳值时，这些机制会激活相应的神经环路，从而产生动机使机体返回到平衡状态。体内平衡的调节机制包括监控葡萄糖水平的短期调节和监控脂肪水平的长期调节。

（2）性动机。性本能是人与动物种族延续的力量，是一种原始的生理性动机。性本能是人类行为的重要原因之一，精神分析学派对于性本能的动机力量给予充分的关注，认为性本能不仅是性行为的支配力量，而且广泛地影响到人类行为的其他各个方面。有人认为，性是一种奖赏，因为它提供了愉悦的感官体验。性动机受到下丘脑的影响，促性腺分泌的中心受下丘脑的控制，下丘脑影响前脑垂体使其促性腺分泌激素，这些激素进入血液影响性腺（卵巢和睾丸），性腺分泌激素，即由卵巢分泌雌性激素和孕激素，由睾丸分泌睾丸激素和雄性激素。这些激素是最初出现性行为的关键性因素，特别是在非人种中。

【案例分享】

克雷斯皮的诱因动机实验

早期的研究者强调内驱力（如饥饿、性）在指引行为上的作用。后来的研究者发现，外部对象也能激发行为，在行为的发生和维持中也起到重要的作用。克雷斯皮的经典实验为此提供了充分的证据（Crespi, 1942）。该实验训练老鼠跑过一条狭窄的通道以得到一些食物颗粒。老鼠被分成三组。一组老鼠得到的是大奖赏（256颗），一组老鼠同样的行为得到的奖赏却很少（1颗），最后一组是控制组，整个实验过程中都得到16颗食物颗粒。在第20次实验时，克雷斯皮将两个实验组的奖赏数量都改成16颗，这样，在每次实验中，三组得到的食物颗粒是一样的。与控制组相比，原先奖赏多的一组,由于现在奖赏变少,跑过通道的速度急剧下降;而原先奖赏少的一组,由于现在奖赏多,跑过通道的速度快了很多。

资料来源:Crespi, L. P. Quantitative variation of incentive and performance in the white rat. *The American Journal of Psychology*, 1942, 55(4), 467-517.

2. 社会性动机

社会性动机(social motivation)以人的社会性需要为基础,人的归属需要、成就需要、自主和胜任需要、自我实现的需要等构成了个体社会性动机的基础。社会性动机是建立在社会文化需要基础上的动机,这些动机推动着人们去求知,去争取社会和他人的认同与接纳,去创造劳动产品,去追求成功与卓越。生物性动机的主要机能是维护个体生存和种群繁衍,而社会性动机的主要功能则是促进个体的成长与发展。此处主要介绍认知动机、交往动机、成就动机和权力动机。

(1) 认知动机。认知动机是建立在认知需要基础上的内部动机。认知需要是一种要求了解和理解所面对的客体、要求掌握知识,以及阐述和解决问题的需要。认知需要是从人类的好奇心派生出来的,儿童自出生之后就对周围的世界充满了好奇,他们通过触摸、抓握、聆听等各种身体动作来了解和认识周围的事物。随着语言能力的发展,他们获得了了解世界的有利工具,在认知动机作用下他们通过不断地询问去获得更加丰富的知识。当认知动机集中作用于某类事物时,即表现为兴趣。人对有兴趣的东西会表现出极大的积极性和饱满的热情。例如,学生一旦对数学产生兴趣,他就会将注意力投放到与数学有关的资料、任务、活动和问题上,带着快乐的心情学习数学、解决数学问题。由于兴趣能够激发持续的行为,个体在有兴趣的领域就容易做出突出的成就。

(2) 交往动机。交往动机是在交往需要的基础上发展起来的一种重要的社会性动机。交往需要表现为每个人都愿意归属于某个团体,喜欢与人来往,希望得到别人的关心、友谊、支持、合作与赞赏。这种需要促使人们结交朋友,找寻支持,参加某个团体并在其中活动,因而成为交往的动机。当这种动机促使人们满足了交往的需要时,人们会感到安全、有依靠,增加了生活和活动的勇气;相反,人们会因孤独、寂寞而产生焦虑和痛苦。

人的交往动机还反映了劳动和人类社会生活的要求。人要参加社会活动,就必须与别人交往。如果没有交往,人类的社会生活就要解体,他们与自然界的斗争也会软弱无力。交往动机还依赖于个体的交往经验,在生命的早期,如果个体缺乏交往、离群独处,交往动机就不可能获得正常的发展。

（3）成就动机。成就动机是人们希望从事对他有重要意义的、有一定困难的、具有挑战性的活动,在活动中能取得完满的优异结果和成绩,并能超过他人。例如,一个幼儿园的孩子希望自己搭的积木又高又稳,超过别的孩子;一个小学生希望自己在考试中获得好成绩,能名列前茅;一位青年工人希望自己在技术革新中做出贡献,能得到工厂的奖励;一位作家希望创作出反映时代重大主题的作品,受到社会的好评。成就动机强烈的人在活动中有高标准,他们愿意承担容易引起争议的工作,即使对它没有特别的兴趣,也能尽力把它做好。

成就动机对个体的活动有重要的作用。许多研究发现,在两个人的智商大体相同的情况下,成就动机高的人比成就动机低的人在活动中成功的可能性一般都要高一些。在学校里,成就动机高的学生成绩可能较好,名次较高;在事业上,成就动机高的人有可能取得较好的成绩。成就动机的高低还影响到人们对职业的选择。麦克兰德发现成就动机低的人,愿意选择风险较小、独立决策较少的职业;而成就动机高的人爱毛遂自荐,喜欢担任富有开创性的工作,并在工作中敢于自己做出决策。

（4）权力动机。权力动机是指人们具有的某种支配和影响他人及周围环境的内在驱力,也是个体要在某些方面取得一定的支配地位的需要。大多数人都有权力动机,只是程度不同,表现的方式不同。从狭义上讲,它表现为政治上或组织上的权力欲望;从广义上讲,它体现在上级对下级、长辈对晚辈、专业人员对非专业人员、教师对学生等方面的人际关系中。还有一种是道义上认可的权力,如身体有残疾者需要带路,老人和孩子需要保护等。

权力动机可分为个人化权力动机和社会化权力动机。具有个人化权力动机的人参与社会活动的目的主要是为了表现自己,满足个人的权力欲望,权力和地位被他们当成获利的手段。具有社会化权力动机的人,他们寻求权力的目的是为了他人,他们以个人的知识、智慧、才干、人格去影响他人。例如,教师努力去教好学生,思想家和文学家以自己的思想和作品去影响社会和他人。

（二）内部动机与外部动机

1. 内部动机

内部动机是指人们对活动本身感兴趣,自发地进行学习和提高技能,并从行动中获得满足和激励。例如,有人从事体育运动不是为了竞赛,而是为了从运动中得到快乐;有人学习不是为了升学,而是为了探究知识的奥秘。

内部动机建立在有机体内在的心理需要基础上,自主、胜任和关系需要是人类的三种基本心理需要,它们是内部动机的源泉（Ryan & Deci,2000）。当周围环境能够满足人的以上三种基本心理需要,而且个体体验到成就或效能时,才能够调动内部动机。相反,在执行任务过程中,威胁、设定最终期限、严苛的指令、压力性评价和强制性目标等都会对内部动机产生削弱作用。前人研究发现,能够给学生提供自主支持的教师与具有控制性的教师相比,前者更能促进学生产生强烈的内部动机、好奇心和迎接挑战的欲望(Grolnick & Ryan,1987)。接受控制性教育方式的学生不仅容易丧失学习的主动性,而且在进行概括性和创造性学习时,学习效果比预期的要差得多。

2. 外部动机

外部动机是指动机由活动以外的因素所引起,活动的目的是获得某种额外的结果,比如表扬、奖励、名次、名誉、地位、金钱、职务等。外部动机具有很强的激励的作用,但与内部动机相比,它还有很多的负面效应,比如维持时间短,容易引发心理压力,导致焦虑。在竞争激烈的环境下,外部动机还会激活攻击、欺骗、自我设置障碍等不良行为。

前人在研究内部动机的同时,也探讨了外部动机对内部动机的影响。研究发现,外部动机使用不当就会削弱内部动机。德西曾进行过一系列实验,实验开始时,对所有的被试者都不奖励。接着把他们分成两组,其中一组学生每解答一道智力难题就给予奖励;另一组不给任何奖励。非常有趣的是,有奖励组的被试者中很少有人在自由活动时间里继续解答智力题,但无奖励组的学生中却有更多的人依旧致力于解答未解出的难题。这意味着,奖励削弱了学生对持续解答智力难题的兴趣,也就是说,如果在个体从事一项感兴趣的活动时,同时给予外部的物质奖励,将会削弱参与者对这项活动的内部动机。

(三)趋近动机与回避动机

趋近和回避是动机的两种最基本形式,反映着个体与环境的相互作用方式,是人类趋利避害、适应环境的核心机能。心理学家埃利奥特认为,可以从五个方面来理解趋近和回避动机概念(Elliot & Fryer,2008)。① 趋近和回避动机影响着行为的能量和方向。趋近动机是由正性刺激激起的行为能量,或者使行为指向正性刺激方向的动机;而回避动机则是由负性刺激激起的行为能量,或者使行为指向负性刺激方向的动机。② 趋近和回避动机既涉及身体的运动,也涉及个体的心理活动。当刺激在心理上被评估为正性时,个体就会表现出把它"拿过来"或把它"留给自己"的动作取向;相反,当刺激在心理上被评估为负性刺激时,个体则会表现出远离或回避的动作取向。③ 趋近和回避动机的区分不仅与新的刺激情境有关,也与当前所处的情境有关,即趋近动机不仅指趋近新的积极刺激,也包括保留和维持现有的积极刺激;而回避动机不仅包括对可能出现的消极刺激的防御，也包括逃离或纠正当前的消极刺激。④ 刺激的效价是趋近和回避动机的核心。正性效价代表着"有益""喜欢""渴望"，而负性效价代表着"有害""不喜欢"和"不想要"。⑤ 激起趋近和回避动机的刺激可以是具体的和可观察的客体、事件或可能性，也可以是抽象的、通过内部表征生成的客体、事件或可能性。

趋近和回避动机不仅表现为机体的暂时状态，也表现为稳定的人格特质。趋近动机特质与积极情绪、外向型人格相关联，经常表现为自主、完美主义、自我批评和高目标追求，也容易出现愤怒、嫉妒等消极情绪反应。回避动机特质与消极情绪、内向型人格相关联，容易出现焦虑、抑郁等情绪反应。

趋近和回避作为最基本的动机系统，具有行为组织功能。趋近系统通过调动和集合机体能量来接近、掌控个体所偏爱的刺激，回避系统也同样通过调动和集合机体能量来逃离或阻止不利刺激的伤害。两类动机系统的协同作用促成了有机体的自我调节，保证了有机体对生存环境的成功适应。埃利奥特指出，两种动机相结合才能产生成功的适应，回避动机保证了个体的生存，趋近动机则能够促进个体的成长。

四、动机的意义和作用

（一）动机影响有机体的生存与发展

动机对我们的生存和发展具有极为重要的作用。生物性动机的根本功能在于维护有机体的生存和繁衍，而社会性动机则在个体成长和发展中发挥着重要作用。饥、渴、饿、睡眠等基本生理需要构成了有机体最基本的生物性动机，这些与生俱来的基本生理需要每天都以有节律的变化规律支配着有机体的摄食和起居行为，以维持机体的生存、发育、成长和机体的活动能量。而性动机不仅与生物有机体的生存有关，更与物种的繁衍紧密相连。精神分析理论认为性动机源自人类的生存本能，进化心理学强调对成功生殖的追求是生命个体性行为的最根本的动力源泉。

与之相对，社会动机能够促进个体环境适应能力和社会适应能力的发展。认知动机不断激励个体去探索外部世界，促进了个体对环境的了解，对环境事件发生、发展和变化规律的认识，提高了个体对环境的适应能力。成就动机使人勇于应对挑战，追求更好成绩，从而提高了人的胜任力水平。社交动机使人愿与他人接近、合作、互惠互利，并建立友谊关系，当人们的交往需要得到满足时，就会感到安全，有依靠和归属感。

（二）动机影响人的活动效率

动机对于提高活动效率具有重要意义。但动机强度与工作效率之间不是一种线性关系，动机很低时工作效率不可能高，而当动机过强时，个体处于高度紧张状态也会限制正常活动，从而使工作效率降低。一般情况下，中等强度的动机最有利于发挥最佳工作效率。同时，动机的最佳水平也会因活动性质的不同而不同，如在简单容易的活动中，工作效率随动机的提高而上升，而当活动难度加大时，动机强度要降低；在一定范围内，动机增强有利于工作效率的提高，特别是在学习力所能及的课题时，其效率的提高更明显。该规律被心理学家耶克斯和多德森通过实验所证实，因此称为耶克斯-多德森定律（见图 5 - 1）。

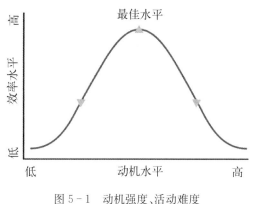

图 5 - 1　动机强度、活动难度和工作效率的关系

（三）动机影响身心健康

前人研究考察了动机变量与身心健康的关系，如归因、控制感、自我效能感、自尊，以及动机冲突对身心健康的影响。美国心理学家林恩·艾布拉姆森(Lyn Abramson)等人提出一种有关抑郁的观点，他们假设归因方式的某些特征是导致抑郁的因素之一。如果一个人倾向于将坏事情的原因归结为自身的、持久的、整体的原因，而把好事情的原因归结为他人的、暂时的、局部的原因，这个人出现抑郁症状的可能性就很大。国内学者张雨新部分证实了艾布拉姆森的观点，其研究发现个体越倾向于将好事情归因于暂时的、局部的原因，而将坏事情归因于持久的、整体的原因，越容易出现抑郁。

每个人都希望自己能够掌控自己所处的环境，无论是工作、学习、人际关系、生活琐事还是自己的身体及情绪变化，对这些因素的控制需要都是人固有的需要，是一个重要的动机变量。研究表明，控制感对人的心理和身体健康非常重要，那些控制感较高的人比控制感较低的人能够更加有效地保护自己的健康，预防疾病。而且一旦患上严重的疾病，具有高控制感的人能够很快适应疾病并采取措施积极地应对。心理学家兰格等人曾在美国康涅狄格州的一个名为"雅典园"的护理之家做过一个现场实验，实验通过帮助老年人增加行为控制、认知控制和决定控制来提升这些老年人的控制感，结果显示控制感干预不仅改善了老年人的情绪状况，促进了他们的社会交往和参与活动的积极性，也增进了他们的健康，降低了死亡率。这一结果提示我们在照顾老年人时，要在爱老敬老的基础上给予老年人更多的决定权和选择权，让他们对自己的生活承担必要的责任。这样不仅有利于提高老年人的控制感，而且对促进其健康具有积极意义。

美国心理学家阿尔伯特·班杜拉(Albert Bandura)曾考察自我效能感对认知应激源的作用,结果发现自我效能感的高低会对个体在应激过程中的交感神经反应和主观应激强度产生影响。低自我效能感的人在应激过程中交感神经反应更强,主观应激强度更高,而且在应激过程中,他们对疼痛的耐受性增强。英国牛津大学心理学家陶特曼等还发现动机冲突带来的心理应激会加重感冒。最近,研究者扬斯多姆和伊扎德提出,趋近和回避动机系统失调是导致抑郁、焦虑、躁狂、多动症等多种心理问题的原因。

总之,对于动机的意义和作用需要有一个比较全面的理解,首先并不是所有的动机都有积极意义,只有那些积极的有建设性的动机力量才能够维护人类的生存和发展,激励人走向幸福和健康。其次,在活动过程中,并不是动机越强越好,为了取得最佳的活动效率,要依据任务的难度来调整动机力量的强度。

第二节　需要与管理

一、需要的定义

需要是个体在生活中感到某种欠缺而力求获得满足的一种心理状态,是人脑对生理和社会需求的反映。需要是个体行为和心理活动的内部动力,是个体行为积极性的源泉。需要一旦被意识到就形成一种寻求满足的力量,驱使人朝着一定的对象去活动,以满足自身的需要。一般来讲,需要的强度越大,活动的积极性就越高;需要的强度越小,活动的积极性也就越小。

需要是人对自身生存和发展的外界条件的依赖性和渴求状态,它表现着人和外界的实际联系。这一定义表明了需要一方面和外界物质条件这个客体相联系,不能脱离外界条件,没有这个客体就没有需要的产生和发展,就没有需要本身;另一方面,需要又和人这个主体相联系,需要是人的需要,与人本身为一体存在,是人的活动积极性的源泉。在人和外界的关系中,需要揭示了主体对客体的依赖与渴求状态,它成为沟通和联络主体与客体的中介和桥梁。如果没有需要,没有需要引发的欲求、愿望等,外界条件就不会被人们所关注。

二、需要的特征

（一）对象性

人的需要不是空洞的,而是有目的、有对象的,而且也随着满足需要的对象的变化而发展。人的需要的对象既包括物质的东西,如衣、食、住、行,也包括精神内容,如文化、艺术、信仰或宗教;既包括个体化的内容,如个人兴趣、爱好,也包括社会性的活动,如参加朋友聚会、参与团队活动、承担社会角色、与人沟通感情等。各种需要彼此之间的区别,就在于需要对象的不同。但无论是物质需要,还是精神需要,都必须有一定的外部物质条件才能满足。例如,居住需要房子,出门要有交通工具,娱乐要有场所,等等。

（二）阶段性

人的需要会随着年龄阶段的不同而发展变化,也就是说,在个体发展的不同时期,需要会表现出不同的特点。例如,婴幼儿时期,生理需要占主导地位,孩子对吃、喝、睡的需要更强烈;少年时代对奖赏、安全的需要更加强烈;到青年时期又表现为对恋爱、婚姻的需要;到成年时期对自主、胜任和尊重的需要更加强烈。

（三）社会制约性

人不仅有先天的生理需要,而且在社会实践中,在接受人类文化教育过程中,还发展出许多社会性需要。这些社会需要受时代、历史和文化的影响。在经济落后、生活水平低下时,人们需要的是温饱;在经济发展、生活水平提高以后,人们不仅需要丰裕的物质生活,同时更加需要丰富多彩的精神生活。

（四）独特性

人与人之间的需要既有共同性,又有独特性。由于生理因素、遗传因素、环境因素、条件因素不同,每个人的需要都有自己的独特性。年龄不同的人、身体条件不同的人、社会地位不同的人、经济条件不同的人,都会在物质和精神方面有不同的需要。

三、需要、动机与行为的关系

所谓行为(behavior),就是指人们一切有目的的活动,它是由一系列简单动作构成的,是日常生活中所表现出来的一切动作的统称。影响人类行为的因素是多种多样的,概括起来可以分为两个方面:外在因素和内在因素。外在因素主要是指客观存在的社会环境和自然环境的影响;内在因素主要是指人的各种心理因素和生理因素的影响,在这里主要是指各种心理因素,诸如人们的认识、情感、兴趣、愿望、需要、动机、理想、信念和价值观等。而对人类行为具有直接支配意义的,则是人的需要和动机。

库尔特·勒温认为,人的行为取决于内在需要和周围环境的相互作用。当人的需要尚未得到满足时,个体就会产生一种内部力场的张力,而周围环境的外在因素则起到导火线的作用。按照勒温的观点,内在因素是根本,外在因素是条件,二者相互

作用的结果产生了行为。根据这一观点,他提出了著名的行为公式:

$$B = F(P \cdot E)$$

以上公式中,B 代表行为,P 代表个人的需要(内在心理因素),E 代表环境(外在因素的影响)。这一公式说明,人的行为是人的内在因素和外在环境相互作用的结果。在日常生活中,人们之所以会有这样和那样的行为,主要是受这二者的影响。所谓"近朱者赤,近墨者黑",说的是人的行为容易受环境的影响;所谓"身居闹市,点尘不染",则是说人的行为由于受到内在因素的支配,可以不受外在环境的影响。

既然人的行为是个体与环境相互作用的结果,那么在分析一个人的行为时,就要同时看到两个方面的因素,即不仅要深入地了解个体自身的情况,还要全面地分析他所处的特定环境。只有这样,才能弄清内外因素对个体行为的影响。人类有意识的行为活动,总是受到个体心理活动的支配。因此,要做好人的工作,必须重视对人的心理和行为的研究,善于了解和掌握影响员工心理和行为的各种驱动因素。

四、需要在管理实践中的运用

需要是个体行为和心理活动的内部动力,正是各种需要推动着人们在各个方面积极地活动。没有需要,就没有个体的一切活动。需要越强烈,由此引起的活动就越有力。因此,管理者的一个重要任务就是了解职工的各种需要,并尽可能最大限度地满足他们的合理需要,从而调动他们的工作积极性。

管理者要积极调查职工的需要情况。调查研究是解决好职工需要的前提和基础,职工的需要是多种多样的,有的需要是合理的,有的需要是不合理的;有的需要是眼前的,有的需要是长远的。因此,只有开展多种形式如座谈、访谈、问卷调查等的调查研究工作才能真正了解职工的根本需要,也只有这样,我们才能制定科学的解决方案,合理地解决职工的需要问题,保护和调动职工生产的积极性。

在管理实践中,管理者不能只考虑如何完成任务,应当关心人、理解人、尊重人。关心人,就是要关注、爱护和帮助职工,在政治上关心他们的成长,在事业上关心他们的进步,在生活上关心他们的疾苦。尊重人,就是要尊重每个职工的人格,尊重和维护宪法赋予他们的各种民主权利。理解人,就是要理解每个职工的具体处境和个性,承认他们在性格、爱好和兴趣等方面的差异。只有这样才能充分调动和激发广大职工的主动性、积极性和创造性。

在管理实践中,管理者不仅要针对职工对物质生活的基本需求,解决好他们生活中的实际困难,还应针对职工的精神需求,丰富他们的精神生活。物质需要作为人类自身生存和发展的根本需要,是其自身生产行为的原动力,构成了推动人类历史发展的基本动力。马克思在分析人的行为动因时指出,任何人如果不同时为了自己的某种需要和为了这种需要的器官而做事,他就什么也不能做。满足职工对物质利益的需要,关键是要为职工办实事,解决职工的实际问题。所谓实际问题,主要是指与职工的日常生活息息相关但是又难以凭借个人力量加以解决的实际困难,如住房、就业、医疗、文化教育等方面的问题,这些问题的实质就是物质利益问题。这些问题解决了,职工的现实利益就得以实现,思想问题自然就迎刃而解了。精神需要也是人的最基本需要之一,当职工的物质生活需要得到一定的满足之后,必然产生相应的精神需要。在市场经济条件下,我们一定要坚持以人为本,关注现代职工精神需求的变化,向他们提供精神关怀和积极的引导,通过举办丰富多彩的业余文化活动,让职工们感受到家庭式的温暖,安心在本组织工作,并随时愿意为本组织的利益奉献自己的力量。

第三节 激励的行为与机制

一、激励的定义

人的一切有目的的行为都是出于对某种需要的追求,当人的某种需要得不到满足时,将形成寻求满足需要的动机,在适当的条件下,动机就会导致某种行为,这正是产生激励的起点。所以,管理者就应该从人的需要出发,通过对员工个性的把握来设计合理的激励机制以解决需求问题。人力资源开发与管理是企业管理的核心与灵魂。而如何激发人才的正确动机,调动人才的积极性,充分挖掘和发挥人才的潜能,是人力资源开发与管理的最根本的任务。因此,激励问题一直是管理的核心问题之一。

"激励"一词作为心理学术语,指的是持续激发人的动机的心理过程。通过激励,使人在某些内在或外在刺激的影响下,始终维持在一个兴奋状态。可见,激励是引起个体产生明确的目标,并指向目标行为的内在动力。在管理心理学中,激励就是指调动员工的积极性、主动性和创造性。通过激励,使人有一股内在的动力,自觉地向企业所期望的目标努力的心理活动过程。

从心理和行为过程来看,激励是指由一定的刺激激发人的动机,诱导人的行为,使人发挥内在潜力,从而为实现新追求的目标而努力的心理和行为过程。未满足的需要是激励过程的起点,由此而引起个人内心的激奋,产生目标导向与目标行动,导致个人从事满足需要的某种目标行动,达到了目标,需要得到满足,激励过程也就宣告完成。当新的需要发生时,则又会引起新的行为和新的激励过程。因此,激励的过程是管理者运用特定的手段和策略,促进工作群体或个人自觉努力实现管理目标的过程。而有效的激励手段,必须符合人的心理和行为活动的规律(见图 5-2)。

图 5-2 激励的心理过程模式

二、内容型激励理论

(一)马斯洛的需要层次理论

亚伯拉罕·马斯洛于 1943 年在论文《人类动机论》中提出了需要层次理论。1970 年,马斯洛又系统地总结了这一理论,并在原来的五个需要层次基础上增加了认知需要、审美需要。马斯洛认为个体成长发展的内在力量是动机,而动机是由多种不同性质的需要所组成的,一种行为可能同时受到几种不同的动机状态的影响,如学生努力学习可能既受到兴趣的影响,也受到老师表扬、班级名次的影响,还可能受到同伴评价或团队接纳等因素的影响。

马斯洛指出,人类的需要可分为两大类:一类是基本需要,或叫作缺失需要,即人类个体不可缺少的普遍的生理和社会需要,它不属于固定文化所特有的,而是人类共同具有的,其中包括生理需要、安全需要、归属和爱的需要,以及尊重的需要。这些需要一旦满足,其需要的强度就会有所减弱。另一类是成长需要,即人类个体为了追求自身的健康成长和自我实现而发展起来的需要。人类在基本需要得到满足后会出现高层次的心理需要,包括认知、审美和自我实现的需要。

1. 生理需要

生理需要是人们最原始、最基本的需要,如空气、水、吃饭、穿衣等,这些基本生理需要的出发点是维持体内平衡。在马斯洛的理论中,体内平衡指的是身体维持血液的持续和正常状态的一种无意识努力。其内容包括血液的水含量、盐含量、糖含量、蛋白质含量、脂肪含量、钙含量、氧含量、酸碱平衡、荷尔蒙、维生素等。身体内缺少某种内容,有机体会产生相应的需要。马斯洛认为,人的生理需要不胜枚举,每一种生理需要及其满足方式也都相对独立。例如,饥饿只能通过饮食来解决,困倦只能通过睡眠来解决。

生理需要在所有需要中占绝对优势。假如一个人在生活中所有需要都没有得到满足,那么生理需要而不是其他需要最有可能成为他的主要动机。例如,一个同时缺乏食物、安全、爱和尊重的人,对于食物的渴望可能最为强烈,其他需要有可能退居幕后,或者处于休眠状态,个体的全部精力就会投入到寻找解决饥饿的活动中去,"为面包而活着"。当生理需要达到一定程度的满足后,高级的需要就会变得活跃起来。

2. 安全需要

像生理需要一样,安全需要也是一种由应激情境引发的动力状态。当个体生命受到威胁时,最重要的内驱力就是逃生。安全的需要有多种不同的表现形式,包括稳定、依赖、保护、免受惊吓、避免焦躁和混乱的折磨、对体制和秩序的需要、对法律的需要、对界限的需要以及对保护者实力的需要等。当人的机体完全被安全需要所控制时,安全需要有可能成为行为的唯一组织者,调动机体的全部能量为其服务。马斯洛认为,这时我们可以将整个机体描述为一个寻求安全的机制,感受器、效应器、智力和其他能力都将是寻求安全的工具。这个压倒一切的目标不仅对于个人当前的世界观和人生观起作用,而且对未来的人生观都是强有力的决定因素。

安全需要在年幼的儿童身上表现得最为明显。如果幼儿突然受到干扰,或者跌倒,或者遇到高声喧闹、闪电,以及其他异常感官刺激的威吓,或者受到粗鲁的对待,或者在母亲怀中失去支持,或者感到食物不足等,他们就会不遗余力地做出反应,仿佛遭遇了危险。例如,3岁左右的孩子刚刚进入幼儿园时,每天的送别过程总是非常困难,孩子会哭着闹着拒绝上幼儿园,或拉着家人的手不肯放开。晚上会做噩梦,半夜会突然醒来大哭不止,甚至经常闹病。这些表现就是安全需要在发挥作用,因为幼儿园对孩子来说是一个完全陌生的环境,他们的表现是对陌生环境的过度反应。在这种情况下,家长要尽可能给孩子以抚慰,教师也要尽可能多地给孩子以关怀,等孩子慢慢熟悉了幼儿园的环境后,恐惧感会随即消失。

马斯洛认为在西方社会中,绝大多数成年人的安全需要已经得到充分满足,通常情况下这种需要并不支配人的行为。但是,某些行为障碍可以理解为安全需要没有得到满足的表现。在这种需要未得到满足的状态下,人们就好像一直处在威胁的情境中,或忧心忡忡,或经常有过度防御反应。马斯洛认为,强迫症是由于安全需要没有得到满足而引发的一种刻板行为。

3. 归属与爱的需要

当安全需要得到一定程度的满足后,它对行为的作用就变得不再显著。与此同时,归属与爱的需要就表现得清晰起来。这种需要是一种与他人建立亲密关系的渴求,是一种成为团队一分子的愿望。爱的需要包括接受别人的爱和给予别人爱。如果这种需要得不到满足,个人会特别强烈地感到缺乏朋友、缺乏亲密关系、缺乏配偶和孩子,或者强烈地感到孤独,感到遭受抛弃、遭受拒绝,会产生举目无亲、孤苦无依的苦楚。马斯洛认为,归属与爱的需要如果长期严重受阻可导致行为失调和病态,它是当今社会中各种行为问题最普遍的根源。

4. 尊重的需要

当归属与爱的需要达到一定程度的满足后,尊重的需要就成为影响行为的首要动机力量。尊重是一种寻求对自我积极和高度评价的需要,其中包括自尊的需要和他人尊重的需要。社会上所有的人都希望自己有稳定、牢固的地位,企望别人的高度评价,需要自尊、自主,并为他人所尊重。这种需要可以分成两类:一是在所处的环境中,希望自己有实力、有成就,对生活有信心,以及要求独立和自由;二是要求有名誉或威望(可看成别人对自己的尊重),受人赏识、重视、关心和高度评价。这一层级的需要既要求得到别人的承认,从而产生崇敬、认可等情感,同时又要求得到自我尊重,产生自足、胜任、自信等情感。两种情感通常产生于被认为对社会有用的活动中。当尊重的需要得到满足时,人们就会拥有自信和自我价值感,就会觉得自己的生命是有意义的。这种需要一旦受挫,就容易使人产生自卑感、软弱感,导致沮丧、无助甚至抑郁。

5. 认知需要

人类是会思考的动物,拥有了解新事物的好奇心,也具有理解客观事物存在奥秘、预测未来发展趋势的需要,以及探求自己的过去、现在和将来的兴趣,这些动力倾向都表现了认知需要的作用。正是在这种认知动机驱动下,科学家才能够把毕生的精力花在探索新知识上,我们才能够通过科学家的发现了解到大自然和人类社会的无穷奥秘。

马斯洛认为,求知、理解和人的认知能力都是用来解决问题和克服障碍从而满足基本需要的工具。他指出,认知能力是一整套适应性工具,它们除了具有其他功能之外,还有满足我们的基本需要的作用,很明显,我们所遭遇的任何威胁、剥夺或阻碍都需要通过人类的认知能力来解决。这个观点部分地解决了这样一个普遍的问题,即为什么对于知识、真理和智慧的追求以及解释宇宙之谜是人类一直不变的欲望。

6. 审美的需要

审美需要主要指人类对秩序和美感的渴望,包括对秩序、匀称、完整和结构的需要,以及存在于某些成人身上和几乎所有健康儿童身上的对行为完满的需要。马斯洛认为审美需要是类似本能的，它在自我实现者身上得到了最充分的表现。这种需要在人类各时期的文化中都有体现，最早甚至可以追溯到洞穴人文化时期。马斯洛认为，满足人的这一基本需要的直接前提，就是要有一个自由、公正的环境。

7. 自我实现的需要

自我实现的需要居于"金字塔"的顶端，它是马斯洛人本主义心理学的理论核心。所谓自我实现是指人的天赋、能力、潜力的充分开拓和利用，是对个人自我价值的最充分肯定和把握，是一种使个人自身朝着更加统一、完整、协调的方向发展的倾向。它是一种超越性和成长性的动机，其动力指向不是弥补欠缺，而是发展潜能、认识世界。马斯洛强调只有通过个人的"成长"，才能趋近自我实现，只有充分发挥个人的潜能、实现人性的全部价值，人才能成为自由的、健康的、具有高峰体验的人。高峰体验是指人处于最佳状态时刻的感受，即感到敬畏、强烈的幸福感、狂喜与欣慰的时刻，也是人一生中最能发挥作用，感到无比坚强、自信的时刻。在马斯洛看来，自我实现是完美人性的实现，或者说是丰满人生的实现，是个人潜能或特性的实现。

在马斯洛晚年，他又把自我实现划分为两种，即健康型的自我实现和超越型的自我实现。前者是更务实、更能干的一种自我实现，后者是带来丰富超越体验的自我实现。

（二）奥尔德弗的 ERG 理论

美国耶鲁大学的克雷顿·奥尔德弗（Clayton Alderfer）于 1969 年在马斯洛的需要层次理论的基础上提出 ERG 理论。他把人的需要简化为生存需要（existence）、关系需要（relatedness）和成长需要（growth），因而这一理论被称为 ERG 理论。

奥尔德弗的 ERG 理论把马斯洛的需要理论概括为生存需要、关系需要和成长发展需要。生存需要类似于马斯洛需要层次中的生理和安全需要，如多种形式的生理和物质的欲望，以及工资报酬、工作条件、退休保险等社会保障条件；关系需要类似于需要层次中的社交需要，它包括在工作单位的人际关系和人际交往，这种需要在人际交往中共同分享并获得满足；成长发展需要相当于需要层次中的尊重需要和自我实现需要，主要是指个人的完善、成长以及创造性的发挥等。这类需要的满足有赖于培养和提高，教育使人们不断发现成长发展需要并寻求满足的方式。

奥尔德弗的 ERG 理论不强调需要的层次排列顺序，认为人在同一时间可能有不止一种需要在起作用，当个体较高层次的需要受到挫折未能满足时，较低层次的需要强度会增加，即"挫折-倒退"。例如，当个体无法满足社会交往需要时，可能会导致他们对于更多金钱或更好工作条件的渴望。所以，挫折可以导致人们对于较低层次需要的回归。

奥尔德弗认为,作为一个管理者,应该了解员工的真实需要。因为不同的需要会导致员工不同的工作行为,进而决定他们不同的工作结果;而这些结果,可能满足他们的需要,也可能满足不了他们的需要,管理人员要想控制员工的工作行为,必须在了解员工真实需要的基础上,通过控制员工的工作结果,即让员工获得能满足需要的报酬,来达到控制员工的行为。

(三)麦克莱兰的成就需求理论

麦克莱兰的成就需求理论认为,人的需要是不断发展的,人的生理需要获得满足之后基本需要有权力、友谊和成就三种需要。

1.权力需要

权力需要是指影响和控制其他人行为的欲望。具有较高权力欲望的人对影响和控制别人表现出很大的兴趣,这种人总是追求领导者的地位。麦克莱兰将管理者的权力分为两种:个人权力和职位性权力。追求个人权力的人围绕个人需要行使权力,在工作中需要及时反馈和倾向于自己亲自操作。职位性权力要求管理者与组织共同发展,自觉接受约束,从体验使用权力过程中得到一种满足。权力需要也是管理成功的基本要素之一。

2.友谊需要

友谊需要是指与他人建立和保持亲密人际关系的愿望。具有友谊需要的人通常从友爱、情谊和社交中得到满足和快乐。他们喜欢与别人保持一种融洽的关系,享受亲密无间和相互理解的乐趣。但这种人也容易由于讲交情和义气而违背管理工作原则,导致组织效率下降。如果将这种人安排在需要协作的岗位上,则会大大提高工作效率。

3.成就需要

成就需要是指为争取优秀、追求卓越的需要。具有成就需要的人,经常考虑个人事业的前途和发展,对工作的胜任感和成功有强烈的要求。他们把取得成就看作人生的最大乐趣。麦克莱兰认为,一个人成就需要的高低直接影响他的进步和发展;一个组织或国家拥有高成就需要的人的多少,直接决定其繁荣和兴旺发达。

这三种需要可以同时并存,同时发挥激励作用。但是,这三种基本需要排列的层次和重要性因人而异。如年轻的经理对权力需要少些,而对成就与友谊需要较强,成功的经理强调高成就的需要,并有强烈的高权力需要,而对友谊需要相对降低。

麦克莱兰的成就需求理论在一定程度上比较确切地解释出人们的工作动机及其所引发的行为。它对高成就动机作用的强调,尤其是强调成就动机可以通过教育来塑造的思想,对于企业管理有很大的启示。在企业管理中,管理者要充分认识员工的成就动机的作用,并进行专门的培养成就动机的训练,通过安排既适合员工能力又具有一定难度的工作,使员工从中能够获得一定的成就感,激发员工的成就动机,造就更多的发明家、企业家。管理者还要善于发现具有较高成就动机的员工,并将其安排在具有一定难度和风险、富有挑战性的岗位上,这样他们的成就动机就可能被大大激发起来,他们的聪明才智就会得到充分的发挥。

（四）赫茨伯格的双因素理论

美国行为科学家弗雷德里克·赫茨伯格于 1959 年提出双因素理论,即激励-保健理论(motivation-hygiene theory),从而把马斯洛的需要理论向前推进了一大步。双因素理论把影响人的积极性的各种因素划分为激励因素和保健因素两大类。保健因素是指当这些因素得不到满足时,人们将降低其工作积极性;而当这些因素得到满足时,人们却不会因此而提高工作积极性。也就是说,当保健因素得到充分改善时,人们只是没有了不满意感,但并不会感到满意。这种类似预防性的保健因素包括工作安全感、薪酬、福利、工作条件、与上级的关系和公司的政策与管理等。与之相对,激励因素是指当这些需要得不到满足时,员工不至于降低工作表现,而一旦这些需要得到满足,就会提高人的工作表现。赫茨伯格认为,要想真正激励员工努力工作,必须注重激励因素,这些因素才会增加员工的工作满意感。它包括成长与发展、责任感、工作的挑战性和工作成就感等。

赫兹伯格的双因素理论认为,过去关于满意与不满意互为对立面的观点应该进行纠正,满意的对立面是不满意,不满意的对立面是没有不满意。促使员工在工作中产生满意感的因素往往与工作本身有直接联系,是激励因素;产生不满意的因素往往与工作环境或条件相联系,是保健因素。他认为,良好的保健因素只能使员工的不满意感消除,但不一定能让员工产生满意感,这类因素是不能产生激励作用的。只有与工作本身有关的因素能让员工产生满意感,才是激励因素。根据赫兹伯格的双因素理论,保健因素和激励因素在激发人的工作积极性方面有不同的作用。在管理实践中,为了增加员工的满意度,充分调动其工作积极性,管理者除了应致力于改善物质条件和工作环境之外,更为重要的是要为每个员工提供发挥自己才能的机会,增强他们的成就感和责任心,促进他们的进取心。

赫茨伯格的双因素理论在西方行为科学界颇有影响,其突出特点是把激励问题与工作性质和工作环境具体地联系起来,能够较好地把激励理论应用于企业管理之中。但它也受到学术界广泛的争议,批评意见主要认为赫茨伯格所采用的方法具有一定的局限性,人们易于把不满意归因于外部条件,并且缺乏普遍适用的满意度评价标准等。

三、过程型激励理论

(一)弗鲁姆的期望理论

在马斯洛与赫茨伯格研究的基础上,维克托·弗鲁姆在 1964 年出版的《工作与激励》著作中阐述了期望理论模型。美国心理学家弗鲁姆的期望理论认为,一种行为倾向的强度,取决于个体对于这种行为可能带来的结果的期望,以及这种结果对行为者的吸引力。期望理论的理论基础认为,人之所以能够从事某项工作并达成目标是因为这些工作和组织目标会帮助他们达成自己的目标,满足自己某方面的需要。弗鲁姆的期望理论认为,某一活动对某人的激励力量,取决于他所能得到结果的全部预期价值,乘以他认为达成该结果的期望概率。该理论可以用如下公式来表示:

$$M(\text{Motivational force}) = V(\text{Valance}) \cdot E(\text{Expectancy})$$

激励力量(motivational force)是指激励水平的高低,反映的是个人或组织进行某一行为的动机强弱。激励水平高,则动机强烈、动力大。效价(valance)指某项活动所产生结果的吸引力大小。影响效价的因素很多,其中包括目标对被激励对象来说是否需要;被激励对象所处的环境等。若目标能满足需要则效价高,不能满足需要则低,有时目标甚至会给个人带来损害。因此,从这个意义上说,效价有正值、零值和负值之分。期望值(expectancy)指个体对某一目标实现可能性的主观估计。期望值也称期望概率,受个人的经验、个性、情感和动机的影响。对于某个目标,如果他估计完全可能实现,这时期望概率最大,即 $E(P)=1$。 反之,如果他估计完全不可能实现,那么这时的期望概率为最小,即 $E(P)=0$。 在企业和组织管理中,当我们采用期望理论对完成优质产品的数量与质量发放奖金这一现象进行分析时,我们会发现不同的期望值和效价往往会产生不同的激励力量,如表 5-1 所示。

表 5-1　发放奖金时不同期望值和效价产生的不同激励力量

激励力量及改进措施		效价 V	
		V 值较高 (对奖金很感兴趣)	V 值较低 (对奖金不感兴趣)
期望值 E	E 值较高 (经过努力能够达到优质标准)	$E_{\text{High}} \cdot V_{\text{High}} = M_{\text{High}}$ 强激励水平	$E_{\text{High}} \cdot V_{\text{Low}} = M_{\text{Low}}$ 改进措施:寻求 其他激励方法
	E 值较低 (无法控制产品的数量与质量)	$E_{\text{Low}} \cdot V_{\text{High}} = M_{\text{Low}}$ 改进措施:改善工作 条件,增强工作 能力与信心	$E_{\text{Low}} \cdot V_{\text{Low}} = M_{\text{Low}}$ 改进措施:采取新的 激励方法,并积极 改善工作条件

根据弗鲁姆的期望理论,在实际的管理活动中,奖励并不是最重要的。人的工作动机不仅取决于奖励的多少,更重要的是取决于他们对获得奖励的可能性的判断。如果他们觉得获得奖励的可能性很小,那么无论奖励多么具有吸引力,也难以调动起他们的工作积极性。因此,作为管理者,一方面应通过奖励满足员工较为迫切的需要,因为这种奖励对员工来说效价较高。同时,要为员工提供必要的工作条件和工作指导,提高员工完成工作的信心。在给员工布置工作时要先讲清该项工作完成以后有什么意义,然后再分析把这项工作交给某员工去完成是最有把握的,因为某员工最具有实现工作目标价值的能力。另一方面,当员工实现了预定的目标时,管理者应兑现事先承诺的奖励,让他们觉得获得奖励是很现实的。这样,通过调整员工的期望内容和程度,就可以将其行为引导到与组织要求一致的方向上去,从而调动他们的工作积极性。

(二)洛克的目标设置理论

目标设置理论是由美国心理学家埃德温·洛克(Edwin Locke)于 20 世纪 60 年代末提出的。洛克认为,人们的行为是由目标驱动的,工作目标的不同情况会对工作绩效产生不同的影响。目标的最基本作用就是引导个体行为的方向,使个体的思想和行为沿着特定的轨道进行,它使人们知道他们要完成什么任务,以及付出多大的努力才能完成。

目标的基本特征有三个方面,即目标的具体性、难度和反馈性。前人研究发现,由于目标的具体性本身就是一种内在推动力,因此清晰而具体的目标比起不明确的目标更能激发高绩效。相对于容易的目标而言,具有一定难度的目标会带来更高的工作绩效。这一现象背后的原因在于充满挑战性的目标会让人们将注意力保持在眼前的任务上,而不容易分心;具有一定难度的目标能让人们付出更多的努力,并坚持努力去实现它;困难的目标会让人们发现更多、更好地解决问题的方法。洛克认为,有反馈比无反馈更能提高工作绩效。因为反馈能让人们检视自己完成任务的效果,了解自己所做的事与想达成的效果之间是否存在差异。但是不同的反馈方式其效果也不尽相同。已有研究发现,自发的反馈(如员工自我监控工作进程)比来自外部的反馈更具有激励作用。

目标设置理论认为,外在目标影响员工积极性的核心原因在于它与人们内在的两个心理因素有关,即目标承诺和自我效能感(self-efficacy)。人们接受目标并为之努力就意味着他对目标做出了一定的承诺。如果个体接受目标,并对目标有承诺,那么就会更容易激发高绩效。让员工参与目标的设定过程可以增加他们对目标的认可和承诺程度。此外,中等难度的目标因为能够使人知觉到目标达成的机会,会增强目标承诺的程度,加强员工的自我效能感,进而促进相应的工作行为。也就是说,当员工具有完成这一任务的自我效能感时,目标更容易促成高绩效。因此,设置目标时必须让员工感知到自己有能力完成任务,并对此非常有信心。

（三）亚当斯的公平理论

美国北卡罗来纳大学心理学教授约翰·斯塔希·亚当(John Stacey Adams)从认知失调理论出发,于 20 世纪 60 年代初提出了公平理论(equity theory)。亚当斯的公平理论认为,个体不仅注重自己的绝对报酬数量,更重视自己的投入与所得与其他人的投入和所得相比较的结果。这里的投入包括个人的努力、以往的工作经验、教育背景、时间、能力等,而所得包括薪酬、奖励、认可、晋升、培训、工作条件等。亚当斯认为,个人公平感的产生依赖于个人对所观察到的自己的所得与投入之比和所观察到的他人的所得与投入之比进行实际比较的过程。亚当斯的公平等式为

$$\frac{Q_P}{I_P} = \frac{Q_O}{I_O}$$

式中,Q_P 表示个体自身所获得报酬的感觉;I_P 表示个体对其所付出投入的感觉;Q_O 表示个体对某个可比较对象所获得报酬的感觉;I_O 表示个体对某个可比较对象所付出投入的感觉。这一公式表明,当个体感到他所获得的结果与他投入的比值和作为比较对象的人的这项比值相等时,就有了公平的感觉;如果二者的比值不等,那就会产生不公平的感觉。除此之外,个体也会将目前付出的劳动与自己过去的进行纵向比较来判断所获奖酬的公平性。

公平理论提出后,在西方企业界流行甚广,它所揭示的人们产生不公平感的原因及规律是客观存在的,消除人们的不公平感的确有助于积极性的调动。但是,该理论还存在着一定的缺陷,如缺少客观的衡量标准;付出的劳动与获得的报酬不易计量等(孙伟 & 黄培伦,2004)。亚当斯的公平理论侧重于研究工资报酬分配的合理性、公平性及其对员工生产积极性的影响。由于分配公平主要是指人们对分配结果的公平感受,所以亦被称为结果公平。后继学者还研究了"程序公平"与"互动公平"(孙怀平 & 朱成飞,2007)。程序公平强调,如果员工认为企业的决策程序是公正的,即使决策结果对自己不利,员工往往也会接受这些结果。互动公平主要关注分配结果反馈执行时的人际互动方式对公平感的影响。

四、强化型激励理论

强化理论是由哈佛大学心理学教授伯尔赫斯·弗雷德里克·斯金纳于 20 世纪

70 年代提出的。斯金纳在巴普洛夫条件反射的基础上提出了"操作性条件反射理论",即强化理论。该理论认为,行为结果对于行为本身有强化作用,是行为的主要驱动因素,人们的行为是对其以往所带来的后果进行学习的结果。对人的工作成绩的强化是使其行为得以维持的主要手段。此外,外界的强化因素可以塑造行为。如果一个人因为他的某种行为而受到了奖励(正强化),那么他很可能重复这一行为;如果没有人认可这一行为,那么这种行为便不太可能再发生。当人们因为某种行为而招致负面后果(负强化或惩罚)时,他们通常会立刻停止这种行为,但是惩罚并不能保证不受欢迎的行为将彻底消失。

强化理论认为,对于维持行为,变化的、间隔的强化比固定的、连续的强化效果要好。一方面,它能更经济有效地增加先前行为出现的概率;另一方面,它有助于提高对强化中断或消失的抵抗力,这样,即使有较长时间的不强化期,行为也能得到维持。

强化理论为分析控制行为的因素提供了有力的工具,但是该理论忽视了人的内部状态,以及情感、态度、期望和其他已知的会对人的行为产生影响的认知变量。作为管理者,在管理实践中,一方面要注意运用强化手段,特别是在行为形成过程中的初期,应更加频繁地给予强化。管理者可以按小比率增加的原则,持续不断地对员工的行为改进予以强化,直到它稳定在所要求的标准上。另一方面,当行为形成后,管理者就应考虑降低强化的比率和改变强化的时距。管理者可以先采用增加每次强化的强化量而减少强化次数的方法,当员工能够从其行为中得到自我强化的时候,就可以进一步减少强化量,但仍应以能够维持员工已产生的行为为限。

【案例分享】

达维多定律

达维多定律是以曾任职于英特尔公司高级行销主管和副总裁威廉·达维多(William Davidow)的名字命名的。达维多认为,任何企业在本产业中必须第一个淘汰自己的产品。一家企业如果要在市场上占据主导地位,就必须第一个开发出新一代产品。如果被动地以第二或者第三家企业将新产品推进市场,那么获得的利益远不如第一家企业作为冒险者获得的利益,因为市场的第一代产品能够自动获得50%的市场份额。尽管可能当时的产品还不尽完善。比如,英特尔公司的微处理器并不总是性能最好、速度最快的,但是英特尔公司始终是新一代产品的开发者和倡导者。英特尔公司在1995年为了避开IBM公司的PowerPC RISC系列产品的挑战,曾经故意缩短了当时极其成功的486处理器的技术寿命。1995年4月26日,许多新闻媒体都报道了英特尔公司牺牲486,支撑奔腾586的战略。"这一决定反映了英特尔公司的一个长期战略,即运用达维多定律的方法,要比竞争对手抢先一步生产出速度更快、体积更小的微处理器……然后通过一边消减旧芯片的供应,一边降低新芯片的价格,使得计算机制造商和计算机用户不得不听其摆布。英特尔公司通过使用这种战略,把许多竞争对手远远抛在了后面,因为这些竞争对手在此时生产出的产品尚未能达到英特尔公司制定的新标准。"

达维多定律告诉我们:只有不断创造新产品,及时淘汰老产品,使成功的新产品尽快进入市场,才能形成新的市场和产品标准,从而掌握制订游戏规则的权利。要做到这一点,前提是要在技术上永远领先。企业只能依靠创新所带来的短期优势来获得高额的"创新"利润,而不是试图维持原有的技术或产品优势,才能获得更大发展。

资料来源:820黑代讲堂.达维多定律:不断创造新产品,同时淘汰老产品(EB/OL).(2018-02-20).[2024-07-12].https://www.sohu.com/a/223310723_100018577.

思考题

(1) 动机与工作效率之间的关系是什么?

(2) 结合生活实际阐述动机的种类。

(3) 如何看待马斯洛的需要层级理论。

案例研讨

贪图享乐还是劳逸结合? 动机视角下时间偷窃行为的产生机制

2021年11月16日,一则关于"国美集团对上班期间玩电脑游戏、看视频、听音乐或使用社交软件的员工进行处罚"的新闻迅速登上各大社会化媒体的热门榜单,引发了社会各界对员工"摸鱼"的讨论。员工"摸鱼"本质上是时间偷窃(time theft)的一种表现形式。时间偷窃指员工从事与工作无关的事务,或有意地没有客观报告工作时长,却仍接受这段时间公司支付的工作报酬。在当代组织中,员工的时间偷窃行为十分普遍。例如,前程无忧公司的调研报告显示,仅有12.3%的员工表示自己从未"摸鱼"。美国Finances Online公司的报告指出,有75%的美国企业存在员工时间偷窃的现象,并损失了大约20%的利润。

员工时间偷窃行为是如何产生的? 以往研究主要关注破坏性或自利性动机对时间偷窃行为的诱发作用,忽略了时间偷窃行为的复杂动机机制,尤其是积极动机亦可能引发时间偷窃行为。近期研究建构了员工时间偷窃行为的动机模型,以更系统、更全面地揭示时间偷窃动机与时间偷窃行为之间的关系。在文献回顾的基础上,近期研究提出了时间偷窃动机的两维度分类框架:主动性(主动型-响应型)与目标导向(自我导向-他人导向-工作导向)。在该分类框架下,近期研究根据印象管理理论、努力-恢复模型与亲社会动机等多个理论视角指出了 11 种具体的时间偷窃动机及其对时间偷窃行为的影响机制,拓展了时间偷窃行为的动机研究,也启示管理者应当关注员工时间偷窃行为的复杂性动机。

表 5 - 2　员工的时间偷窃动机及其对时间偷窃行为类型的预测

时间偷窃动机			时间偷窃行为				
			未经批准的休息	伪造工作时间	操纵工作速度	过度社交	花时间在非工作任务上
自我导向	主动型	印象管理		+	+		
		赚取报酬	+	+	+	+	+
		享乐	+			+	+
		逃避额外工作		+	+		
	响应型	与同事保持一致	+	+	+	+	+
		报复		+	+	+	+
		缓解无聊与不适	+		+	+	+
他人导向	主动型	亲社会动机					+
	响应型	响应他人请求					+
工作导向	主动型	经营人脉关系				+	+
	响应型	维持工作效率	+			+	+

资料来源:孟亮,卢狄震,胡碧芸.贪图享乐还是劳逸结合? 动机视角下时间偷窃行为的产生机制[J].中国人力资源开发,2023,40(3):81 - 101.

请思考:

如何理解时间偷窃动机与时间偷窃行为之间的关系?

第六章
人格特质与能力特质

现代管理是以人为中心的管理。管理工作如果失去了人这个基本要素，就失去了根本。人格是个体行为中的一个重要内容。因此，管理工作只有了解人的人格差异，做到人尽其才，才能收到好的绩效。本章着重介绍人格类型与测验、能力特征以及胜任力的模型与提升等内容。

第一节　人格类型与测验

人格（personality）也称个性，这个概念源于拉丁文"persona"，此词的原意是指古希腊戏剧中演员戴的面具，面具随人物角色的不同而变换，体现了角色的特点和人物性格，就如同我国京剧中的脸谱一样。据说在公元前 2 世纪，古罗马的一名戏剧演员为了遮掩他那不幸的斜眼，开始采用面具进行表演，然后就出现了这个词。心理学沿用面具的含义，转意为人格。其中包含了两层意思：一是指一个人在人生舞台上所表现出来的种种言行，遵循社会文化习俗的要求而做出的反应。就像舞台上根据角色要求所戴的面具，是人格所具有的"外壳"，表现出一个人外在的人格品质。二是指一个人由于某种原因不愿展现的人格成分，即面具后的真实自我，这是人格的内在特征。

一、人格的定义

人格是个体在先天生物遗传素质的基础上，个体通过与社会环境的相互作用而形成的相对稳定的思想、情感及行为的独特心理行为模式。这种心理行为模式包含了一个人区别于他人的稳定而统一的心理品质。具体而言，它具有以下几个特点。

（一）统合性

人格是由内在的心理特征与外部行为方式构成的，它不是单一的心理特征或行为方式，而是心理特征和行为方式相互联系而形成的、有着一定组织和层次结构的模式。也就是说，人格是个体心理与行为的多侧面、多层次与多因素的统一体。人格的统合性是心理健康的重要指标。当一个人的人格结构各方面彼此和谐一致时，他的人格就是健康的。否则，会出现适应的困难，甚至出现"分裂人格"。

（二）独特性

一个人的人格是在遗传、成熟、环境、教育等先、后天因素的交互作用下形成的。不同的遗传、生存及教育环境，形成了各自独特的心理特点。人与人没有完全一样的人格特点，如"固执"在不同的环境下有其特定的含义，在不同人身上也有不同的含义。在娇生惯养、溺爱的环境中，"固执"带有"撒娇"的意思；而在冷淡疏离、艰难困苦的环境中，"固执"又带有"反抗"的意思。所谓"人心不同，各如其而"，正说明了人格是千差万别、千姿百态的。这就是人格的独特性。另一方面，生活在同一社会群体中的人也有一些相同的人格特征，如中华民族是一个勤劳的民族，这里的"勤劳"品质，就是共同的人格特征。不过在人格心理学研究中，会更注重个体差异，即人格的独特性方面。这种独特性不仅仅表现在某些个别的心理或行为特征上，更主要的是表现在整个模式上，从而使每个人成为独一无二的人。

（三）稳定性

人格是一种相对稳定的心理行为模式。在行为中偶然发生的、一时性的心理特性，不能称为人格。例如，一位性格内向的大学生，在各种不同的场合都会表现出沉默寡言的特点，这种特点从入学到毕业不会有很大的变化。这就是人格的稳定性。俗话说"江山易改，禀性难移"，这里的"禀性"就是指人格。当然，强调人格的稳定性并不意味着它在人的一生中是一成不变的，随着生理的成熟和环境的改变，人格也可能产生或多或少的变化。

（四）功能性

人格在一定程度上会影响到一个人的生活方式，甚至决定了一个人的命运，因而人格是人生成败的根源之一。当面对挫折困境时，坚强者能奋发图强、走出困境，而懦弱者会自怨自艾、一蹶不振。这就是人格功能性的表现。

二、影响人格形成的因素

关于人格是如何形成的，心理学界长期以来争论不休。有的人主张人格是完全由遗传因素决定的，有的人认为人格与遗传因素无关，而是完全由后天环境决定的。

目前普遍认为，人格是遗传和环境两方面因素共同作用的结果，同时还受到情境条件的调节。

"龙生龙，凤生凤"，就是指人格受遗传因素的影响。遗传因素指的是那些由胚胎决定的因素。有关同卵双生子的研究发现，他们在人格特点方面有高度的相关性，这一结果为人格的遗传观点提供了支持。

人格特点还受到环境的影响，包括我们成长的文化背景，早年的生活条件，家庭、朋友和社会群体的规范等。环境因素对于人格的塑造起着十分重要的作用。刘超等人的研究发现，儒家文化中诸多话语表达对中国人的目标导向和目标追求起重要的提示作用，进而影响中国人人格的形成。《中庸》相传为孔子之孙子思所作，代表秦汉之际的儒家思想。《中庸》开章之句为："天命之谓性，率性之谓道。"就是说：人的本性由天所命，而天命无所不在，具有普遍之意义，受命之个体也具有普遍的存在意义，因此天命是价值之源。儒家文化对目标的设定带有明显的外部目标导向和人际目标导向的功能，使得个体更注重履行个人的义务，重视维持和谐的人际关系，强调追求内圣和外王。在儒家文化的目标导向下，中国人尽责性水平较高，开放性较低，外倾性随着对情境的熟悉而提高，情绪稳定性较高。目标的完成有助于提升个体的幸福感，同时，儒家文化的目标定向影响了中国人的叙事风格。

情境在遗传和环境对人格的影响中起着一定的作用。人格虽然总体上是稳定的，但在不同的情境下根据不同需要会有所改变。例如，一个外向健谈的人，在参加面试招聘和在咖啡馆里与朋友聊天，他的谈话方式、行为特点将表现出很大的差异。

三、人格理论

人格是体现个体心理差异的领域，有着异常复杂的心理结构。研究者如何描述人格的结构呢？

（一）卡特尔的人格特质理论

雷蒙德·B. 卡特尔（Raymond B. Cattell，美国）受化学元素周期表的启发，用因素分析法对人格特质进行了分析，提出了基于人格特质的理论模型。特质论认为，人格是一个复杂的心理结构系统，其中包括多种持久而稳定的人格特质（personality traits）。这些特质是人类所共有的，但是特质的组合和数量因人而异，这导致了人格方面的个体差异。如果我们认识到了这些特质，就可能预测一个人的行为特点。模型分成四层：

1. 个别特质和共同特质

个别特质是个体身上所独有的特质；同一个人身上的特质强度在不同时间也不

相同。共同特质是每一个人在一定程度上都拥有的特质,如智力、外倾性和合群性等。每个人都拥有这些特质,但有些人比其他人拥有这些特质的程度更高。

2. 表面特质和根源特质

表面特质是指从外部行为能直接观察到的特质;表面特质是一些相互关联,但因为不能被单一来源所决定,从而不能构成一个因素的人格特征,例如,有人发现一个人所受的教育越正规,他所看的电影就越少。很显然,这种观察是非常表面的,我们不能从中得出任何有意义的解释。根源特质是指那些相互联系而以相同原因为基础的特质。每一种表面特质都源于一种或多种根源特质,且一种根源特质能够影响多种表面特质。根源特质是人格结构的最重要部分,是人格的内在因素和基本要素,它控制着表面特质,是一个人行为的最终根源,是构造人格的砖石,具有相当的稳定性和持久性。表面特质和根源特质既可能是个别特质,也可能是共同特质。它们是人格层次中最重要的一层。

3. 体质特质和环境特质

根源特质可以分为体质特质和环境特质两类。体质特质由先天的生物因素决定,如兴奋性、情绪稳定性等。而环境特质则由后天的环境决定,如焦虑、有恒性等。

4. 动力特质、能力特质和气质特质

模型的最下层是动力特质、能力特质和气质特质,它们同时受到遗传与环境两方面的影响。动力特质是指具有动力特征的特质,它使人趋向某一目标,包括生理驱力、态度和情操。能力特质是表现在知觉和运动方面的差异特质。气质特质是决定一个人情绪反应速度与强度的特质。

早期的特质理论在分离特质上困难重重,曾有一项研究找出了17 953种特质。在预测行为时要考虑这么多的特质,显然是没有可行性的。

20世纪40年代,卡特尔从心理学家高尔顿·W. 奥尔波特(Gordon W. Allport,美国)的约18 000个形容词中筛选出4 504个进行研究,通过语义区别判断,从中辨认出100多个名目。然后采用因素分析法,最终确定了16种稳定而持久的人格因素(16PF),称之为人格的主要特质或根源特质(见表6-1)。卡特尔在这16种根源特质的基础上,编制了人格测验(卡特尔16PF测验),16PF测验在组织管理领域中应用十分广泛,比如人力资源管理中的人才选拔、人员安置和员工培训等方面的工作。应用的主要思路是将个体或者团体的测验结果和相应的标准进行对照或比较,筛选出在招聘中人格各个方面达到相应要求,或者具备胜任潜力的应聘者,并把他们安置到合适的岗位上。

表 6-1　卡特尔提出的 16 种根源人格特质(Cattell, 1956)

心理特质	低分者特征	高分者特征
A. 乐群性	缄默孤独	乐群外向
B. 聪慧性	迟钝、学识浅薄	聪慧、富有才识
C. 稳定性	情绪激动	情绪稳定
E. 恃强性	谦虚顺从	好强固执
F. 兴奋性	严肃审慎	轻松兴奋
G. 有恒性	权宜敷衍	有恒负责
H. 敢为性	畏缩退却	冒险敢为
I. 敏感性	理智、着重实际	敏感、感情用事
L. 怀疑性	信赖随和	怀疑刚愎
M. 幻想性	现实、合乎常规	幻想、狂放
N. 世故性	坦白直率、天真	精明能干、世故
O. 忧虑性	安详沉着、有自信心	忧虑抑郁、烦恼多端
Q_1. 实验性	保守、服膺传统	自由、批评激进
Q_2. 独立性	依赖、随群	自主、果断
Q_3. 自律性	矛盾冲突、不明大体	知己知彼、自律严谨
Q_4. 紧张性	心平气和	紧张、困扰

（二）艾森克的人格结构维度理论

汉斯·J. 艾森克(Hans J. Eysenck,英国)从特质理论出发,反对把人格定义抽象化,他在其《人格的维度》一书中指出:"人格是生命体实际表现出来的行为模式的总和。"艾森克采用因素分析和传统的实验心理学相结合的方法,长期研究人格问题,并把研究兴趣从特质转向结构维度,从而确立了自己的人格理论,提出了人格结构的四层次模型。

模型的最下层"特殊反应层"是日常观察到的反应,偶然性与随机性比较大,属于误差因子;上一层"习惯反应层"由反复出现的日常反应构成,常与某一情境相关联,属于特殊因子;再上一层是特质层,由习惯反应构成,具有比较强的概括性,属于群因子;最上层是类型层,由特质构成,影响范围很大,属于一般因子。

在模型建立之初,艾森克认为处于类型水平的一般因子有两个:外倾性和神经质。其中神经质表现为情绪稳定性,它可以与外倾性进行组合构成一个人格维度图(见图6-1),各种人格特质可以放在这四个像限中。这样就将人格类型与人格特质整合在了一个理论中。后来艾森克又提出了第三个一般因子,即精神质,并编制了用来测量这三个因子的工具:艾森克人格问卷(Eysenck Personality Questionnaire,EPQ)。EPQ是一种自陈量表,有成人版(共90个项目)和少年版(共81个项目)两种形式,各包括四个分量表:外倾性(E)分量表、神经质(N)分量表、精神质(P)分量表和谎造或自身隐蔽(L)分量表(即效度量表)。由于该问卷具有较高的信度和效度,用其所测得的结果可同时得到多种实验心理学研究的印证,因此它亦是验证人格维度的理论根据。

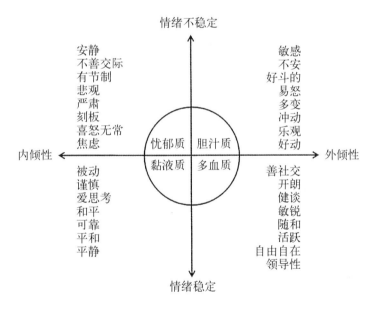

图6-1 艾森克的人格结构维度图

赵晓霞等人在艾森克人格理论及个人创新绩效理论的基础上,考察了企业员工人格特质对其个人创新绩效的影响。研究采用的回归统计分析方法,可以很好地消除研究中自变量即E(外倾性)、N(神经质)、P(精神质)、L(效度)之间由于存在相互影响而产生的多重共线性关系。因此,相较于采用普通多元线性回归获得的结果,该研究结果更加准确且具有更高的可信度。具体结果如下:

(1)E维度对员工个人创新绩效有显著影响,并与其呈正相关态势。这表明员工越外倾,其个人创新绩效越好。这与之前研究者对于创新人才的定性描述分析吻合,即外倾的员工在工作中喜欢关注新奇事务,乐于寻求新挑战。

(2)N维度对员工个人创新绩效有显著影响,并与其呈负相关态势。也就是说,员工情绪越稳定,其个人创新绩效越好。情绪不稳定的人表现出来的焦虑、抑郁,以及较弱的自我控制能力会影响其在创新过程中的行为及表现,从而使其创新绩效较低。

(3)P维度对员工个人创新绩效有显著影响,并与其呈负相关态势。这一结果说明,倔强程度越低,其个人创新绩效越好。倔强程度较低的员工能够与其他人进行良好的沟通并且能够吸取他人的意见,同时具有良好的环境适应能力。这些特质可以提高其在创新过程中的表现,从而使其创新绩效较高。

(三)大五人格理论

卡特尔和艾森克分别提出了不同的人格特质理论,在他们之后主张人格特质取向的心理学家们,又通过因素分析的方法陆续提出了一些理论,但在基本特质的分类上并没有达成一致。因此,主张人格特质取向的心理学家认为,如果能够找到人格的基本维度,那么这将是人格心理学的一个转折点。

20世纪80年代,保罗·T. 科斯塔(Paul T. Costa,美国)和罗伯特·R. 麦克雷(Robert R. McCrae,美国)在前人的基础上提出了大五人格(big-five)理论,也称人格的五因素模型(Five-Factor Model,FFM)。这五个因素包括神经质或情绪稳定性、外倾性、开放性、宜人性及责任心。

近十年来,有关大五人格特质模型的研究取得了令人瞩目的进展。其稳定性在自陈式特质调查、他人评定、词汇研究和问卷测量的各种样本中,以及不同文化背景和采用不同分析方法的大量研究中均得到了验证。大五人格特质模型的人格分类方法也逐渐被广泛使用,并且被众多心理学家认为是人格特质结构的最好范式,使持不同意见的人格心理学家最终有所共识。它成了如今人格心理学领域通用的"货币",也是目前对人的基本特质最理想的描述。各维度定义与说明如下:

(1)神经质或情绪稳定性(Neuroticism,N)。神经质反映个体情感调节过程,反映个体体验消极情绪的倾向。高神经质个体即情绪稳定性低的个体倾向于有心理压力、不现实的想法、过多的要求和冲动,更容易体验到诸如愤怒、焦虑、抑郁等消极的情绪。这一维度刻画的是个体承受压力的能力。低神经质个体即情绪稳定性高的个体是倾向于平和的、自信的和安全的。情绪稳定性低的人易和他人起冲突,直接破坏团队和谐。因此,稳定性低的人在与他人相处时可能会遭到较多阻力,因情绪化行动往往无法完成手上的工作,破坏自己和其他人的人际关系。

(2)外倾性(Extraversion,E)。外倾性高者喜欢与他人互动,且较为合群、活泼、乐观,并善于社交活动。这样的人易和他人产生社会性互动(social interaction),乐于参与讨论并提出自己的看法。外倾性高者通常表现出较多的正面情绪,对团队的满意度也较高。

(3) 开放性(Openness, O)。开放性高者多半具有创意,好奇心重,观察敏锐。和高外倾性一样,高开放性通常有助于个人的社会性互动。有此特质者往往对新奇的事物较感兴趣,且能及时将创意付诸行动。

(4) 宜人性(Agreeableness, A)。宜人性高者个性较温和、柔顺及善良,易信任别人且心肠软。这样的人愿意主动与别人建立友谊,并避免不必要的争执,和他人相处过程中通常不会出现情绪性攻击行为。宜人性高者渴望和他人有社会性互动,且愿意随时给团队成员提供援手。

(5) 责任心(Conscientiousness, C)。责任心也称尽责性。责任心高者认真负责,组织性强,可靠并且值得他人信赖。也因为如此,责任心维度一向是个人绩效的重要指标。责任心高者对达到目标较为坚定,并希望能挑战高层次的绩效表现,工作时以成就为导向。

这五个特质的英文首字母构成了"OCEAN"一词,代表了"人格的海洋"。1989年,科斯塔和麦克雷编制了大五人格因素测定量表(NEO-PI-R)。整体而言,从大五人格的角度来看,外倾、宜人、情绪稳定与领导绩效有着高度的相关。翁清雄等人的研究运用元分析的方法,对过去 15 年关于大五人格与主观职业成功(即职业满意度)的关系进行了定量评述。通过文献检索,共筛选出包含 17 331 个样本量的 16 篇有效文献。元分析结果发现:大五人格与职业满意度显著相关,其中情绪稳定性与职业满意度的相关性最高($r=-0.339$),外倾性($r=0.217$)和宜人性($r=0.158$)次之,尽责性($r=0.137$)和开放性($r=0.125$)最低;大五人格测量方法、研究的时间跨度、区域文化以及岗位类别等对大五人格和职业满意度之间的关系具有调节作用。该研究结果表明,大五人格能够有效地预测职业满意度,且在不同地区、不同岗位大五人格和职业满意度的关系存在一定的差异性。

(四) 大六人格理论

受跨文化心理学研究的影响和推动,早期对中国人人格的评估主要参照西方人格理论与测评工具。由于人格特质与文化之间不可割裂的关系,在测验的具体项目乃至对测评结果的理解与解释方面,文化差异的问题是显而易见的。在对西方测评工具的跨文化应用过程中,往往过多强调了人格的文化普适性(etic)特征,忽略了人格的文化相关性特征或者主位(emic)的建构,故而人格特质的本土化特征不能体现出来。而这被忽略的部分往往是在特定文化背景下认识人格特征的关键。尽管人格特质的很大一部分内容是全人类共有的,但人格因素中还有相当的内容是个体或群体所在特殊社会文化环境塑造的结果。这样,就存在被引入的具有"文化共通性"的人格构念在中国文化背景中的应用价值问题,以及在中国文化背景中到底有哪些非常重要的,但在引进的西方测验中却未能得到关注的人格维度的问题。

对中国人人格特质的研究早在20多年前就已经开始起步。由于中华民族所处的特殊地理位置,中华文化不仅起源早,并且在整体上始终保持着一定程度的连续性,这在世界文明史上都是十分独特的。因此,中国的学者似乎有更多、更强的理由相信,中国人的心理行为乃至人格特质中存在着不同于其他文化群体的"特殊性"。随着中国国际地位的上升,本土化(或者中国特色)的理念正在被越来越多的学者接受。研究人格特质背后潜在的结构一直是人格心理学家们工作的一项重要内容,因而存在着人格的不同结构(维度)之争。

张建新等人回顾总结了20多年来有关中国人人格的实证研究结果,提出了一个人格六因素模型(SFM),也就是在大五人格特质的基础上增加了一个人际关系性(IR)因素。这个因素包含了众多"本土化"人格构念,显示出中国人在社会上如何"做人"的行为模式及其文化内涵,如讲究往来人情、避免当面冲突、维持表面和谐、大家都有面子等。通过比较中国人和美国人样本在六因素结构中的人际关系性(IR)和开放性(O)因素上的显性或隐性表现,他们指出人格因素数量及其理论定性之争很可能仅具有方法学意义,对于真正了解人格的本质并非关键。真正找到人类共有的和某一人群特有的人格特质结构的唯一途径,只能是各种文化背景下的人格心理学家超越各自理论,彼此平等接纳,从文化的乃至遗传的角度共同探索。

四、人格测验

(一) 自陈量表

自陈量表(Self-Report Questionnaire)是让被试者按自己的意见,对自己的人格特质进行评价的一种方法。自陈量表通常也称为人格量表(Personality Inventory)。由于自陈量表所测量的是人格特质,因此在人格理论上是遵从特质论的。自陈量表通常都由一系列问题组成,一个问题陈述一种行为,要求被试者按照自己的真实情形来回答。一个人格量表可以用来测量单一的人格特质,也可以用来测量多个人格特质。下面介绍几种测量多个特质的测验。

1. 明尼苏达多相人格测验

明尼苏达多相人格测验(Minnesota Multiphasic Personality Inventory,MMPI)是现今国外最流行的人格测验之一,此量表是由美国明尼苏达大学教授哈萨威和麦克金里(Hathaway & Mckinley,美国)于 1942 年所编制的,该量表内容包括健康状态、情绪反映、社会态度、心身性症状、家庭婚姻问题等 26 类题目,可鉴别强迫症、偏执狂、精神分裂症、抑郁性精神病等。明尼苏达多相人格测验包括 10 个临床量表:疑病(Hs)、抑郁(D)、癔病(Hy)、精神变态(Pd)、男性化/女性化(Mf)、偏执(Pa)、精神衰弱(P1)、精神分裂症(So)、轻躁狂(Ma)、社会内向(Si)。另外,还有 4 个效度量表:说谎分数(L)、诈病分数(F)、校正分数(K)、疑问分数(Q)。所有题目均采用"是、否"来回答,题目举例如下:

(1) 我相信有人反对我。　　　　　　是[]　　　　否[]

(2) 我相当缺乏自信。　　　　　　　是[]　　　　否[]

(3) 每隔几夜我就会做噩梦。　　　　是[]　　　　否[]

这个测验所重视的是被试者的主观感受,而不是客观事实,又因为在编制量表时采用正常与异常两个对照组为样本,因此 MMPI 不但可用作临床上的诊断依据,而且也可用来评定正常人的人格,使人们对一个人的人格有个概略的了解。

2. 爱德华个人兴趣量表

爱德华个人兴趣量表(Edwards Personal Preference Schedule,EPPS)是由美国心理学家爱德华(A. L. Edwards,美国)于 1953 年编制,并以美国心理学家莫瑞(H. A. Murray, 1938)所列举的 15 种人类需要为基础的。由此构成了 15 个分量表:成就需要(ach)、顺从需要(def)、秩序需要(ord)、表现需要(exh)、自主需要(aut)、亲和需要(aff)、自省需要(int)、求助需要(suc)、支配需要(dom)、谦虚需要(aba)、助人需要(nur)、变通需要(cha)、坚毅需要(end)、性爱需要(het)、攻击需要(agg),整个量表共有 225 个题目,每个题目通常包括两个以"我"为开头的陈述句,用"强迫选择法",要求被试者从二者中按照自己的喜好选出其中的一个,例如,

(1) A. 我喜欢结交新朋友。

　　B. 当我有难时,我希望朋友能帮助我。

(2) A. 在长辈和上级面前,我会感到胆怯。

　　B. 我喜欢用别人不太懂其意义的字词。

EPPS 的主要功能是通过被试者对题目的反应,评定他在 15 种需要上相对于一般人的强弱程度,然后绘出人格剖面图,一个人 15 项人格的定位状况便一目了

然了。

自陈量表式人格测验的优点是题目数固定,题目内容具体而清楚,因此施测简单,记分方便。其缺点是编制时缺乏客观效标,效度不易建立;而且测验内容多属于情绪、态度等方面的问题,每个人对同一问题常常会因时空的改变而选择不同的答案;另外,使用这种方法时,还难免出现反应的偏向。例如,有些被试者对问卷中提出的各种问题总是抱赞同的态度,这种反应偏向影响到对人格做出客观的评定。因此,其信度和效度都不如智力测验。

(二) 投射测验

投射测验(projective test)是以弗洛伊德精神分析的人格理论为依据的。精神分析理论强调人的行为由无意识的内驱力所推动。这些内驱力受到压抑,不为人们觉察,却影响着人们的行为。根据这种理解,人们难以通过问卷直接了解一个人的情感和欲望,进而对他的人格作出评定。但是,如果给被试者一些模棱两可的问题,那么他的无意识欲望有可能通过这些问题投射出来。所谓投射测验,就是根据这种想法设计出来的。

投射测验一般由若干个意义模糊的刺激所组成,被试者可任加解释,使自己的动机、态度、感情以及性格等在不知不觉中反映出来,然后由主试者将其反映加以分析,就可以推论出若干人格特性。下面将介绍两种著名的投射测验。

1. 罗夏克墨渍测验

罗夏克墨渍测验(Rorschach Ink-blot Test)是由瑞士精神医学家罗夏克(H. Rorschach,瑞士)于1921年设计的,测验材料共包括10张墨渍卡片。其中,5张为彩色图形,5张为黑白图形,施测时每次按顺序给被试者呈现一张,同时问被试者:你看到了什么,这可能是什么东西,或它使你想到了什么等,允许被试者自己转动图片从不同的角度去看。这种测验属于个别施测,每次只能施测一人,施测时,主试者一方面要记录被试者的语言反应,同时还要注意被试者的情绪表现和伴随的动作。通过分析被试者做反应时所使用的墨渍部位、反应依据、反应内容等来发掘被试者潜藏的无意识动机和欲望。

2. 主题统觉测验

主题统觉测验(Thematic Apper-ception Test, TAT)是由美国心理学家莫瑞(H. A. Murray,美国)编制的。这种测验的性质与看图说故事的形式很相似。全套测验由30张模棱两可的图片构成,另有一张空白图片,图片内容多为人物,也有部分景物,不过每张图片中至少有一个人物在内。测验时,每次给被试者一张图片,让他根据所看到的内容编出一个故事。故事的内容不受限制,但必须回答以下四个问题:

图中发生了什么事情？为什么会出现这种情境？图中的人物正在想些什么？故事的结局会怎样？

主题统觉测验的主要假定是，被试者根据图片情境所编出的故事会和其生活经验有联系，因而不自觉地把自己隐藏或压抑在内心的动机和欲望穿插在故事中，进而把这些内在的东西"投射"出来。因此，通过分析被试者自编的故事，有可能对他的需要和动机做出鉴定。

投射测验的优点是弹性大，被试者可在不受限制的条件下随意做出反应。由于投射测验使用墨渍图或其他图片，因而便于对没有阅读能力的人进行测验。目前投射测验广泛应用于精神医学的临床诊断方面。

投射测验也有缺点：首先，评分缺乏客观标准，对测验的结果难以进行解释。同样的反应，由于施测者的判断不同，解释很可能不一样。其次，这种测验对特定行为不能提供较好的预测。例如，测验结果可能发现某人具有侵犯他人的无意识欲望，而实际上，他却很少出现相应的行为。最后，由于投射测验适于个别施测，因而它要花费大量的时间，这一点不如自陈量表法优越。

（三）情境测验

如果能将情境中某种刺激与个体行为反应之间的关系确定下来，那么就可以创造某种情境来预测或监视个体的行为，这就是人格测验中情境测验的设计原则。顾名思义，情境测验（situation test）就是主试者在某种情境下观察被试者的行为反应，进而了解其人格特点。情境测验可用于教育评价、人事甄选上，前者如"性格教育测验"，后者如"情境压力测验"。

1. 性格教育测验

虽然学校教育总是教育孩子们要有诚实、合作、友爱、负责等品格，但很少能使用客观的测量工具来鉴定这些品格教育的效果，性格教育测验（character education inquiry）就弥补了这方面的缺憾。例如，一次考试结束后，可以将每个试卷复印一份，再发给学生并附上标准答案，要他们自己评卷，打上分数，最后收回试卷，两份对照，就可以测量出学生"诚实"的程度，进而了解过去教育的绩效与有待改进的方向。

2. 情境压力测验

情境压力测验（situational stress test）是特别设计的一种情境，使被试者产生并面临情绪上的压力，然后由主试者观察、记录被试者是如何应付的，从而了解他的人格特质。我们用无领导小组情境（leaderless group situation）测验来加以说明。具体做法是，在情境中安置几个互相不认识的人，给他们一项任务，这项任务必须由他们合力来完成,如果在规定的时间内没有顺利完成任务,那么每个人都会受到惩罚。被试者在这种压力情境下,可能会使其中的某个人主动站出来带领大家完成任务,并得到其他人的支持与合作。由此可以知道,某人可能具有领袖的特质。此外,企业界有所谓压力面试(stress interview),也是一种情境测验。

这种测验重视分析、实验和控制等程序,具有科学性,得到的结果也比较精确,且令人信服。但由于研究只重视现实因素,忽略了个体行为经验与遗传因素,因此也受到批评。

(四)自我概念测验

在人格理论中,"自我概念"(self-concept)是"自我论"的中心。在测量自我概念时,不仅要了解个人对自己的看法,还要了解个人的"自我接受"和"自尊"的程度,比较"现实我""社会我"及"理想我"三者之间的关系。目前,心理学家最常用的是下面三种方法。

1. 形容词列表法

形容词列表法(adjective checklist)是最便利的一种方法。主试者先准备一份描述人格特质的形容词表,如友善的、有野心的、羞怯的、紧张的等,让被试者从这些形容词中选出符合自己真实情况的词语,最后由主试者分析,判别被试者对自己的评价情况。由于形容词的意义容易带有社会褒贬的性质,也就是说,具有社会期望性(social desirability),被试者为维护个人自尊,可能不真实作答。

2. Q分类法

Q分类法(Q-sort)是由美国心理学家威廉·斯蒂芬森(William Stephenson,美国)创立的一种测验,被广泛应用于研究自我观念、人格适应、身心健康等方面。这种方法是给被试者看很多张(如100张)描述人格词语的卡片,要求被试者按卡片上词语所描述的人格特质与自己进行对照,并分成一到九个等级。根据所排列的描述与适合程度可以测量自我概念。此外,这个方法也可用来鉴别人格特质的个别差异。

3. WAI方法

WAI方法是由库恩和麦克帕特兰(Kuhn & McPartland,美国)在对自我态度的研究中发展出来的。所谓WAI指的是英文"Who Am I(我是谁)"的首字母缩写。该方法操作起来很简单,即让被试者对"我是谁?"的问题进行自问自答,自由书写20种回答,因此也被称为"20个句子测验"。WAI方法与常用的量表法、Q分类法等相比较不受文化因素的影响,又能得到被试者自发的反应,因此在自我概念的研究中广为使用。

【案例分享】

人格的好与坏——中国人的善恶观

试着想象一下这样的场景,你在聚会上认识了一位新朋友,你最关注的是这个人外向、聪明与否,还是这个人好坏与否呢?研究发现,我们在日常生活中对他人性格的关注点,最重要的依然是这个人的"好与坏"。例如,他/她是否讲诚信、有责任感,是否容易背叛他人、虚假伪善?也就是说,人们在日常生活中通常需要对他人的品行和能力进行感知,并对其形成整体印象,这个过程中道德类特质的重要性和影响力是最强的。我们通常以"善恶"论人,善恶是否同等重要呢?在众多好坏的品质中,人们认为哪些品质更能代表"善",哪些更能代表"恶"呢?由此带来一个重要问题:人们是否会对善恶品质有所权衡?

"人之初,性本善","善"是中华伦理思想的核心。儒家文化所提倡的人性本善的思想对中国人的民族性与国民性有深远的影响。在中国追求善、规避恶的文化下,当提及伦理道德观念和道德原则时,人们首要想到的是仁、义、礼、智、信等善良因素。因此,尽管在道德评价中善与恶总是成对出现,人们在对道德相关概念进行选择时,仍更优先地选择了"善"。但无论是好的品质还是坏的品质,我们都会进行分类、随后排序,认为不同的类别重要性实际上存在不同,即存在差序,也就是重要性不同。一些特征会被认为在对他人做出好坏评价时非常重要,则靠近善恶的核心;相反,也会有一些特质被认为对他人做出好坏评价时不重要(如反应迟钝),则远离善恶的核心。

善恶是决定人们有效生存的品质,具体而言,善(或恶)带来的保障性(或伤害性)是影响人们安全生存的关键因素。人类具有趋利避害倾向,从进化心理学角度而言,人们作为帮助者,必须确保其提供的利益在将来可以得到回报。人具有独特的社会性,在人际关系中投入了大量的时间、精力和资源,而信任和合作是人类社会性的基础。所以,虽然都是善,利他奉献、仁爱友善和包容大度、尽责诚信给人们带来帮助的保障性是依次增强的,使自己与他人交往更有安全感和信心。同样,恶的差序性遵循伤害性原则,在人们看来,虚假伪善、背信弃义和污蔑陷害、凶恶残忍带来的伤害程度是逐渐增加的,越靠近核心,对自己的生存威胁越大。

即使不同特质对于人们进行善恶判断的重要性存在差异,这并不意味着我们只关注其核心特质就足够了。"善不积不足以成名,恶不积不足以灭身",任何善恶特质都有其自身的独特部分,如果只关注其中的某个品质的培养或预防,人格发展或社会运行就有可能失衡。"种树者必培其根,种德者必养其心",善行恶行背后是人格的本质,面对纷繁复杂、环境多变的社会,我们更要坚守本心,做一个善良的人,做一个有良知的人,从而建设有良知的社会。

资料来源:焦丽颖,许燕,田一,等.善恶人格的特质差序[J].心理学报,2022(07):850-866.

五、职场中的人格黑三角

随着特质人格理论的发展,研究者不再仅限于关注单一人格特质的测量和分析,而是转向对人格特质群的研究。人格特质群指相互关联的几种人格特质,例如,艾森克以外倾性、神经质和精神质三种人格特质来描述人格,大五人格模型以外倾性、神经质、开放性、宜人性和尽责性五种人格特质来描述人格。尽管人格特质群尚无法涵盖所有已发现的人格特质,但对人格特质群的研究有利于反映人格全貌,也便于探究不同人格特质之间的关系。近期出现的黑三角理论则代表了对亚临床(处于健康与精神病态之间的状态,与临床状态相对应)人格阴暗面的研究成果。黑暗人格由马基雅维利主义、自恋和精神病态三种人格特质构成,这三种人格特质在西方文化中均属于反社会人格特质,即人格黑三角。

马基雅维利(Machiavelli,意大利)是意大利政治学家和历史学家,他因主张为达目的不择手段闻名于世,马基雅维利主义(Machiavellianism)也因此成了权术和谋略的代名词。马基雅维利主义,即个体利用他人达成个人目标的一种行为倾向。该术语包含两层含义:第一层含义涉及任何适应性的社会行为。根据生物进化论,自然选择总是偏爱成功操控他人行为的个体,这种不断进化以适应社会互动的能力是不考虑互动是合作性的还是剥削性的。第二层含义涉及非合作的剥削性行为,源自管理和领导力的研究者们根据早期的政治研究和关于权力的历史观点,特别是那些在《君主论》和《李维史论》中得到支持的观点,阐释了马基雅维利主义领导者的主要特征:① 缺乏人际关系中的情感;② 缺乏对传统道德的关注,对他人持功利性而不是道德观点;③ 对他人持工具性而不是理性观点;④ 关注事件的完成而不是长期目标。马基雅维利主义者在心理和行为上一般表现为:冷酷无情、擅长操纵、阴谋算计、实用主义、注重结果和忽视道德。

自恋(narcissism)作为日常语源于古希腊神话故事,精神分析学派较早关注自恋的人格心理学意义,它属于临床和变态心理学研究的领域。海因茨·科胡特(Heinz Kohut,美国)认为自恋是普通人人性的一部分,从而将自恋引入人格和社会心理学。亚临床阶段的自恋一般具有以下特征:自我中心、爱慕虚荣、自我吹嘘、有支配性、有优越感、傲慢无礼和自以为是。

精神病态(psychopathy)最初被定义为一种以反社会心理和行为为特征的人格障碍。它虽未被收入《美国精神疾病诊断和统计手册》(DSM),但一直被认为是反社会行为的预测指标。对精神病态的早期研究主要局限在临床和变态心理学范围内,被试者主要是罪犯和精神病人。随着研究深入,研究者们对上述刻板印象提出异议,在他们看来亚临床阶段的精神病态更像是一种人格特质,精神病态者并非个个都是病人或罪犯,正常人也有病态心理和病态行为。由此,精神病态成为人格心理学的研究对象,被试者逐渐扩展到普通人群。作为人格特质,精神病态在行为上一般表现为冲动、寻求刺激、缺乏共情、缺乏责任感、缺乏焦虑。

显然,作为独立的人格特质,马基雅维利主义、自恋和精神病态具有各自的特征和结构,似乎难以同一而论。然而,三者的行为特征也具有某些共性,如自以为是、冷酷无情、表里不一、有攻击性,这些共同特征反映了亚临床人格的阴暗面。

马基雅维利主义、自恋和精神病态之间的共性和差异性的具体表现如下:

(1) 尽管马基雅维利主义与自恋的共同之处较少,但二者在缺乏共情上仍然保持一致。两者之间的差异表现在马基雅维利主义者行为低调、收敛,讲究实用,自恋者更愿意自我炫耀,展现优越性。自恋在人格黑三角中的独特性在于其特权感和优越感,自恋者自我感觉良好,他们认为自己天生有资格被人尊敬和崇拜。自恋与马基雅维利主义和精神病态的差异在于自恋者更需要来自社会的认可,因此很少表现出反社会行为。

(2) 作为人格黑三角中反社会性的主要来源,马基雅维利主义与精神病态拥有较多共同因素,冷酷无情、麻木不仁、无视传统道德是他们共同的标签。二者之间的差异主要表现在精神病态者更容易出现社会适应不良和病态行为,而这种现象很少出现在马基雅维利主义者身上。因此,有人认为马基雅维利主义与精神病态虽然都是反社会性人格特质,但精神病态代表了反社会性人格消极和失败的一面,马基雅维利主义则代表了反社会性人格积极和成功的一面。

(3) 自恋与精神病态的共性在于二者都与攻击性和冲动性相关,然而自恋者和精神病态者的攻击性和冲动性的来源显然并不一样。有研究发现,自恋者的攻击性来自他人对自我的威胁,而精神病态者的攻击性是对外界挑衅的反应;自恋者的冲动行为主要是为了获得优越感的管险行为,而精神病态者表现出的冲动行为则主要是因为自我控制能力差。

秦峰和许芳对人格黑三角的研究发现:

(1) 马基雅维利主义、自恋和精神病态是各自独立又相互交织的。

（2）它们的测量工具均较为成熟。

（3）人格黑三角不仅具有反社会性，也具有亲社会性。

（4）人格黑三角反映个体的快速生命策略。

（5）遗传和环境因素在人格黑三角的形成中发挥不同作用。

（6）人格黑三角是不同于大五人格的人格特质群。

从人格心理学发展来看，弗洛伊德开创的精神分析学派以研究人性阴暗面著称，古典精神分析理论将本我形容成"沸腾的锅"，为人性涂上黑暗底色。人本主义心理学扭转了这种悲观主义人性观，其研究重点是健康人格。人格黑三角的提出可以被视作对人性阴暗面研究的一次回归，然而这次回归在一些方面并不同于古典精神分析理论。

（1）人性假设：古典精神分析理论建立在"人性本恶"假设之上，人性漆黑无亮色；人格黑三角则建立在"复杂人"假设之上，人格中有光亮部分也有黑暗部分。

（2）研究对象：古典精神分析的研究对象主要是精神病人，后来推演到整个社会，从一个极端走向另一个极端；人格黑三角研究的主要对象是健康人。

（3）研究范畴：古典精神分析以整体人格（本我、自我和超我）为研究范畴；人格黑三角研究聚焦于对健康人格和病态人格之间的灰色区域。

（4）研究方法：古典精神分析创造了自由联想、释梦等经验性研究方法；人格黑三角研究则不再计较门派之分，科学方法成为主要研究方法。

第二节　人的能力特征

一、能力概述

能力是指人们成功地完成某种活动所必需的个性心理特征。能力和活动紧密地联系着，完成活动的速度和质量被认为是能力高低的两种标志。要成功地完成一项活动，仅靠某一方面的能力是不够的，必须具有多种综合能力才能获得成功。例如，为了完成学习任务，不能仅仅依靠记忆力，或仅仅依靠对课文的分析、理解，而必须同时具有观察力、记忆力、概括力、分析力、理解力等，才能出色地完成。在完成某项任务时，所需要的各种能力的完备结合，能使人迅速地、创造性地完成任务。这时可以认为，这个人在完成这项任务时具有较高的能力。各种能力的最完备的结合叫作才能，如果一个人在某一方面或某些方面有杰出的才能就被称为天才。

人的能力有大有小,智力水平有高有低,这是客观存在。无论社会怎样发展,科学技术怎样进步,人的能力的差异都是存在的。它们的差别,主要表现在三个方面:

(1) 能力结构类型方面的差异。有的人观察能力强,记忆印象鲜明,想象力丰富,人称艺术型。有的人概括能力强,善于思考,人称思维型。

(2) 能力发展水平上的差异。多数人具有一般能力,能够顺利完成活动,并能取得一定成绩。少数人具有特殊才能,能创造性地进行活动,并取得良好的成绩。才华出众者,是极少数。能力低下者,也是极少数,主要是先天不足或后天生活失调所造成。

(3) 能力发展早晚上的差异。人的能力的发展,是有早有晚之分的。有的人能力发展早,如我国唐朝文学家李贺,7 岁能作诗。也有的人是大器晚成,如画家齐白石,青年时做木匠,30 岁学画,40 岁才显露才能。

二、能力类型

我们可以从不同的角度对能力进行分类。按照倾向性,能力可划分为一般能力和特殊能力;按照功能,能力可划分为认知能力、操作能力和社交能力;按照它参与其中的活动性质,能力可划分为模仿能力和创造能力。

我们通常是按照能力的倾向性来分析问题。一般能力也称普通能力,它是指大多数活动所共同需要的能力,是人所共有的最基本的能力,适用于广泛的活动范围,符合多种活动的要求。一般能力和人们的认知活动密切联系着,并保证人们比较容易地和有效地掌握知识。观察力、记忆力、思维能力、想象力和注意力都是一般能力,以抽象概括能力为核心。通常讲的智力就是各种一般能力的整体结构。

特殊能力也称专门能力,它是指从事某项专门活动所必需的能力。它只在特殊活动领域内发生作用,如数学能力、音乐能力、专业技术能力等。研究表明,一个人可以有多种特殊能力,但其中有一两种占优势。

一般能力和特殊能力紧密地联系着。一般能力是各种特殊能力形成和发展的基础,一般能力越是发展,就越为特殊能力的发展创造了有利条件;特殊能力的发展,同时也会促进一般能力的发展。在活动中,一般能力和特殊能力共同起作用。要成功地完成一项活动,既需要具有一般能力,又需要具有与该活动有关的特殊能力。

三、自我效能感

自我效能感(self-efficacy)指的是个体对自己是否有能力完成某一行为所进行的推测与判断。自我效能感是由美国著名心理学家班杜拉提出的一个重要概念。他认为，即便人的行为没有对自己产生强化，但由于对行为结果所能带来的功效的期望，人们可能也会主动地进行相应的活动。自我效能感理论克服了传统心理学重行轻欲的倾向，把人的需要、认知、情感结合起来研究人的动机，具有很大的科学价值。

班杜拉在他的动机理论中指出，人的行为受行为的结果因素与先行因素的影响。行为的结果因素涉及通常所说的强化，但他对强化看法与传统的行为主义不同。他认为，在学习中没有强化也能获得有关的信息，形成新的行为。而强化能激发和维持行为的动机以控制和调节人的行为。因此，他认为行为出现的概率是强化的函数这种观点是不确切的，行为的出现不是由于随后的强化，而是由于人认识了行为与强化之间的依赖关系后对下一步强化的期望。他的"期望"概念也不同于传统的"期望"概念。传统的期望概念指的只是对结果的期望，而他认为除了结果期望外，还有一种效能期望。结果期望指的是人对自己某种行为会导致某一结果的推测。如果人预测到某一特定行为将会导致特定的结果，那么这一行为就可能被激活和被选择。例如，学生感到上课注意听讲就会获得他所希望取得的好成绩，他就有可能认真听课。效能期望指的则是人对自己能否进行某种行为的实施能力的推测或判断，即人对自己行为能力的推测。它意味着人是否确信自己能够成功地实施带来某一结果的行为。当人确信自己有能力进行某一活动，他就会产生高度的"自我效能感"，并会去进行那一活动。例如，学生只有不仅知道上课注意听讲可以带来理想的成绩，而且还感到自己有能力听懂教师所讲的内容时，才会认真听讲。人们在获得了相应的知识、技能后，自我效能感就成了行为的决定因素。

班杜拉提出，自我效能感具有三个维度，即幅度（magnitude）、强度（strength）和普遍性（generality）。自我效能感在幅度上的变化，是指一个人认为自己所能完成的、指向特定目标行为的难易程度。自我效能感在强度上的变化，是指一个人对自己实现特定目标行为的确信程度。自我效能感的普遍性，是指在某个领域内的自我效能感之强弱会在多大程度上影响到其他相近或不同领域中的自我效能感。

班杜拉认为，由于不同活动领域之间的差异性，所需要的能力、技能也千差万别。一个人在不同的领域中，其自我效能感是不同的。因此，并不存在一般的自我效能感，任何时候讨论自我效能感都是指与特定领域相联系的自我效能感。但是，一些学者并不同意这一观点，并提出了一般自我效能感（general self-effcacy）的概念，它指的是个体应对各种不同环境的挑战或面对新事物时的一种总体性的自信心。

拉尔夫·施瓦泽（Ralf Schwarzer，德国）和他的同事于 1981 年开始编制一般自我效能感量表（General Self-Efficacy Scale, GSES）。GSES 开始时共有 20 个项目，后来改进为 10 个项目。目前，GSES 已被翻译成至少 25 种语言，在国际上被广泛使用。

中文版的 GSES 最早由张建新和施瓦泽于 1995 年在我国香港的一年级大学生中使用。至今中文版 GSES 已被证明具有良好的信度和效度。GSES 共有 10 个项目,涉及个体遇到挫折或困难时的自信心。比如,"遇到困难时,我总能找到解决问题的办法。"各项目均采用 4 点量表评分。量表为被试者自行填写,可用于个体施测及团体施测,被试者必须答齐 10 题,否则无效。

以班杜拉为代表的西方学者认为个体所具有的自我效能感来自四种类型的经验:

(1) 以往的成功经验。以往的成功经验是自我效能感形成的重要前提,它为个体提供判断与构成自我效能感的行为信息。研究表明,个体在挑战性任务中获得成功,对于自我效能感的形成与改变的影响尤其大。当个体通过坚持不懈而完成艰巨的任务时,他就会获得积极的自我效能感。这种效能感在以后的任务中会为个体提供能力的保证,并且使个体在遇到失败的时候仍然保持自信。而轻易获得的成功会导致个体在以后的活动中急于求成,且遇到困难时会很快失去自信。但这并不意味着自我效能感的形成与改变是行为的直接结果。也就是说,不是行为造成自我效能感的改变,而是由于个体从行为中所得到的诊断信息引起自我效能感的改变,即自我效能感的改变依赖于个体对先前行为经验的加工。

(2) 模仿或替代。学习和社会生活中有许多的知识经验不是通过亲身实践,而是通过对别人行为的观察与模仿而获得的。榜样的成就、行为给观察者展示了达到成功所需要采取的策略,为观察者提供了比较与判断自己能力的标准,并为其传递了只要通过努力就一定能够成功的信念。这些替代性的信息对观察者的能力和能力信念的增长会起到重要的促进作用。尤其是当榜样的情况与观察者非常相似的时候,观察者对自己完成同样任务的信念就会增强。对于那些缺乏经验的新人而言,榜样学习特别重要。

(3) 言语或社会劝说。言语劝说并不能提高个体的智力与技能水平,而是通过对自我效能感的评价,使个体对自己已有的能力产生积极的信念,使自己既不妄自菲薄,压抑和限制能力的发挥,也不产生不切实际的过高期望,否则自我效能感会受到打击。研究表明,当员工存在人格方面的障碍,对概括化的自我效能及自尊产生怀疑的时候,言语劝说特别有效。同时,言语劝说在员工技能发展的早期非常有用。由被员工信任,同时被认为能胜任工作的个体来进行言语劝说的工作,将会产生良好的效果。

(4) 生理与情绪的状态。个体对生理、心理状态的主观知觉会对其自我效能感产生影响。焦虑、害怕或紧张容易降低个体的自我效能感,疲劳或疼痛会导致与体力劳动任务相关的自我效能感的降低。在组织情境中减少压力源以及改善物理环境被认为是促进自我效能感提高的有效途径。

在工业和组织行为学研究领域,研究者主要探讨了八种对个体自我效能感产生影响的因素:

(1) 前绩效。其相当于班杜拉提出的过去行为的结果。

(2) 能力观。在模拟研究中发现,持能力增长趋向的管理者具有较高的管理自我效能感,而持能力固定趋向管理者的管理自我效能感则较低。

(3) 目标设置水平。高自我效能感能提高个体的目标设置水平,强化其对目标的承诺,从而提高工作绩效。

(4) 反馈方式。组织中只有当对个体的积极反馈和对整个团队的积极反馈共同存在时,其自我效能感才能得到提高。

(5) 所感知到的任务可控性。这种可控性程度越高,自我效能感则越强,反之亦然。

(6) 组织异质性。其对自我效能感有何影响还有待以后的研究去检验。

(7) 文化因素。权力距离和性别对自我效能感有显著的影响。

(8) 情绪特征。例如,紧张和焦虑会降低人的自我效能感。

由于自我效能感和行为之间的重要关系,工作场所中员工的自我效能感得到了越来越多的关注。从 20 世纪 80 年代中期开始,心理学家和管理学家们逐渐开始关注自我效能感在工作场所中的应用,比如自我效能感与工作绩效、工作态度及相关工作行为关系的研究。近年来,有关研究还呈现出逐年增多、范围逐渐细化的趋势。目前,世界经济结构的调整和市场竞争的日趋激烈、组织变革的频繁,以及科学技术的不断发展,都迫切要求人们不断提高工作或职业的自我效能感。

四、能力在管理实践中的运用

任何组织的生产活动都是复杂和多方面的,每种生产活动对人的精力、智力、体力提出了不同的要求。如果一个人现有的能力系统符合生产要求,那么这个人就能顺利地、高水平地从事生产活动。如果一个人现有的能力系统不符合生产要求,就会表现得“无能”,必须经过极大的努力才能适应生产活动的要求。为了更有效地体现“各尽所能”的优越性,从能力这个角度出发,组织管理中应注意下面几个问题:

(1) 岗位设置时明确各职位的能力要求,不同的工种要求员工运用不同的能力。例如,会计要求有快速而准确的运算能力;市场调查员需要对未来一段时间内某一产品的市场需求量进行预测,因此必须具备良好的归纳推理能力;产品推销员的记忆力要求比较高,因为在工作中他们常常需要快速地回忆起顾客的名字,而且与陌生人交往的能力对他们来说也很重要。

同一工种位于不同的组织、部门和层级,其岗位的能力要求也可能存在差异。例如,虽然每个管理者都应该具有三种基本能力:技术能力(即专业知识技能)、概念能力(即发现和解决组织情景问题和捕捉机遇的能力)和人际能力(即处理人际关系的能力),但处于不同层级的管理者,因为工作任务、管理范围和被领导对象的不同,对这三种能力的要求也略有不同。基层的管理者更多地运用技术能力来处理各种具体管理任务,而高层管理者主要面对涉及面较广、不确定程度较高、长期性的决策问题,所以概念能力显得尤为重要。

因此,管理者在设置岗位时,应通过工作分析,明确各岗位的能力要求,以便今后有针对性地选拔、录用、培养和考核员工。

(2)员工安置时尽量做到人尽其才。在组织中,样样精通、十全十美的全才不多,但擅长某一方面的人才、适合某项工作的人员却不少。管理者在进行员工选拔和工作安置时,应尽可能考虑每个人的特长,做到用人之所长、避人之所短,尽力使人们所具有的文化水平、技术水平、能力水平与实际工作所要求的智力、体力相匹配,选择能力过高或能力过低的员工均不利于生产。当员工的能力低于工作实际所需的水平时,他会无法胜任工作;当员工的能力远远高于工作实际所需的水平时,他也很容易产生对工作的不满意感,影响工作效率,甚至离职。

(3)员工录用时兼重实际能力和潜在能力的考察。在招聘面试过程中,不应该只以文化考核的分数或者以某种操作技术的水平作为录取的唯一标准。文化考核的成绩只代表了一个人已经掌握的部分知识或技能的水平,它并不等于一个人所具有的能力,更不等于一个人所蕴藏的内部潜力。

心理学的许多研究证明,人所具有的能力和他所掌握的知识和技能是互相联系、互相制约的。一方面,人们掌握知识和技能要以一定能力为前提,能力制约着人们掌握知识、技能的快慢、深浅、难易和巩固程度;另一方面,知识的掌握又会导致能力的提高,促进能力的发展。但是,人的能力和知识、技能毕竟不是一回事。能力是个体为了顺利地完成活动而经常地、稳定地表现出来的心理特点,是个体固定下来概括化的东西。知识、技能则是具体的经验体系或具体的行动方式。在许多人身上,能力和知识、技能发展不是完全一致的。表面上看来具有相同文化水平的人或具有相同操作技能的人,他们的能力可能并不相同;而具有相同能力水平的人,因为动机水平不同、训练的时间不同,会表现出不同的文化水平和技能水平。因此,招聘时可以把文化考核或技术操作考核的成绩作为是否录用的主要指标,但不能当作唯一的指标;必须对人进行思想品质、文化水平、身体素质等方面的全面衡量。有条件的话,可配合工种或工作岗位对特殊能力的要求,运用小型能力测验,如反应时间测验、空间关系测验、装备测验、兴趣分析测验等。

(4) 员工培训时兼顾一般能力与特殊能力的提升。人们从事生产活动既需要具有大量的一般能力,又需要具有该生产活动所要求的特殊能力。为了提高生产效率,应当在提高职工这两项能力方面下功夫。

如前所述,一般能力的发展与特殊能力的提高存在着互相依存、互相联系、互相促进的关系。一方面,特殊能力是特定活动所要求的多种基本能力的有机结合,是一般能力在具体活动中的具体化。职工所形成的特殊能力是建立在他的一般能力基础上的。

第三节　胜任力的模型与提升

一、胜任力

胜任力(competency)的概念可以追溯到古罗马时代,当时人们就曾通过构建胜任剖面图(competency profiling)来说明"一名好的罗马战士"的属性。不过,直到 19 世纪末 20 世纪初,人们才开始采用科学的方法来研究胜任力。20 世纪初"科学管理之父"泰勒的"管理胜任力运动"(management competencies movement)被人们普遍认为是胜任力研究的发端。他通过"时间与动作研究"(time and motion study),将复杂的工作拆分成一系列简单的步骤来识别不同工作活动对能力的要求。这里所谓的胜任力往往涉及那些可直接观察的动作技能或体力因素(physical factor),如灵活性、力量、持久性等。泰勒这一思想的影响极为深远,当今盛行的工作分析方法在很大程度上就是"时间与动作研究"的延续。

胜任力这个概念最早由哈佛大学心理学家戴维·麦克利兰(David McClelland,美国)于 1973 年正式提出。麦克利兰认为,个体的人格特质、动机、知识、技能、能力等因素都与他们的工作及绩效直接相联系。在选拔人才的过程中,应该去观察并衡量这些对工作绩效有直接影响的特征。

关于胜任力的严格定义,无论是理论研究者还是管理者都遇到了许多困难。在现存的胜任力概念中存在着许多的分歧,不同的研究者从不同的研究角度提出了自己的定义。虽然理论研究对胜任力概念的界定差异很大,但是国内学者以及应用胜任力的管理者更多倾向于使用 1994 年斯宾塞夫妇(Lyle M. Spencer 和 Signe M. Spencer,美国)给出的胜任力概念,即只有具有以下三个重要特征的胜任力才能称为管理学意义上的胜任力。

(1) 与工作绩效有密切的关系,甚至可以预测员工未来的工作业绩。

(2) 与工作情境相关联,具有动态性。

(3) 能够区分优秀业绩者与普通业绩者。

二、胜任力模型

胜任力模型(Competency Model)是指要做好某一特定的任务需要具备的胜任力总和。它主要包括三个要素:胜任力的名称、胜任力的含义(指界定胜任力的关键性特征)和行为指标的等级(反映胜任力行为表现的差异)。胜任力模型反映了某一既定工作岗位中影响个体成功的所有重要的行为、技能和知识,因而被当作工作场所使用的工具。基于胜任力模型的探索,建立新型的人力资源开发与管理体系,是 20 世纪 70 年代以来组织行为学和人力资源管理研究的前沿课题之一。

胜任力模型的理论基础是斯宾塞夫妇提出的冰山模型和理查德·博亚特兹(Richard Boyatzis,美国)提出的洋葱模型。

在冰山模型中,漂浮在水面之上的冰山部分代表的是个体的表层特征,包括知识和技能等。这些外在特征与工作所要求的资质直接相关,并且容易被测量,同时也可以通过培训、锻炼等办法来予以提高。潜伏在水面之下的冰山部分,代表的是个体的深层次特征,是个体人格中隐蔽和持久的部分,主要包括个体的自我概念、角色认知、动机和价值观等,难以被直接测量。但这些深层次特征是真正能够区分优秀和普通绩效表现的要素。

洋葱模型,顾名思义就是把胜任力由内到外概括为层层包裹的结构,最核心的内容是动机,然后由内到外依次为特质/动机、自我形象与态度、知识与技能。越是外层的,越容易培养和评价;越是内层的,越难以评价和习得(见图 6-2)。博亚特兹通过洋葱模型,强调了胜任力作为核心素质的作用,通过对胜任力的测评,可以预测一个人的长期绩效(Boyatzis,1982)。胜任力模型的建构是基于胜任力的人力资源管理和开发的逻辑起点和基石。在很大程度上它是人力资源管理各项职能得以有效实施的重要基础和技术

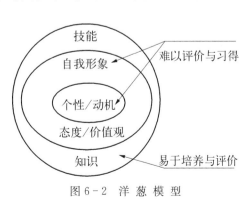

图 6-2 洋 葱 模 型

前提。更为重要的是,在行为指标方面从基本合格的等级水平到最优秀的等级水平,胜任力模型都要有详尽的描述。这样,我们就能清楚地知道,该职位表现平平者和表现优异者在行为水平上的差异究竟是什么。这就为我们选拔、培训、行为评价和反馈,以及后来的职业生涯规划提供了准确的依据。

构建胜任力模型的过程被称为胜任力建模(competency modeling),胜任力建模的方法一直是胜任力研究领域的重中之重。

胜任力建模的方法源于30多年前麦克利兰的研究工作。在此基础上,胜任力建模通过大量的实证研究得到进一步发展,并衍生出了许多方法。综合前人对胜任力模型的研究,目前建模的思路主要有三种:

(1) 行为事件访谈法。行为事件访谈法(Behavior Event Interview, BEI)由麦克利兰首先提出,博亚特兹和斯宾塞夫妇等对该方法进行了发展。BEI 是一种开放式的行为回顾式探察技术,要求被访者列出他们在工作中发生的关键事件,包括最成功事件与最失败(或最棘手、最有挫折感)事件各 3 项,并让被访者详尽地描述整个事件的起因、过程、结果、相关人物、涉及的范围、影响层面及自己当时的想法。该方法的具体步骤包括确定效标与效标群组,实施 BEI,对访谈文本进行编码与内容分析,确定胜任力模型。该方法在发现特定的胜任力要素、内容等方面都具有重要作用。

(2) 战略导向法。战略导向法旨在确定与组织核心观念和价值观一致的胜任力。这种思路可以揭示冰山模型中的深层胜任力,它是基于对某一职业或专业所必需的职责和任务的分析,主要是要建立绩效标准,然后采用职业分析方法,产生一个广泛的胜任力清单。在实践中,通过该方法确定的胜任力被用于塑造与所在组织文化相适应的员工。其前提是,组织必须有经过检验的核心价值观并已形成相对稳定且鲜明的组织文化。

(3) 标杆研究法。标杆研究法是指收集并分析研究其他同行或处于同一发展阶段的公司的胜任力模型,通过小组讨论或者开研讨会的方式,从中挑选适用于本公司的素质,形成胜任力模型。通过这种方法所建立的胜任力模型具有广泛适用性,可参考性高。所有的素质经过分析、比较和研究后,相对来说比较成熟,可操作性强。但所建立的胜任力模型与其他公司的共性太多,缺乏自己的独特性。根据胜任力建模实践,业界普遍认为,以行为事件访谈法为基础开发的胜任力模型是相对有效的模型,因为其所收集的数据更加准确、全面,从而能保证胜任力结构的有效性和合理性,并且它是针对工作环境和职位特点的。这种胜任力模型的构建方法在国内外都得到了认同,大量的研究都以此为基础来开发胜任力模型。其具体流程如下:

第一步,确定绩效标准。可以采用指标分析和专家小组讨论的办法,提炼出鉴别工作优秀的员工与工作一般的员工的绩效标准。这些指标应有硬指标,如销售额、利润率等;还必须有软指标,如行为特征、态度、服务对象的评价等。

第二步,选取分析样本。根据第一步确定的绩效标准选择适量的表现优秀的样本和表现一般的样本,并以此作为对比样本。

第三步,收集数据。一般采用观察和访谈相结合的方式。通过这样的方式,获得关于过去事件的全面报告,然后通过独立的主题分析、360度评价或专家系统数据,对绩效优秀和绩效一般行为进行整理归类,整合各自的结果,形成区分绩优者和一般者的关键行为。

第四步,建立胜任力模型。对上述数据进行统计分析,找出两组样本的共性和差异特征,从而建立胜任力模型。

第五步,验证胜任力模型。可以选择另外两组样本重复上面的第三步和第四步,进行效度检验。也可以选择合适的效标对所得模型进行评价。

第六步,应用胜任力模型。将胜任力模型应用于人员甄选、绩效评估、培训与开发、薪酬管理、职业生涯规划等各项人力资源管理活动,并进一步在实践中验证。例如,黄勋敬等人在国内首度对商业银行行长的胜任力模型进行了探索式研究。牛端和张敏强采取工作分析和行为事件访谈相结合的研究范式构建高校教师胜任力模型,然后通过团体焦点访谈、测验编制、评价第二个效标样本等方法,对该模型的专家效度、构想效度与同时结构效度进行验证。结果表明,高校教师的胜任特征包括8项:创新、批判性思维、教学策略、专注、社会服务意识、逻辑分析能力、成就欲、尊重他人。

思考题

(1) 人格具有哪些特性?

(2) 影响人格形成的因素有哪些?

(3) 人格测验方法有哪几种?

(4) 能力类型有哪些?

(5) 对个体自我效能感产生影响的因素有哪些?

(6) 胜任力模型有哪些?

案例研讨

"跨越生命周期"的人格影响因素——遗传和环境

遗传和环境对人格的影响是错综复杂的。有新的研究指出,在遗传过程中,遗传率(heritability,即在某群体内观测到的人格总变异中能被遗传变异解释的百分比,它既可以揭示遗传是否影响某种人格特征又可以指明这种影响达到何种程度)不是固定不变的,而是随着寿命的延长而降低,这说明遗传对人格特质的影响作用会在某种程度上发生改变。但是发现的结果并不一致,目前还不清楚这种趋势的原因,可能是由于遗传倾向的重要性下降,或者是年龄累积经验的影响,还有可能基因与环境的相互作用,这些原因都会导致遗传率随着寿命的延长而降低。那么遗传因素和环境因素在生命周期中对人格的影响作用是否确实存在变化? 如果存在变化,那变化的趋势又是怎样的呢?

一项跨国双生子研究提供了从青春期中期到老年的 HEXACO 人格特征中遗传和环境差异成分的年龄差异的系统调查(Kandler et al.,2021)。通过结果可以知道,对于大多数的人格特征来说,遗传差异往往随着年龄的增长而下降,但是环境差异则相反。这种模式提供了证据,证明生活经历的对造成人格差异的相对重要性越来越大,同时说明了遗传和环境的影响作用在不同年龄和不同人格特质上都是有差异的。或者正如另一位人格心理学教授 McAdams 所说:"基因和环境之间的关系并不像两种独立力量的相遇。相反,它更像是一种阴谋,基因和环境共同造就了一个人,并塑造了构成这个人的生活方式的特征。"

资料来源:Kandler, C., Bratko, D., Butković, A., et al., How genetic and environmental variance in personality traits shift across the life span: Evidence from a cross-national twin study. *Journal of Personality and Social Psychology*,2021,121(5),1079-1094.

请思考:

遗传和环境对你有何影响?

第七章
工作情绪与情绪智力

情绪是人们对客观对象所持的态度体验。情绪对人们的身心各个方面有着广泛而深刻的影响。积极的情绪是人生命中的维生素,生活中的催化剂,使生命充满活力。消极的情绪如同腐蚀剂,会损害人的身心健康。因此,员工不良情绪的自我调节以及企业对情绪智力的管理都应得到重视。本章着重介绍情绪、情绪调节策略,以及情绪智力的测评等内容及其在管理中的作用。

第一节　情　　绪

一、情绪的定义

什么是情绪? 从 19 世纪以来,心理学家对此进行了长期而深入的研究,对情绪的实质做出了各种各样的阐述和解释,但是,由于情绪的极端复杂性,到现在为止仍然没有得出一致的结论。一般认为,情绪是以个体的愿望和需要为中介的一种心理活动。当客观事物或情境符合主体的愿望和需要时.就能引起积极的、肯定的情绪。例如,渴求知识的人得到了一本好书会感到满意,生活中遇到知己会感到欣慰,看到助人为乐的行为会产生敬慕,找到志同道合的情侣会感到幸福,等等。当客观事物或情境不符合主体的愿望和需要时就会产生消极、否定的情绪,如失去亲人会引起悲痛,无端遭到攻击会产生愤怒,工作失误会出现内疚和苦恼,等等。由此可见,情绪是个体与环境之间某种关系的维持或改变。同时,情绪是一种混合的心理现象,它是由独特的主观体验、外部表现和生理唤醒三种成分组成的。

(1) 主观体验(subjective experience)。主观体验是主体对不同情绪状态的感受,每种情绪都有自己独特的主观体验,它代表着人们不同的感受,如快乐、痛苦等,构成了情绪的心理内容。情绪体验是一种主观感受，很难确定产生情绪体验的客观刺激是什么，而且不同人对同一刺激也可能产生不同的情绪。因此，情绪体验的研究一般采用自我报告的方法。请被试者根据自己的感受描述在某种情境下所产生的情绪。人的主观体验与外部反应存在着某种相应的关系，即某种主观体验是和相应的表情模式联系在一起的，如愉快的体验必然伴随着欢快的面容或手舞足蹈的外显行为。

（2）外部表现。情绪的外部表现，通常称为表情（emotional expression）。它是在情绪状态发生时身体各部分的动作量化形式，包括面部表情、姿态表情和语调表情。面部表情是所有面部肌肉变化所组成的模式，如高兴时额眉平展、面颊上提、嘴角上翘，悲痛时眼眉拱起、嘴朝下、捶胸顿足、语调低沉，恐惧时眼发愣、脸色苍白、手脚僵直、语带颤抖，等等。面部表情模式能精细地表达不同性质的情绪，因此是鉴别情绪的主要标志。姿态表情是指面部以外的身体其他部分的表情动作，包括手势、身体姿势等，如人在痛苦时捶胸顿足，愤怒时摩拳擦掌，等等。语调也是表达情绪的一种重要形式。语调表情是通过言语的声调、节奏和速度等方面的变化来表达的，如高兴时语调高昂、语速快，痛苦时语调低沉、语速慢。

（3）生理唤醒（physical arousal）。生理唤醒就是情绪与情感产生的生理反应。它涉及广泛的神经结构，如中枢神经系统的脑干、中央灰质、丘脑、杏仁核、下丘脑、蓝斑、松果体、前额皮层，以及外周神经系统和内、外分泌腺等。生理唤醒是一种生理上的激活水平。不同的情绪、情感会产生不一样的生理反应，如愉快时心律正常，恐惧时血压升高、心跳加快，等等。生理唤醒是行动的准备，能让你对遇见或想象的情境做出快速的反应。人们在情绪状态下，能自我觉知，但是不能控制自己的情绪，因为主控情绪的植物性神经系统一般不受个人意志所控制。植物性神经系统包括交感神经系统和副交感神经系统，二者功能相反，前者在情绪激动下发生作用，后者在情绪平静时发生作用。

二、情绪的维度

情绪的维度（dimension）是指情绪所固有的某些特征，如情绪的动力性、激动性、强度和紧张度等。这些特征的变化幅度具有两极性（two polarity），即存在两种对立的状态。① 情绪的动力性有增力和减力两极。一般地讲，需要得到满足时产生的积极情绪是增力的，可提高人的活动能力；需要得不到满足时产生的消极情绪是减力的，会降低人的活动能力。② 情绪的激动性有激动与平静两极。激动是一种强烈的、外显的情绪状态，如激怒、狂喜、极度恐惧等，它是由一些重要的事件引起的，如突如其来的地震会引起人们极度的恐惧。平静是指一种平稳安静的情绪状态，它是人们正常生活、学习和工作时的基本情绪状态，也是基本的工作条件。③ 情绪的强度有强、弱两极，如从愉快到狂喜，从微温到狂怒。在情绪的强弱之间还有各种不同的强度，如在微愠到狂怒之间还有愤怒、大怒和暴怒等。情绪强度的大小取决于情绪事件对于个体意义的大小。④ 情绪还有紧张和轻松两极。情绪的紧张程度取决于面对情境的紧迫性，个体心理的准备状态及应变能力。如果情境比较复杂，个体心理准备不足，而且应变能力比较差，人往往容易紧张，甚至不知所措。如果情境不太紧急，个体心理准备比较充分，应变能力比较强，人不紧张，因而会觉得比较轻松自如。

三、情绪的分类

情绪可以分为基本情绪和复合情绪，其中基本情绪又可分为积极情绪和消极情绪。

从生物进化的角度看，人的情绪可分为基本情绪（basic emotion）和复合情绪（complex emotion）。基本情绪是人与动物所共有的，在发生上有着共同的原型或模式，它们是先天的，不学而能的。每一种基本情绪都具有独立的神经生理机制、内部体验和外部表现，并有不同的适应功能。复合情绪则是由基本情绪的不同组合派生出来的。也就是说，复合情绪是由两种以上的基本情绪组合而形成的情绪复合体。

普拉切克（Robert Plutchik，美国）根据自己的研究提出了恐惧、惊讶、悲伤、厌恶、愤怒、期待、快乐和信任 8 种基本情绪，每一种基本情绪都可以根据强度上的变化而细分，例如，强度高的愤怒是狂怒，强度很低的愤怒可能是生气。一种基本情绪可与相邻情绪混合产生某种复合情绪，也可能与相距更远的情绪混合产生某种复合情绪。恐惧与期待混合在一起就会产生焦虑情绪。

基本情绪可以分为两类：一类是积极情绪（positive emotion）；另一类是消极情绪（negative emotion）。积极情绪是与接近行为相伴随产生的情绪，而消极情绪是与回避行为相伴随产生的情绪。

有人认为积极情绪是当事情进展得顺利时的那种好的感受。另一些人认为，积极情绪就是因意外得到奖赏或在目标实现过程中取得进步时产生的感受。还有人认为，积极情绪是与某种需要的满足相联系，通常伴随愉悦的主观体验，并能提高人的积极性和活动能力（孟昭兰，1989）。积极情绪包括快乐（joy）、兴趣（interest）、满足（contentment）和爱（love）等。一般认为，积极情绪有三个重要的适应功能，即支持应对、缓解压力、恢复被压力消耗的资源。弗瑞迪克森（Fredrickson，1998）认为，积极情绪能拓宽注意范围、提高行动效能，有助于机体获得身体、智力和社会资源。积极情绪还能明显影响到思维过程，促进高效率地思考和解决问题，也就是说，积极情绪对认知有组织功能。积极情绪还对人的社会行为有积极作用，如改善人际关系和社会关系等。

消极情绪是指生活事件对人的心理所造成的负面影响,如痛苦、悲伤、愤怒、恐惧等。适度的消极情绪有时是有益的。如在适度的焦虑情绪下,大脑和神经系统的张力增加,思考能力亢进,反应速度加快,因而能提高工作效率和学习效果。相反,过于强烈和持久性的消极情绪则对人的健康和社会适应有害。它能抑制大脑皮层的高级心智活动,如推理、辨别,使人的认识范围缩小,不能正确评价自己行动的意义及后果,自制力降低;引起正常行为的瓦解,并使工作和学习效率降低。如果消极情绪长期存在,而个人的心理适应力又差,不能及时疏导、缓解,还会引起相应的心理疾病。

【案例分享】

消极情绪对团队内低地位员工的创造力影响

在当今日益激烈的商业竞争中,团队成为现代企业创新发展的基本单元。其中,在团队中占据多数的低地位员工作为企业价值创造的执行者,是现代企业创新发展的基础力量。然而,这类员工往往处在组织结构的"金字塔"底端,他们不仅面临个人职业发展上的压力,还将承受在组织变革中巨大的生存压力,常常引发消极情绪体验。那么,这种消极情绪是否会影响这些低地位员工的创造力呢? 在什么情况下能产生更大的创造力,是学术界和管理界都关注的问题。

为了解决这个问题,常涛等(2024)基于激活理论,以趋避动机框架构建消极情绪对团队内低地位员工创造力的影响模型。消极情绪意味着员工处于不利的工作情境中。当消极情绪强度较低时,个体倾向于对自己的控制能力持相对乐观态度。随着消极情绪的适度增强,低地位成员的神经系统功能被不断激活,他们更加渴望获得更多尊重与社会认同,迫切希望改善地位现状,从而导致趋近动机增强。然而,随着消极情绪强度进一步加大,虽然低地位成员更渴望通过努力摆脱现有地位状况,趋近动机不断增强,但过高强度的紧张、沮丧等消极情绪会给他们带来极不安全感,进一步加剧基于自我及自我价值的威胁感。同时,在该过程中,认知资源的过度消耗也会加剧他们对工作投入的无力感。因此,常涛认为消极情绪对低地位员工创造力呈现倒 U 形影响,并提出了研究模型(见图 7-1)。

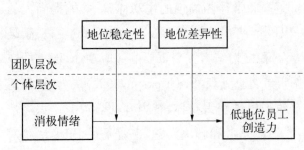

图 7-1 消极情绪对低地位员工创造力的影响模型

为了验证该假设模型,该研究通过 120 个团队共计 579 份有效问卷进行实证检验。研究结果表明,消极情绪与团队内低地位员工创造力之间存在倒 U 形曲线关系,地位稳定性、地位差异性在二者间起调节作用。其中,与高地位稳定性相比,低地位稳定性强化了低消极情绪对低地位员工创造力的正向影响,缓和了高消极情绪对低地位员工创造力的负向影响,且拐点位置更高;与高地位差异性相比,低地位差异性强化了低消极情绪对低地位员工创造力的正向影响,缓和了高消极情绪对低地位员工创造力的负向影响,且拐点位置更高。

资料来源:常涛,陈思彤,刘智强,等.消极情绪与团队内低地位员工创造力的倒 U 形关系研究[J].管理学报,2024,21(7):1002-1012.

四、情绪的功能

(一)适应功能

有机体在生存和发展的过程中有多种适应方式。情绪是有机体适应生存和发展的一种重要方式。如动物遇到危险时产生怕的呼救,就是动物求生的一种手段。查尔斯·罗伯特·达尔文(Charles Robert Darwin,英国)在他所著的《人类和动物的表情》(1872)一书中提出了情绪进化的理论。他认为,表现情绪的许多方式是原先具有某些生存价值的遗传模式。例如,婴儿出生时不具备独立的生存能力和语言交际能力,这时主要依赖情绪来传递信息,与成人进行交流,得到成人的抚养。成人也正是通过婴儿的情绪反应,及时为婴儿提供各种生活条件。在成人的生活中,情绪与人的基本适应行为有关。人类祖先在捕猎、搏斗和防御时发生的愤怒反应和愤怒表情,有助于战胜猎物或逃跑;在认识和探索环境中,兴趣和好奇情绪驱使他们趋向新异事物;恐惧情绪提醒他们回避危险。这些行为有助于人的生存及成功地适应周围环境。

(二)动机功能

情绪的动机功能又称情绪的调节功能,指情绪对人的活动起发动、促进和调控的作用。情绪通过唤醒你对于正在经历或想象中的情境的行动来完成它的动机功能。然后它会引导并维持你的行动直到达到特定的目标。情绪能够以一种与生理性动机或社会性动机相同的方式激发和引导行为。有时我们会努力去做某件事,只因为这件事能够给我们带来愉快与喜悦。从情绪的动力性特征看,情绪分为积极增力的情绪和消极减力的情绪。快乐、热爱、自信等积极增力的情绪会提高人们的活动能力,而恐惧、痛苦、自卑等消极减力的情绪则会降低人们活动的积极性。有些情绪同时兼具增力和减力两种动力性质,如悲痛可以使人消沉,也可以被人转化为力量。人只有在平静的情绪状态下才能开阔思路,一旦处于极度紧张或应激状态,就会出现单相思维,甚至大脑一片空白的状态,此时是最容易出错的。理论家认为唤醒水平和工作绩效之间存在着倒 U 形曲线的关系,这一曲线预测,太高或太低的唤醒水平都会损害你的工作绩效。

心理学家耶克斯(R. M. Yerkes,美国)与多德森(J. D. Dodson,美国)的研究表明,各种活动都存在一个最佳的唤醒水平。唤醒水平过高或过低都会使工作绩效下降。研究还发现,绩效水平随唤醒水平和任务难度的变化而变化、在比较容易的任务中,较高的唤醒水平会增加工作绩效;但对于难度较大的任务,较低的唤醒水平反而是最优的;中等的唤醒水平通常对中等难度的任务最好。这就是著名的耶克斯-多德森定律,这些倒 U 形曲线显示了绩效在极低或极高的唤醒水平上都是最差的。

(三)信号功能

在人际交往中,人们除借助语言进行交流之外,还通过情绪的流露来传递自己的思想和意图。它既是一个积极的社会黏合剂,又是一个消极的社会防水剂。情绪的这种功能是通过表情来实现的,人们可以凭借一定的表情来传递情绪信息和思想愿望。其中,面部表情、身体姿态、语音语调等更能突破一些距离和场合的限制,使语言信息表达得更加明确或确定,发挥独特的沟通作用。如当某人对你发出微笑信号时,你可能会接近,当某人对你发出暴怒的信号时,你可能会后退,微笑表示赞赏,点头表示同意,愤怒表示抗议,等等。

(四)组织功能

情绪作为脑内的一个检测系统,对其他心理活动具有组织的作用。这种作用表现为积极情绪的协调作用和消极情绪的破坏、瓦解作用。其组织作用还表现在人的行为上,处在积极、乐观的情绪状态时,人们容易注意事物的美好方面,其行为比较开放,愿意接纳外界的事物。处于消极情绪状态时,人们容易失望、悲观,放弃自己的愿望,甚至产生攻击性行为。

通过各种不同的信息加工方式,情绪对认知起着驱动和组织的作用。许多研究证明,情绪对认知会产生多方面的影响。其影响不仅在加工的速度和准确程度方面,而且可以在类别和等级层次上改变认知的功能,或在信息加工中引起阻断或干扰的质量变化。就是说,情绪不仅在量上影响认知,而且影响认知的结构。

1. 情绪与工作记忆

加工效能理论认为个体工作记忆的资源是有限的,消极情绪会占用一部分工作记忆资源,因此在信息加工过程中,当个体产生消极情绪时,个体执行认知加工的工作记忆资源相对减少,认知操作的效率就会下降。研究表明,焦虑被试者会过多地关注自己的强制性思维、担忧或负面认知等焦虑情绪反应,而这种与当前任务无关的反应会分散个体的注意力,消耗有限的工作忆资源,降低正确率,或是增加反应时间,但研究者随后又发现,不同程度的焦虑对工作记忆的影响程度也不同,甚至轻度的焦虑并不一定导致工作记忆损伤。

研究者发现,消极情绪选择性地影响了空间工作记忆的保持功能,这可能是由于消极情绪限制了空间工作记忆中所需的注意资源造成的。对抑郁症病人的研究结果支持这种选择性影响,有研究者通过比较重度抑郁症病人和正常人发现,抑郁症病人的空间工作记忆受损。

尽管研究者们关于情绪对工作记忆的具体影响存在一定的分歧,但也得出了一个共识,即情绪的波动会在一定程度上影响到人们的工作记忆。

2. 情绪与决策

早期的决策理论完全排斥情绪的影响作用,研究者热衷于建立理性决策的数学模型。随着对情绪与认知关系研究的深入,对情绪影响决策过程的认识也逐渐变得全面与深刻。自卡尼曼和特沃斯基(Kahneman&Tversky,美国)提出前景理论后,以预期情绪为主的后悔和失望理论,以及主观预期愉悦理论被提了出来。其中,危险即情绪模型目前比较有代表性。该模型认为决策过程中不仅存在受认知评估影响的预期情绪,还存在不受认知评估影响的即时情绪,并认为即时情绪就是即刻的内脏反应。这些情绪可以直接影响决策行为,影响认知评估。

通常情况下,情绪与认知相互协调,共同指导决策行为,但某些情况下情绪却与认知相冲突,使决策和行为产生异常。例如,有研究发现,人们对危险情境的情绪反应经常偏离认知评估,且此种情况下情绪反应的作用往往处于主导地位,从而使得行为表现偏离常规。例如,恐惧会使驾驶员猛踩刹车,在关键时刻无所适从。

情绪不仅影响对信息的选择和加工,还影响认知策略与风格。大量实验表明,愉悦的情绪状态使个体倾向于采用启发式加工策略,即采用自上而下的加工方式,依赖已形成的知识结构,较少注意加工对象的细节及付出较少的认知努力;而消极的情绪状态使个体倾向于采用系统加工策略,即采用自下而上的加工方式,较少依赖原有的知识结构而将注意力集中在当前刺激物的细节上。

3. 情绪和创造性

胡卫平等人指出,情绪与创造性的关系逐渐成为创造性研究的一个热点。已有研究通过比较个体在积极和消极两种情绪状态下的创造性表现来揭示二者的关系,但并未得出一致的结论,部分研究结果甚至相互矛盾。

以往大量研究结果表明,积极情绪有利于促进创造性的产生,消极情绪则会阻碍创造性的产生。研究发现，积极情绪能提高认知灵活性，借助于广泛联系的情境信息，个体能够有创造性地解决问题。积极情绪下个体的联想内容更为丰富，创造性产品更具灵活性与独创性。卢家楣等人的研究表明，积极情绪状态下，被试者的思维流畅性得到了显著的提升。刘小禹和刘军在2012年针对团队创造性的研究表明，对于团体组织而言，积极情绪有利于调节人际关系，促进内部信息交流，提高工作团队的创造性水平。上述研究普遍认为，处于积极情绪状态下的个体通常采用自上而下的认知策略整合加工信息，善于利用已有的知识背景，倾向于采用启发式的信息加工模式进行发散性思维，此时创造性的水平较高。据此，一些研究者还提出了相关理论，对积极情绪促进创造性产生的机制进行了解释。例如，拓展—构建理论（broaden-and-build theory）认为，积极情绪（如兴奋、快乐、满意、兴趣和爱）能短暂地拓展人们的思维行动倾向，提高记忆信息的提取速度和思维的灵活性，从而促进创造性的产生。

虽然许多研究支持积极情绪促进创造性产生的结论，但是也有不少研究得出了截然相反的结论，即消极情绪促进创造性的产生。对一个大型直升机制造企业的调查表明，消极情绪对员工的创造性绩效有正性影响。消极情绪状态能够提高个体的自尊水平，从而促进他们在创造性任务中的表现。同时，不少研究证据显示，消极情绪会激发个体对现实环境的探索，从而促进创造性产生。对于消极情绪促进创造性，也有研究者提出了相应的理论模型对此加以解释。情绪输入理论与情绪信息理论都较为注重情绪在创造性认知过程中后期（反应选择阶段）所发挥的作用，认为情绪可以被看作一种重要的环境信息。积极情绪包含着令个体感到安全与满足的信息，而消极情绪则蕴含着环境中有关危险与不安的信息。情绪中的信息会直接作用于个体创造性加工过程的反应选择阶段，从而影响个体的创造性表现。双通道模型则认为，积极和消极情绪都会对个体的创造性认知活动起到促进作用，只是它们的作用途径存在差异：积极情绪主要通过增强认知灵活性来提高创造性，而消极情绪则主要通过增强持续性来提高创造性。

第二节　情　绪　调　节

一、情绪调节的定义

情绪调节（emotion regulation）是个体管理和改变自己或他人情绪的过程，在这个过程中,通过一定的策略和机制使情绪在生理活动、主观体验、表情行为等方面发生一定的变化。

（一）具体情绪的调节

情绪调节包括积极情绪和消极情绪的调节。例如,愤怒时需要克制;悲伤时需要转换环境,想一些开心的事情;等等。情绪调节也适合于积极情绪,当学生在学校里取得了好成绩时,不能表现得过分高兴,以免影响其他同学的情绪。

（二）唤醒水平的调节

情绪调节包括个体对高、低唤醒水平（arousal level）的调节。研究表明,高唤醒对认知操作起瓦解和破坏作用,如狂怒会使人失去理智等。成功的情绪调节就是要管理情绪体验和行为,使之处在适度的水平。也有人指出,情绪调节包括削弱或去除正在进行的不适当的情绪,激活需要的情绪,掩盖或伪装某种情绪。因此,情绪调节既包括抑制、削弱和掩盖等过程,也包括维持和增强的过程。

（三）情绪成分的调节

情绪调节不仅包括情绪系统的各个成分,也包括情绪系统以外的认知和行为等。情绪系统的调节主要指调节情绪的生理反应、主观体验和表情行为,如情绪紧张或焦虑时控制血压和脉搏;体验痛苦时使自己开心一点;过分高兴时掩饰和控制自己的表情动作等。此外,还有情绪格调的调节、动力性的调节,如调节情绪的强度、范围、不稳定性、潜伏期、发动时间、情绪的恢复和坚持等。

二、情绪调节的类型

（一）内部调节与外部调节

从情绪调节过程的来源分类,可以分为内部调节和外部调节,内部调节来源于个体内部,如对个体的生理、心理和行为等方面的调节;外部调节来源于个体以外的环境,如对人际的、社会的、文化的及自然的等方面的调节。由于认知与情绪体验存在密切的关系,因此,通过某种认知激活某种情绪体验,可以对情绪进行调节。如母子分离可以引起负情绪,但只要让幼儿确信母亲只是暂时离开他,就可以帮助幼儿克服这种情绪。

外部环境对个体情绪的调节有支持和破坏两种可能性。有的环境因素有利于情绪调节,而有的环境因素不利于情绪的调节,如在课堂教学中,教师如能满足和支持学生的动机行为,将使学生产生良好的情绪;反之,会引起不良的情绪。因此,环境的刺激特征与个体内部状况的关系是影响外部调节的重要因素。

（二）修正调节、维持调节与增强调节

根据情绪的不同特点可分为修正调节、维持调节和增强调节。修正调节主要指对消极情绪所进行的调整和修正,如降低狂怒的强度使之恢复平静。维持调节主要指人们主动地维持对自己有益的积极情绪,如兴趣、快乐等。增强调节指对情绪进行积极的干预。这种调节在临床上常被采用,如对抑郁或淡漠进行增强调节,使其调整到积极的情绪状态。

（三）原因调节与反应调节

原因调节是针对引起情绪的原因进行的调整,包括对情境的选择、修改,注意调整,以及认知策略的改变,等等。通过改变自己的注意来改变情绪,对诱发情绪的情境进行重新认识和评价等。反应调节发生在情绪激活或诱发之后,是指通过增强、减少、延长或缩短反应等策略对情绪进行调整。

（四）良好调节与不良调节

情绪调节是为了使个体在情绪唤醒情境中保持功能上的适应状态,使情感表达处在可忍耐,且具有灵活变动的范围之内。当情绪调节使情绪、认知和行为达到协调时,这种调节称为良好调节。相反,当调节使个体失去对情绪的主动控制,使心理功能受到损害,阻碍认知活动,并导致作业成绩下降时,这种调节就是不良调节。

三、情绪调节的策略

（一）回避和接近策略

回避或接近（avoidance or approach）策略也被称为情境选择策略,它是通过选择有利情境、回避不利情境来实现的。这是情绪调节的一种常用策略,在面临冲突、愤怒、恐惧、尴尬、窘迫等情绪时,运用这种策略非常有效。

（二）控制和修正策略

控制或修正（control or modification）情绪事件是一种更为积极的策略,它是通过改变情境中各种不利的情绪事件来实现的,情绪调节者试图通过控制情境来控制情绪的过程或结果。2岁左右的孩子就会表现出用控制和修正情绪事件的方法来调节情绪,如给哭叫的小弟弟、小妹妹玩具等。

（三）注意转换策略

注意转换（attentional deployment）策略包括分心和专注两种策略。分心（distraction）是将注意集中于与情绪无关的方面,或者将注意从目前的情境中转移开;专注（concentration）是对情境中的某一个方面长时间地集中注意,这时个体可以创造一种自我维持的卓越状态。

（四）认知重评策略

认知重评（cognitive reappraisal）策略即认知改变,通过改变对情绪事件的理解和评价,而进行情绪调节。认知重评试图以一种更加积极的方式理解使人产生挫折、生气、厌恶等消极情绪的事件。认知重评将产生积极的情感和社会互动结果,不需要耗费许多认知资源,是一种有益的情绪调节方式。在个体发展上,通过认知改变进行情绪调节的策略是在 2 岁以后的幼儿身上才出现的。

（五）表情抑制策略

表情抑制（expressive suppression）策略是调动自我控制能力,启动自我控制过程以抑制自己的情绪行为,是反应调节的一种策略。例如,婴儿通过抑制自己的表情,得到成人更多的爱护,密切亲子关系,就使用了表情抑制策略。

（六）合理表情策略

合理表情（rational expression）策略是情绪调节最为关键的策略,它有利于个体幸福和团体密切。在人际交往中,情绪调节能力强的个体并不全是压抑自己的表情,而是能够在瞬间迅速改变自己的不利情绪,如把愤怒转换为笑,把悲伤转换为动力,等等。这种策略因而也可以称为情绪转换策略。此外,在实际生活中,一个成熟的个体还会选择更多的方式来调节自己的情绪,如改变生活方式、活动方式、体育锻炼方式、倾诉方式等等。

四、不良情绪的自我调节

（一）合理排遣与宣泄

对不良情绪的排遣与宣泄是自我调节的一种好方法。合理的宣泄方法有：心中有委屈、愤怒、不平的事,可向领导、同事、亲人倾诉;矛盾双方开诚布公、交换意见、消除误会;大哭一场,释放积聚的能量,调整肌体的平衡;用强运动或干体力活的方法,累得满头大汗,精疲力竭也是一种能量的释放。

（二）理智消解法

用理智消解法可以控制个人的情绪。例如,受批评而不服气的时候,可以冷静地检讨反省,减轻心理紧张;与人发生争执时,理智地换位思考,会变得心平气和;当受他人的干扰、欺负而感到委屈时,不与对方一般见识,理智地谦让,可以缓解矛盾。总之,在矛盾激化时,能够"三思而后行",可起到降温的作用。

（三）注意转移法

注意转移的原理是在大脑皮层产生一个新的兴奋中心,通过相互诱导、抵消或冲淡原来的优势兴奋中心（即原来的不良情绪中心）。例如,当火气上涌时,有意识地转移话题或做点别的事情来分散注意力,便可使情绪得到缓解;当悲伤、忧愁情绪发生时,先避开某种对象,不去想或遗忘掉,可以消忧解愁;在余怒未消时,可以通过运动、娱乐、散步等活动,使紧张情绪松弛下来。

（四）自我安慰法

当遭遇不幸或挫折时,为了避免精神上的痛苦或不安,人们通常会找出一种合乎内心需要的理由来说明或辩解。例如,为失败找一个冠冕堂皇的理由,用以安慰自己,或寻找一个强调自己所有的东西都是好的理由,以此冲淡内心的不安与痛苦。这种方法,对于帮助人们在大的挫折面前接受现实,保护自己,避免精神崩溃是很有益处的。因此,当人们遇到情绪问题时,经常用"胜败乃兵家常事""塞翁失马,焉知非福""坏事变好事"等词语来进行自我安慰,可以摆脱烦恼,缓解矛盾、消除焦虑、抑郁和失望,达到自我激励,总结经验、吸取教训之目的,有助于保持情绪的安宁和稳定。偶尔使用有缓解情绪的作用,但经常采用可能成为某种病态。

（五）交往调节法

某些不良情绪常常是由人际关系矛盾和人际交往障碍引起的。因此,当我们遇到不顺心、不如意的事时,主动地找亲朋好友交往、谈心,比一个人独处胡思乱想、自怨自唉要好得多。因此,在情绪不稳定的时候,找合适的人谈一谈,具有缓和、抚慰、稳定情绪的作用。另一方面,人际交往还有助于交流思想、沟通情感,增强自己战胜不良情绪的信心和勇气,能更理智地去对待不良情绪。

（六）艺术与创作升华法

将不为社会所接受的消极情绪、导向与崇高的有利于建设与创造的行为做比较叫升华。这也是较高级水平的宣泄。例如,歌德年轻时,曾因失恋而绝望,后来抑制了这种轻率行为,把自己的爱情遭遇作为素材,写出了世界名著《少年维特之烦恼》,这是艺术升华的典型。

（七）调息法

当人们碰到不安情绪袭来时,常为解脱紧张而深深叹一口气,或者突然大吐一口气等。这是日常生活中常见的调息法之一。许多运动员在即将比赛前常用"调息法"释放紧张情绪。

【案例分享】

倾诉真的可以更好的调节情绪吗?

某段时间你感觉到了焦虑或抑郁,多次自我调节失败后,你察觉到这份苦恼很难靠自己疏解。为了让自己的心理状态恢复正常,于是你向自己的好友倾诉或求助,这时好友会给你多种回应,可能是"别着急,一起想想原因",也可能是"别说了,拒绝负能量"……对此,三位美国的心理学学者提出了问题,并进行了研究。

研究发现,响应者对人际情绪调节的接受感知、朋友对人际情绪调节的提供感知,以及二者之间的交互作用可预测响应者的精神病理。响应者接受的表达抑制和朋友提供的反刍沉思与精神病理呈正相关,朋友提供的认知重评与精神病理呈负相关,这与个体内情绪调节的作用方向一致。此外,人际表达抑制具有交互作用,例如,当朋友提供低于平均水平的表达抑制时,响应者接受的抑制与其精神病理正相关,而当朋友提供高于平均水平的表达抑制时,此关联不显著。研究还发现,在情绪表达中,当响应者的接受感知和朋友的表达感知一致,精神病理等级最低;相反,当响应者感知接受了朋友的高表达抑制策略,但朋友感知自己提供的是低抑制策略,即出现"误解",精神病理等级最高。

该项研究说明,当情绪在人际间流动,不同形式的调节策略可能会对情绪产生者的心理健康形成不同的影响。无论我们是感知者还是调节者,某些"安慰"的确可能让人变得更加糟糕。又正如网络所流行的那句"世界上没有真正的感同身受",不同于自我疗愈,人际相处特有的"错位"和"误解"带来的伤害往往不可忽视。因此,当我们成为他人情绪的调节者,应当谨慎地考虑言行表达,因为好心可能在无形中化为利刃,刺痛我们重要的人。

资料来源:Christensen, K. A., Seager van Dyk, I., Nelson, S. V., et al.. Using multilevel modeling to characterize interpersonal emotion regulation strategies and psychopathology in female friends. *Personality and Individual Differences*,2020,165(2),110‑156.

第三节　情绪智力的测评与管理

一、情绪智力的定义

关于情绪智力(emotional intelligence),当前主要存在三种视角的定义。

(1) 认知视角的定义。主要以约翰·梅耶(John Mayer,美国)和彼得·萨洛维(Peter Salovey,美国)为代表。1990年梅耶和萨洛维最早提出了情绪智力的定义,认为情绪智力是"驾驭自己和他人的情感情绪,区分它们之间的差异,并能使用这些信息指导自己的思考和行动的能力"。后来,他们把情绪智力定义为"准确地感知、评价并表达情绪,爆发和产生促进思考的情感,理解情绪及情感知识,调控情绪以促进情感和智力发展的能力"。

（2）综合视角的定义。主要以鲁文·巴昂（Reuven Bar-On，以色列）为代表。认为情绪智力是"决定我们在日常生活中如何有效地理解和表达自己、理解并能与他人处理好关系的多种相互交叉和关联的情绪和社会胜任力、技能与技巧"。

（3）胜任力视角的定义。主要以丹尼尔·戈尔曼（Daniel Goleman，美国）为代表。他们对情绪智力的定义经历了几次变化。最初，情绪智力被定义为"识别我们自己和他人的情绪，鞭策和激励自己，并驾驭我们的情绪以及把握人际关系的能力"。后来，戈尔曼提出了情绪胜任力概念，认为它是建立在情绪智力基础上，并能产生出色工作表现的实际能力。

从定义内容看，认知视角所涵盖的内容较窄，把传统智力没有测量到的感知、处理及有效管理情绪和情绪信息等能力组合在一起。综合视角与胜任力视角则较为宽泛，把性格特征、激励因素和相关技能都包括其中。学术界通常把前者称为狭义的情绪智力，把后者称为广义的情绪智力。

二、情绪智力的理论

基于不同的情绪智力定义，当前的情绪智力理论可分为能力模型和混合模型两类。能力模型的理论建立在狭义情绪智力定义基础上，它所包含的内容主要聚焦于个性子系统的情绪与认知的交互作用领域，主要以梅耶和萨洛维等人提出的理论为代表。他们提出的情绪智力理论包括四个分支的能力，分别为情绪认知、情绪促进、情绪理解和情绪管理。此理论认为，以上四种能力有一个从低到高的发展过程，情绪认知是情绪智力最基本的过程，而情绪管理是情绪智力最复杂的过程。

混合模型的理论建立在广义情绪智力定义基础上，它所包含的内容跨越了个性主要子系统的多个领域。主要以巴昂和戈尔曼等人提出的理论为代表。巴昂的情绪智力理论包括五个方面的内容，每个方面都包含若干成分。分别为内省能力（自我认同、自我意识、坚持性、独立性、自我实现）、人际交往能力（共情、社会责任、人际关系）、压力管理（压力容忍、冲动控制）、适应性（现实考验、灵活性、问题解决）和一般情绪状态（乐观、快乐）。

戈尔曼等的理论则从目标（自我和他人）和能力（意识和管理）两个维度把情绪智力分为四族，每个族包含若干胜任力。分别为自我意识（情绪自我意识、准确的自我评价、自信）、自我管理（情绪自我调节、易被理解、适应性、成就动机、积极主动、乐观）、社会意识（共情、组织意识、服务导向）和关系管理（激励人、影响力、冲突管理、促进变革、发展别人、团队合作）。

所有的理论都寻求理解个体怎样感知、理解、利用和管理情绪，以帮助预测和提高个人有效性。

三、情绪智力的作用

（一）情绪智力与工作绩效

大量实证研究已经证实，情绪智力与不同工作领域和不同工作层级的工作绩效都有密切关系，更高水平的情绪智力与更高水平的工作绩效相关。

情绪智力与社会关系质量存在关联。高情绪智力者具有更高的人际敏感性，能够更好地处理人际交往中的问题，从而能够保持更好的人际关系、获得更多的社会支持。高情绪智力个体在心理上更容易对团队成员产生信赖，更愿意选择他人作为自己的朋友，这一主动选择过程反过来会影响他人的行为，即也会有更多人把自己选作朋友，进而让自己处于朋友网络中心位置，最终使自己能够充分利用网络中心位置带来的优势，取得更好的工作绩效。

情绪智力与个体健康状况（包括心理健康、生理健康）密切相关。更高的情绪智力与更高的乐观水平、更高的工作生活质量、更高的心理健康水平、更低的抑郁水平、更低的社会焦虑知觉水平、更少的症状报告和心理社会压力，以及更少的不良生活习惯相关。

情绪智力与个体的压力应对密切相关。在压力情境中，情绪智力的相关能力是一种重要的个人资源，高情绪智力的人有能力更好地面对压力环境，会采取主动而非逃避的应对策略，从而改善压力应对过程，减轻工作与生活压力。

情绪智力与个体的工作生活满意度密切相关，更高的情绪智力与更高水平的工作生活满意度相关联。

（二）情绪智力与领导力

情绪智力对于领导者非常重要，成功的领导者都是具有较高的情绪智力的人。从理论上说，理解和控制自己和他人情绪的能力能促进领导有效性的提高，情绪智力有利于提高领导者解决问题、处理个人和组织面对的问题与机会的能力。

研究者们探索性研究检验了变革型/交易型领导与情绪智力的关系，提出情绪智力使领导倾向于变革型行为。在梅耶和萨洛维等人的情绪智力模型的基础上提出：① 能够理解和管理情绪，以及进行自我控制的领导者会成为其员工的楷模，可以提高员工对领导者的信任和尊重；② 能够很好地理解情绪的领导者可以更加准确地理解员工被提升的期望程度，二者与变革型的潜在成分——有鼓舞力的激励（inspirational motivation）有关。这种理解情绪的能力使具有高情绪智力的领导者能够了解员工的需要，并且根据员工的个人需要做出反应。而非变革型领导模式不要求自我洞察力或者对他人的共情，而只是对基本的对抗行为做出反应。在这种情况下，放任主义领导者一般不愿意采取任何行动。在 49 位管理者中检验了不同领导模式与情绪智力之间的关系，他们总结出情绪智力与变革型领导的三种成分（理想化的影响、有鼓舞力的激励和个人关怀）以及有条件的报酬（交易型领导的一种成分）有着积极的关系。放任型领导与情绪智力没有关系。

四、情绪智力的测评

情商（Emotional Intelligence Quotient，EQ）是"情绪商数"的简称，它代表了一个人的情绪智力（emotional intelligence）的指数。第一个使用 EQ 这个名词的人是巴昂，他在 1988 年编制了一份测量 EQ 的问卷（EQ-i）。根据他的定义，EQ 包括了能影响我们适应环境的情绪及社交能力。

让 EQ 一词走出心理学的学术圈子，成为人们日常生活的用语，是戈尔曼 1995 年出版的《情绪智力》一书的贡献，该书登上了世界各国的畅销书排行榜，在全世界掀起了一股 EQ 热。戈尔曼认为"情商"是个体的重要生存能力，是一种发掘情感潜能、运用情感能力影响生活各个层面和人生未来的关键品质。戈尔曼认为，在个体成功的要素中，智力因素是重要的，但更为重要的是情感因素。戈尔曼发现，一个人的 EQ 对他在职场的表现有着非常重要的影响。一个针对全美前 500 大企业员工所做的调查发现，不论哪种产业，一个人的 IQ 和 EQ 对他在工作上成功的贡献为 1∶2，也就是说，对于工作成就而言，EQ 的影响是 IQ 的 2 倍，职位越高，EQ 对工作表现的影响越大。对某些工作来说，如行销业务及客户服务等，EQ 的影响更明显。

戈尔曼针对职场的工作表现提出了工作 EQ 的架构。经过不断的测试和修正，目前的戈尔曼工作 EQ 内容共有 4 大项，18 小项：

1. 自我察觉

（1）意识到自己情绪的变化：解读自己的情绪，认识到情绪的影响。

（2）精确的自我评估：了解自己的优点及不足之处。

（3）自信：掌控自身的价值及能力。

2. 自我管理

（4）情绪自制力：能够克制冲动及矛盾的情绪。

（5）坦诚：展现出诚实及正直；值得信赖。

（6）适应力：弹性强，可以适应变动的环境或克服障碍。

（7）成就动机：具备提升能力的强烈动机，追求卓越的表现。

（8）冲劲：随时准备采取行动，抓住机会。

3. 社交察觉

（9）同理心：感受到其他人的情绪，了解别人的观点，积极关心他人。

（10）团体意识：解读团体中的趋势、决策网络及政治运作。

（11）服务：感知到客户及其他服务对象的需求，并有能力加以满足。

4. 人际关系管理

（12）领导能力：以独到的愿景来引导及激励他人。

（13）影响力：能说服他人接受自己的想法。

（14）发展其他人的能力：透过回馈及教导来提升别人的能力。

（15）引发改变：能激发新的做法。

（16）冲突管理：减少意见相左，协调出共识的能力。

（17）建立联系：培养及维持人脉。

（18）团队能力：与他人合作的能力；懂得团队运作模式。

如果一个人在这18项EQ能力中，占有5～6项，而且能平均分布在4个大项中，那么他的EQ能力就很突出了，他在职场上的表现也会很好。要测量工作EQ，目前比较广泛使用的是情绪胜任力问卷（Emotional competence Inventory，ECI），总共有110个题目。该问卷收集资料的方法也很特别，不仅问当事人，也要问他的上司、下属和同事，这样做会使结果更加客观和准确。

五、情绪智力与管理

曾经很长一段时间，受到企业管理层重用的人必善于操控别人并熟知丛林竞争法则，但是到了20世纪80年代，在国际化与科技化的双重压力下，这一严谨的管理结构已在逐步瓦解，丛林法则象征企业管理的过去，长袖善舞的人际技巧则是企业管理的将来。

戈尔曼在《情绪智力》一书中提到，很多企业都存在情绪情感处理失当的问题，比如员工饱受欺压、满腹怨气、士气低落，领导专横跋扈、刚愎自用等。这是一个企业整体低EQ的表现，它会导致效率低下、进度缓慢、人为或意外失误增加、人员流失等。由此可见情绪智力的重要性。我们在管理中不仅要强调员工和管理者的业务能力、技术以及企业公司的经济实力等，更要注重培养管理者的情商，如团队合作、坦诚沟通、用心倾听等，因为管理者情绪智力的高低会直接影响一个企业或部门的生存与发展。

（一）批评的艺术

"人非圣贤，孰能无过"，在企业中，无论是上司还是员工谁都有犯错的可能。如果一个领导心胸狭窄，难以容忍别人指责他的过失，那么他就失去了改正错误的机会，同时也失去了员工对他应有的尊敬。同样，上司对下属的批评也要得体，既要让他认识到自己的错误，又不能伤害下属的自尊和士气。

批评的艺术是管理者和员工都应该掌握的一门学问。对于上司来说，这是提高自己管理能力的重要一环；对于下属来说，这是表现自己的能力，把握晋升机会的一种手段。

（1）批评一定要具体，就事论事，要指出对方哪些表现是不错的，哪些地方需要改进。要坦诚，拐弯抹角只会使传递的信息模糊，让对方难以明白你的意思。而人身攻击则会使对方感到羞辱，心生怨恨。

（2）批评时一定要言之有物，最好就特定问题提出建设性的意见，如果只告诉对方有问题，而不告诉他如何改进，只会给对方造成心理压力。反之，批评中给对方带来建设性的意见，则会让对方感到自己受重视和欣喜。

（3）批评时最好面对面。批评和赞美一样，面对面地交流最好。这样双方可以即时交换信息，对方可以了解自己错在什么地方，并有机会为自己申辩。批评者也可以判断自己的批评是否合理。这是一种平等的关系，双方坦诚相见，就事论事，都是为了改进工作、提高效率。

（4）尊重对方。批评者要能掌控自己的语调，做到和风细雨，尊重对方的感受，使对方既得到应有的尊重，又认识到自己的错误所在。

（二）激励的艺术

如何有效地激发员工的工作动机是优秀的管理者应该重点考虑的问题之一。人是一种复杂的动物，除了物质需求，还有精神需求。所以，单单靠经济奖赏并不一定能提高员工的工作积极性，而适当的 EQ 激励可能比奖金更有效。

在激励艺术中，核心的原则是保护员工的自尊心，要让员工感到在团体中他是受到尊重的、受到重视的、是有价值的。如果员工都感觉自己是企业这个大家庭中重要的一员，那么他们都会为企业的发展出谋划策，贡献自己的力量。

工作中的成就感也是激励因素中重要的一环。一项针对数千名大学生的调查显示：85％的大学生在选择单位时，首先考虑的不是工资高低、福利好坏，而是他们所学的知识是否能够用上，是否能充分发挥自己的能力。可见，管理者要想调动员工的工作积极性，很重要的一点就是要让员工在工作中满足自己的成就感。另外，就是要及时肯定员工的成绩并给予适当的奖励。及时的奖励能起到很好的激励士气的作用,过期的奖励则会降低应有的作用,甚至起不到什么作用。

与成就感相关的另一个因素就是对未来发展的期望,拿破仑·波拿巴曾说过:"不想当元帅的士兵不是一个好士兵。"同样,不想晋升的员工也不是一个好员工,因为想得到晋升,他就要尽职尽责地把自己的工作做好;因为想要得到晋升,他就会尽量发挥自己的聪明才智,积极地为公司的未来发展献计献策;因为想要得到晋升,他就要和公司的其他人搞好关系,从而增强了公司的凝聚力。而那些安于现状的员工,往往态度消极、办事拖沓、效率低下。因此,要想激发员工的工作积极性,管理者就要为员工营造一个可能得到提升的气氛,并勇于提拔那些工作积极、能急公司之所急的员工。要让员工感到,在这个企业工作是很有前途的。

同样,培养员工的责任感也是管理艺术的一个重要目的。只有当全体成员不分职位高低都树立起强烈的责任感,愿意为了公司的发展努力完成、做好自己的本职工作,企业管理才算真正的成功。

（三）团体情商

企业不是一个人组成的,并且只靠一个人的力量也难以维系企业的发展。因此在企业的发展中,团队协作就显得十分重要。一个人的才华有时特别重要,也许团队的表现难以逾越这些个别的才华。但是,如果一个团队内部不协调,那么整个团队的表现就会大打折扣。在分工日益细致的现代社会里,每个人的才能和精力都是十分有限的,每一件事情的成功,都必然汇集了众多人的智慧和汗水。因此,要想使一个企业获得成功,最重要的就是能不能有效地利用团队的智慧。

思考题

（1）情绪具有哪些功能?

（2）情绪调节有哪些策略?

（3）自我情绪调节的方法有哪些?

（4）情绪调节有哪些类型?

（5）情绪如何分类?

案例研讨

高情商的人在职场中会赚更多的钱吗?

打开微信,以"高情商的 5 大/10 大/15 大表现"这样的标题为代表的文章总是会出现在你的朋友圈里；跟父母煲电话粥快结束的时候，爸爸妈妈总会时不时叮嘱你几句"情商高一点，和同学老师搞好关系"……在很多人看来，情商是如此重要，他们甚至打出这样的旗号：IQ已然过时，EQ正是当道！那么高EQ的人真的在职场中具有优势吗？会比其他人赚取到更多的酬劳吗？

研究者发现，对于工作职位低的人来说，EQ对提高薪水影响较少；但对于高工作职位的人来说，他们的EQ越高，他们的薪水也就越高。因为情绪与社会关系的权利结构密切相关，常常被视作在社交场合表达立场的微妙暗示。获取这些情绪线索，在更大背景下了解这些暗示的含义，并将这些暗示传达给其他人的能力有助于适应高层的政治环境。在你可能认为不是所有的上司都是睿智精明的，但当其他因素相同时，EQ的确促进领导力、影响力和容忍力的发展，而这些能力对于晋升到管理层的个体来说都至关重要。

即便EQ不能显著提高工作职位低的人的薪水，研究表明在事业道路的开端，一个人的EQ水平的确可以很好预测长远的职业发展是否成功。这启发了商业教育者，职业的构成发展不仅仅限于学术领域内容的掌握。同样的，如果在选拔人才的过程中关注社会情绪技能和认知能力，企业也会因此受益。而且，EQ并不是恒定不变的。有实证研究表明，EQ可以通过训练而得到提高，并且人们越早学会如何理解和处理情绪，对于职业发展就更有利。

资料来源：[1] 田大仙.情商高的人会赚更多的钱吗？——情绪智力在职场中的作用[EB/OL].(2017-12-05)[2024-07-12].京师心理大学堂. https://mp.weixin.qq.com/s/2qi6NNFpeHt5hD2QjJWSHQ.

[2] Rode, J. C., Arthaud-Day, M., Ramaswami, A., et al. A time-lagged study of emotional intelligence andsalary. *Journal of Vocational Behavior*, 2017, 101, 77-89.

请思考：

EQ在职场中的重要性对你有何启示？

下 篇

群体心理与组织
管理行为

第八章
群体关系结构与管理

20 世纪 20 年代,基于梅奥的"霍桑实验"而产生的人际关系学说,提出正式组织中存在非正式组织的观点。在此学说的基础上,1953 年,在美国福特基金会召开的各大学科学家参加的会议上确定了"行为科学"这个名词。行为科学管理理论发展起来后,群体行为理论成为其重要理论支柱。群体行为理论研究非正式组织及人与人之间的关系问题,如群体的目标、群体的结构、群体的规模、群体的规范、信息沟通和群体意见的冲突等。本章从群体的定义与理论出发,进一步讨论群体关系和群体沟通的相关内容,最终探索群体动力学的意义和实际应用。

第一节 群 体

人是社会的人,在组织中工作的人们会加入各种各样的群体中。美国北得克萨斯州大学的工作团队研究中发现,在 2000 年 80％的《财富》500 强公司中,有一半或一半以上的员工在团队中工作,并且属于同一种类型的群体。可以说,群体是构成组织的重要基石。

一、群体的定义

群体(group)是指为了实现某个特定的目标,由两个或两个以上的相互作用、相互依赖的个体组合而成的集合体。群体与由于某些因素偶然聚集在一起的人群有所不同,它有以下特点:

(1) 共同的目标。群体的目标是群体成员相互意识到的,并且由其成员相互作用、共同努力才能完成的,在此基础上产生以群体活动为主体的共同活动。共同的目标是构成和维持群体的基本条件。

（2）共同的规范。群体规范是群体在自身的活动过程中自然形成、必须遵守的行为准则。群体规范不因成员个人的去留而变更，它是成员间相互协作、密切配合的组织保证。

（3）群体成员具有群体意识和归属感。群体中的各成员相互依存、彼此认同，有工作、思想和信息上的交流，在思想、感情、心理上建立起密切的联系，群体能满足其成员的归属需要。

（4）有一定的组织功能。每个成员在群体内都占有一定的地位，扮演某种角色，承诺一定的任务，并且领导大家去实现群体的目标。

二、群体的类型

根据不同的标准可以对群体做出不同的分类。例如，按群体规模的不同，可划分为大型群体和小型群体；按群体所发挥的作用，可划分为参照群体（或标准群体、示范群体）和一般群体；按群体成员联系的紧密程度和群体的发展水平，可划分为松散群体、联合体和集体。下面重点分析与管理工作联系密切的一种分类——正式群体与非正式群体。这种分类法最早是由梅奥在霍桑实验中提出的。

（一）正式群体

正式群体（formal group）是指具有正式的社会结构，成员有明确的地位与社会角色分工，并有相应权利和义务规范的群体。这种群体通常是根据官方途径正式组建和任命的。如企业中的车间班组、飞机航班上的乘务组、学校里的专业教研室等。正式群体又可以进一步细分为命令型群体和任务型群体两种。

（1）命令型群体（command group）通常由管理者和直接向他汇报工作的几个下属组成。例如，一个客服部的主管和他的下属就是一个命令型群体的例子。

（2）任务型群体（task group）是组织为了完成某项工作任务而组建的。与命令型群体不同，任务型群体可能会跨越上下级的这种命令关系。例如，对一个破产企业进行资产清算时，需要来自财务、审计、设备管理、法律等多方面人员的共同协作，由这些人员组成的清算小组就属于任务型群体。

（二）非正式群体

非正式群体（informal group）既不是组织明文规定的，也没有正式的结构，是成员因为个人目标而非组织目标在工作环境中自然形成的。非正式群体可划分为利益型群体（interest group）和友谊型群体（friendship group）。前者是人们因为某个共同关心的具体目标而聚集到一起的，后者是人们因为某种共同特点而组成群体的。例如，同乡会属于友谊型群体，为抗议公司大幅裁员而集合在一起的群体则是利益型群体。

虽然非正式群体不是官方正式组建的,但由于成员之间感情融洽,交往频繁,信息沟通灵敏,群体往往具有较强的凝聚力和排他性,它对成员的行为和绩效具有重要的影响。这种影响可能加速正式工作任务的实施,也可能阻碍工作任务的完成,因此,管理者需要对非正式群体有充分的认识,并注意引导和组织非正式群体为实现组织目标服务。

三、群体的发展阶段

尽管所有的群体并非遵循完全相同的发展模式,但通常情况下群体的发展会经历五个典型的阶段。

（一）形成阶段

形成阶段,成员刚进入群体,对群体的目标、结构、从属关系尚不明确。成员对相互了解非常感兴趣,试探着哪些行为是可以被群体接受的。一旦成员真正感到自己是群体中的一员时,形成阶段就结束了。

（二）震荡阶段

在这个阶段,成员之间的感情、压力和冲突剧烈,因此被称为震荡阶段。成员虽然接受了群体的存在,却抵制群体对个体所施加的控制。并且在由谁控制群体的问题上发生冲突。这一阶段结束时,群体内部出现了比较确定的领导阶层,群体成员在发展方向上达成了共识。

（三）规范阶段

进入规范阶段,冲突混乱开始让位于各种力量的初步平衡。群体从真正意义上开始整合在一起,成员之间的密切关系逐渐发展起来了,开始协调一致地为了共同目标而努力。群体表现出内聚力,成员对群体有着强烈的认同感和归属感。当群体结构趋于稳定,成员对群体规范达成共识时,规范阶段就结束了。

（四）执行阶段

这一阶段也被称为完全整合阶段,因为成熟、有组织、职能良好的群体已经形成了。群体的关注点从相互认识和了解进入到完成当前的工作任务上。这时候的群体可以完成复杂的任务,迅速地适应外界的变化与挑战,创造性地解决内部的纷争。

（五）解体阶段

对于一些长期存在的群体而言,执行阶段就是最后一个发展阶段。但对于目前组织中的许多临时性群体(如临时委员会、项目组),当它们的任务已经完成,目标已经达到时就进入了解体阶段。一旦成员意识到他们的关系即将结束,就会把注意力从任务转向社会情感。

需要注意的是,这个五阶段发展模型只是一个标准化的模式,并不是所有的群体都会精确地遵循这个模式发展。事实上恰恰相反,一个真实的群体总是处于不断变化中,有时可能几个阶段同时并存,有时可能跳跃过某个阶段,有时甚至可能退化到以前的阶段。至于群体的绩效,人们往往认为处于执行阶段的群体的绩效应该是最高的。虽然这种假设在大多数情况下是成立的,但也有例外的情况。例如,在某些情境下存在高冲突的群体反而比那些高度整合的群体更有利于高创造性和复杂问题的解决。

四、群体的相关理论

在群体的发展过程中形成了许多研究群体行为的理论,这些理论研究对认识群体行为的客观实际和客观规律发挥了科学指导的作用,成为科学认识群体行为的系统知识和理论体系。

(一)群体心理理论

群体心理理论的奠基人为 19 世纪法国学者古斯塔夫·勒庞(Gustave Le Bon),他认为"在某些既定的条件下,并且只有在这些条件下,一群人会表现出一些新的特点,它非常不同于组成这一群体的个人所具有的特点。聚集成群的人,他们的感情和思想全都转到同一个方向,他们自觉的个性消失了,形成了一种集体心理……姑且把它称为一个组织化的群体,或换个也许更为可取的说法,一个心理群体。"

群体心理学认为,人群中的个体在形成心理群体的过程中,通常需要三个主要外因的刺激。这三个外部因素通常构成心理群体形成过程的三个阶段:① 情绪激发。人群中的个体由某一情绪所激发并最终被该情绪所控制。② 情绪传递。人群中的情绪由激发进而相互传递(相互感染)并最终控制了整个群体。③ 建议接受。当人群被某一情绪控制后,人群便极易受到外部建议的控制并受其指挥参与某一激烈的行动。

当心理群体形成之后,心理群体的整体心理状态将具有以下三项基本特征:① 冲动性,是指心理群体的整体行动可以在某一外界强刺激因素的激发下迅速发动,并且这种行动的方向可以在外界强刺激因素的作用下迅速向相反方向逆转。因此,心理群体由其情绪的高度不稳定性必然导致其行动方向的极度不确定性。② 服从性,是指心理群体具有自愿服从外来指挥的心理特征。由于在心理群体的形成过程中,群体中的个体已经丧失了个性,因此他们具有自愿伺服别人意愿的强烈愿望。③ 极端化,是指心理群体的实际行动往往明显超过必要的程度,因此常常会导致过激的后果。群体心理理论认为,心理群体永远也无法完成需要高智能的任务。当人群构成心理群体时,由于理性个体的丧失,群体成员无法把由理性个性所支配的智能相叠加或组合;同时,由于非理性个性的加强,群体成员只能把由非理性个性所支配的愚笨相叠加或组合。

【案例分享】

狂奔的人群

美国漫画家、小说家詹姆斯·瑟伯在他的寓言故事集中有这样一段描述:"……突然,一个人跑了起来。也许是他猛然想起了与情人的约会,现在已经过时很久了。不管他想些什么吧,反正他在大街上跑了起来,向东跑去(可能是去马拉莫饭店,那里是男女情人见面的最佳地点)。另一个人也跑了起来,这可能是个兴致勃勃的报童。第三个人,一个有急事的胖胖的绅士,也小跑了起来……十分钟之内,这条大街上所有的人都跑了起来。嘈杂的声音逐渐清晰了,可以听清"大堤"这个词。'决堤了!'这充满恐惧的声音,可能是电车上一位老妇女喊的,或许是一个交通警说的,也可能是一个小男孩说的。没有人知道究竟是谁说的,也没有人知道真正发生了什么事。但是两千多人都突然溃逃起来。'向东!'人群喊了起来——东边远离大河,东边安全,'向东去! 向东去!'一个又高又瘦、目光严厉、神色坚定的妇女从我身边擦过,跑到马路中央。而我呢? 虽然所有的人都在喊叫,我却不明白发生了什么事情。我费了好大劲才赶上这个妇女,别看她已经快 60 岁了,可跑起来倒很轻松,姿势优美,看上去还相当健壮。'这到底是怎么了?'我气喘吁吁地问她,她匆匆地瞥了我一眼,然后又向前面望去,并且稍微加大了步子,对我说:'别问我,问上帝去!'"

资料来源:阿伦森.社会性动物[M].9 版.邢占军,译.上海:华东师范大学出版社,2007.

(二) 群体关系理论

群体关系理论也称人群关系理论或人际关系理论,是美国学者梅奥提出的一种群体关系理论。梅奥于 1933 年出版了《工业文明的人性问题》一书,最早提出了企业中的人际关系(即人群关系理论),在该理论中梅奥提出了以下主要观点:① "社会人"假设,即梅奥认为企业员工不仅是有经济需求的"经济人",而且是有社会心理需求的"社会人",因而影响生产效率的主要因素不是物质条件,而是职工的"士气"即工作态度,而影响工作态度的重要因素则是工作群体中的人际关系。② "非正式群体"的认识,即梅奥认为在正式的工作群体中客观存在着由各种人际关系形成的非正式群体即人际群体,这种群体没有定员编制,没有明文规定,其主要特点是自发性、人际性;人际群体对工作群体的作用是双重性的,既有积极促进的作用,也有消极妨碍的作用,所以群体管理者对人际群体必须正确认识,正确对待,因势利导,发挥其积极作用,抑制其消极作用。③ 人际关系的管理,即梅奥认为群体管理者不仅要理解职工的理智行为,而且要理解职工的情感行为,加强与职工的交流沟通,协调好群体的人际关系,为提高群体的工作效率创造良好的人际氛围。

(三)群体管理理论

在群体的管理实践中形成了许多管理理论,其中最具有代表性的是麦格雷戈的群体管理理论。麦格雷戈,美国著名的社会心理学家,麻省理工学院教授。他在 1960 年发表的《企业中的人性面》一书中提出了著名的"X 理论—Y 理论",根据对构成群体管理思想基础的人性假设理论的区分,麦格雷戈把建立在传统的人性假设思想基础上的群体管理方式称为"X 理论",所谓人性假设就是指管理者对职工的认识,麦格雷戈认为传统的群体管理者对职工的认识是片面、错误的,他们认为多数职工的本性是自私自利、不求进取的,职工的个人目标与群体的工作目标是不相符合的,所以对职工的管理只能采取以外部控制为主的方式,即加强对职工的监督管理,以报酬为主要的激励工具,以惩罚为主要的强制方式。麦格雷戈把建立在现代人性假设思想基础上的群体管理方式称为"Y 理论",认为现代群体管理者对职工的认识是客观、正确的,他们认为多数职工的本性是认真负责、努力进取的,职工需要通过参与自我认同的群体工作而发挥自我的才能,实现自我的价值,这里的关键是群体的工作目标要符合职工的合理需要,在价值需要基本一致的前提下职工的个人目标与群体的工作目标是可以相互统一的,所以对职工的管理必须采取以内在激励为主的方式,即要不断促进群体目标的合理化,以此作为激发职工工作积极性和创造性的根本动力;同时,不断改进管理方式,不断促进职工的自我约束、自我激励的自主管理,为职工充分发挥自我的聪明才智创造必要的条件。

麦格雷戈之后,西方国家在"X 理论—Y 理论"的基础上又形成了"Z 理论"。该理论认为应该根据工作任务、成员素质、工作环境的不同实际,分别采用相应的管理方式。一般针对常规、正常的工作任务,针对素质较高的成员宜采用"X 理论"的方式;而针对紧急、重要的工作任务,针对素质较低的成员则宜采用"Y 理论"管理方式。

第二节　群体关系与沟通

群体关系是指组织内部的两个或两个以上群体之间的相互作用。这些相互作用的群体可以共处一个部门,也可能分出不同部门。对于群体之间的行为来说,最重要的是如何加以协调来提高成效,因为这些群体同处于组织内部,群体间相互作用的成效直接影响着组织的运转状况及其目标的实现。

一、群体关系的制约因素

群体关系的制约因素主要包括任务确定性、目标差异性和相互依赖性。

（一）任务确定性

任务确定性程度的高低随工作环境的变化而变化。工作环境实质影响群体活动的外部因素,主要包括与群体打交道的其他群体或人员（人的因素）和与群体输入、输出有关的资源、设置状况（物的因素）。从信息交流的角度看,群体的任务确定性程度越高,各群体相互交流信息的需求越低,因此协调群体之间的行为、获得高效群体运转就越容易;反之,则会加大协调难度,并会降低群体间的行为绩效。

（二）目标差异性

目标差异性是制约群体间行为成效的又一重要因素。目标是群体通过活动在未来的某一时间段（点）上的一种预期状态,因而包含着两个重要因素:时间取向和目标取向。这两方面的差异状态构成了各个群体的目标差异性。

（三）相互依赖性

相互依赖性是指两个或更多群体在实现各自目标的过程中需要其他群体协作的程度。它是制约群体间行为的重要因素,主要可以分为三种类型:

（1）并列型。并列型依赖关系是指两个或两个以上的群体在行为上各自独立。

（2）单向型。单向型依赖关系是指一个群体的输出项部分地或全部地构成了另一个群体的输入项,即后者在实现自身目标时依赖于前者的协作。

（3）双向型。双向型相互依赖是指两个或两个以上的群体之间在行为及行为结果方面存在着对流交换式输入与输出的关系,即自己一方的输出部分或全部构成了另一方的输入项,同时对方的输出也部分或全部构成了自己一方的输入。

综上,群体之间存在着相互期待不一致性特点,这就使群体之间的有效协调和整合成为必需。为了提高群体之间的行为成效,必须依据群体之间行为的实际需求,采用不同的协调手段。常用的协调手段有规章制度和活动程序、统一领导、规划、联络人员、特别委员会和常设委员会等。

二、沟通

（一）沟通的功能

沟通是人们传递信息的手段。对于企业来说，它就像神经系统对人体一样不可缺少。任何一个管理过程都包含两种性质的运动形式：一是物质流，即人、财、物的输入、输出；二是信息流，指各种信息的传递、接收和处理。一般来说，管理者较少地与"具体的事物"打交道，更多地是与"事物的信息"打交道。也就是说，管理者主要是通过信息流来掌握物质流的状况，指挥物质流的运动。

当然，人与人之间的沟通不仅仅是信息的交流，还包括情感、思想、态度、观点等的交流。因此，沟通除了具有传递信息的功能，还是表达情绪的一种手段，即员工可以通过群体内的沟通来表达自己的失落感和满足感，从而满足自己的社会需求。

（二）沟通的过程

如图 8-1 所示，沟通是一个过程，它包含发送者、编码、通道、译码、接收者和反馈几个基本环节。如果发送者有向接收者传送信息的需要，他就会将这些信息编译成接收者能够理解的一系列符号。然后通过特定的通道（如正式通道或非正式通道）将上述符号传递给接收者。接收者在接收到这些符号后，必须先将这些符号翻译成他所能理解的形式，这就是对信息译码的过程。沟通的最后一个环节是反馈回路，即发送者通过反馈来了解他想传递的信息是否被准确无误地接收。根据个体在沟通过程中的位置，这些角色会来回发生变化。当接收者对发出者进行反馈时，最初的接收者就成为发送者，而最早的发送者就成为接收者。

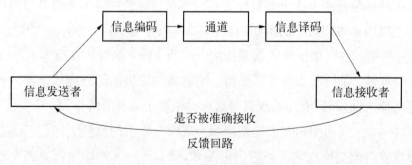

图 8-1 沟通的过程及要素

（三）沟通的类型

1. 单向沟通与双向沟通

根据发送者和接收者的地位是否变换，沟通可以分为单向沟通和双向沟通。单向沟通是指发送者和接收者之间的地位不变,一方只发送信息,另一方只接收信息。比如作报告、发指示、作演讲等。二者之间地位变换是双向沟通,如谈判、协商、交谈等。

单向沟通与双向沟通的差异,如表8-1所示。

表8-1　单向沟通与双向沟通的差异

要　　　素	单项沟通	双向沟通
速度	快	慢
内容正确性	较差	较好
工作秩序	易受感染、缺乏条理性	非常安静、规矩
自我效能感	较弱	较强
人机压力	较弱	较强

2. 上行沟通、下行沟通与平行沟通

根据沟通的流向可以将沟通分为上行沟通、下行沟通和平行沟通。下行沟通是指在群体或组织中从高水平向低水平进行的沟通。例如,管理者向下属分配任务、下达指示、介绍工作、告知规章制度、指出需要注意的问题,以及提供工作绩效的反馈等。

上行沟通是在群体或组织中从一个水平向更高水平进行的沟通。例如,员工向上级汇报工作、陈述工作中存在的问题、申诉、员工态度调查、征集基层意见等。

平行沟通是指层级相同的组织、工作群体或成员之间的沟通。作为上行沟通和下行沟通的重要补充,平行沟通可以节省时间和促进合作,多用于部门之间的工作协调。

3. 口头沟通、书面沟通、非言语沟通与电子沟通

根据沟通使用的媒介,沟通可分为口头沟通、书面沟通、非言语沟通和电子沟通。

口头沟通是最常用的信息传递方式。报告、面谈、讨论、会议、演说等都是口头沟通的例子。口头沟通的优点是快速灵活和及时反馈。如果接收者对信息不确定,迅速的反馈可以使发送者及时澄清,及早地更正错误。但在沟通的过程中,卷入的人越多,信息失真的可能性就越大,而且核实起来也很困难。

书面沟通包括文件、通知、告示、刊物、书面报告等。书面沟通比较正式严谨,具有永远记录性,容易核实,可以重复使用和阅读。对于复杂或者长期的任务来说,书面沟通是必要的。书面沟通也有它的不足:费时,不够灵活,缺乏反馈。

非言语沟通包括面部表情、重音语调、身体动作、身体距离等。我们在口头沟通时，也在使用非言语沟通，如身体倾斜，目光专注，不时地点头等。非言语沟通常常是言语沟通的重要补充，它使得发送者的信息更为灵活丰富，也更为复杂。但是非言语沟通传递的距离受限，界限模糊，而且依赖于接收者的理解，受文化规范的影响较大。

电子沟通则主要是通过局域网、互联网、电子邮件、电话会议、视频会议、传真等来传递信息。电子沟通的优点在于速度快，效率高，可以多方位沟通，空间跨度大，超越了时空的限制，实现了远距离、跨地域的即时沟通，降低了信息传递和共享的成本。电子沟通的缺点是受硬件条件的限制较大，很难得到及时的反馈。

4. 正式沟通与非正式沟通

按照组织管理系统和沟通体制的规范程度，沟通可以分为正式沟通和非正式沟通。

正式沟通是指通过组织管理渠道进行的信息交流，传递和分享组织中的"官方"工作信息。例如，上级文件按组织系统逐级向下传达，或下级情况逐级向上反映等，都属于正式沟通。正式沟通往往有较强的约束力，易于保密，一般重要的信息通常都采用这种沟通方式。由于信息是依靠组织系统层层传递的，所以沟通速度会比较慢，而且显得刻板。

在群体或组织中，官方并不是沟通唯一的渠道。人们也会在正式渠道之外进行信息交流，传递和分享组织正式活动之外的非官方信息，这就是非正式沟通。例如，员工间私下交换意见，议论某人某事，以及传播小道消息等。非正式沟通可以弥补正式沟通的不足，它不受层级的控制，灵活方便，传递速度快，可用于传播一些不便于在正式渠道沟通的信息。人们真实的思想和动机往往会在非正式沟通中更多地表露出来，所以多数员工认为它比高级管理层通过正式渠道发布的信息更可信、更可靠。当正式沟通渠道不畅通或出现问题时，非正式沟通会起十分关键的作用。非正式沟通的缺点在于较难控制，传递的信息往往不确切，易于失真、曲解，容易传播流言蜚语而混淆视听，容易激起强烈的情绪，有时甚至可能造成组织的分裂。因此，管理者不仅要重视建立通畅的正式沟通渠道，也要注意引导非正式沟通渠道。

【案例分享】

连云港"反核事件"

2016 年 7 月 26 日，国防科工局和中核集团相关人员赴连云港调研核循环项目拟选厂址。隔天，中核集团的微信公众号推送该新闻（目前已经删除），自媒体微信账号

"中国核能"原样复制了消息并推送。随后,该消息迅速在微博、微信社交媒介上发酵扩散,并随之产生了多条有关核项目的谣言,大批市民聚集集会,向市政府抗议,同时"警察打死人"的谣言也在网络疯传,瞬间造成群情愤慨。

该事件中的大部分消息与核安全有关,比如"核废料是不可以利用的,只能永久填埋起来,将来连云港会变成一座核墓地""核循环处理站建成后,全世界的核废料都将运到中国进行处理"……也有部分消息捏造事实,传言"连云港警察拖行殴打群众,导致一名男青年死亡"。这些消息具有真假掺杂、假托权威、伪造数据、嫁接图片的特点,极易造成市民恐慌,刺激他们采取非理性行动。有关部门采取删帖、关闭搜索引擎等措施阻断信息传播,造成信息阻塞,引发民众的不信任情绪,造成公信力的进一步降低。

资料来源:张春华,熊贤培.过程-事件分析框架下环境群体性事件的舆论演变:以连云港"反核事件"为例[J].武汉理工大学学报(社会科学版),2020,33(05):9-13.

(四) 沟通的网络结构

基本的沟通网络有链式、轮式、环式、全通道式和Y式五种(见图8-2)。每种沟通网络都有其优缺点(见表8-2)。链式网络中,信息沟通只在上下级之间进行,并不与链条两端的人员直接进行。在严格的官僚组织结构中,这种沟通网很常见。轮式网络中,信息沟通只在处于核心位置的成员和周围其他每个成员之间进行。当群体中有一个强有力的领导者时,这种沟通网络就会出现。Y式网络兼有轮式和链式的特点。环式网络中,每个成员只与相邻的成员之间存在着信息沟通,而与其他成员之间没有信息的沟通。全通道式网络中,每位成员都与其他成员之间进行沟通,没有一个人处于绝对领导的地位。

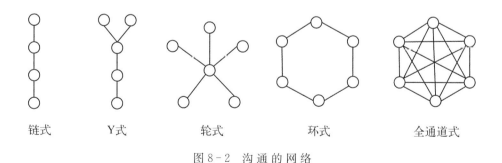

链式　　　　Y式　　　　轮式　　　　环式　　　　全通道式

图8-2　沟通的网络

管理者应根据组织结构、组织文化、任务情境等权衡成本,灵活选择相应的沟通网络。例如,虽然全通道式沟通有利于提高成员的满意度,但如果在处理只要求很少成员参与、很少相互合作的简单问题和任务时(如安排加班),采用简单的网络(如轮式和链式)可能更为有效。

表 8-2　各种群体沟通网络的有效性比较

因　　素	沟通网络的类型				
	链式	Y式	轮式	环式	全通道
成员满意性	中	低	低	中	高
准确度	高	高	高	低	中
集中度	中	高	高	低	低
沟通速度	中	中	快	慢	快

第三节　群 体 动 力

一、群体动力学的概念

美国心理学家和行为学家库尔特·勒温(Kurt Lewin)最早提出了群体动力这一概念,并将物理学中的力场运用到了心理学中,提出了一种关于人的"心理场"的观点。他认为,个体所处的群体环境是处于均衡状态的各种力的"力场";群体中的个体行为与个体独处时的行为是不同的,群体成员间存在着相互依存、相互作用的关系。

经过进一步研究,1938 年他提出,可以把个人行为看成是其自身的内部特征及其所处环境的函数,即

$$B = f(P \cdot E)$$

式中,B 代表个体的行为方向和强度,f 代表函数关系,P 代表个体的内部特征,E 代表个体所处的环境。

二、群体动力学的方法论意义

（一）实验的社会心理学

由于勒温等团体动力学家确立了对社会心理现象和团体生活进行实验研究的方法,因此群体动力学被称之为"实验的社会心理学",勒温也被称为"实验社会心理学奠基者"。团体动力学家面向社会现实,以实验和经验理论的结合为基础来解决具体

的现实问题,这对整个心理学的发展都有着深刻的意义。它大大突破了冯特对心理学实验的限制,促进了实验心理学的发展;它扩大了动力心理学的范围,使它成为社会心理学的一种基础;它使心理学更加接近了现实,能够更好地服务于人类生活。此外,实验的社会心理学既是团体动力学的主要方法或表现的方法论意义,也是团体动力学自身发展的基本条件。

（二）行为研究

勒温曾说:"团体动力学研究中心是应两种需要产生的,一是科学研究,一是具体实践。"团体动力学集二者于一身,这种研究与实践的结合与统一,被称之为行动研究。它是团体动力学研究的一种基本方法,也是一种指导思想和基本观点。就基本方法或称之为一种研究技术而言,行动研究的具体含义可概括为如下程序:从社会实践及社会实践的参与者中获取信息,经理论分析和实验研究后再将结果反馈到实践中去,以达到对实践过程或团体行为过程的影响。就指导思想、观点或方法论的意义而言,行动研究主张心理学不能单单只求对行为的解释,而且还要去发现如何改变人们的行为,如何使人们生活得更好。行动研究是以真正的现实生活为背景,以解决实际问题为方向的心理学研究,它把理论与实践联系了起来,把科学家和实干家结合了起来;它既注重科学研究,又注重具体行动。

（三）整体动力观

整体动力观是勒温场论的核心,也是团体动力学家所恪守的心理观。在勒温的心理学中,它蕴含着整体与动力的统一,结构与功能的统一,包含着对人的心理和行为动力的过程性,发展性和系统性的解释,一种整合心理学的倾向。团体动力学把所研究的对象看作是一个动力系统,一个格式塔;强调整体的特性,强调各部分之间的相互联系。"团体动力学"这一术语的基本含义,就是要把团体作为一种心理学的有机整体,并在这种整体水平上探求团体行为或人的社会行为的潜在动力。因此,团体动力学家致力于对团体目标,团体内聚力和团体压力等的分析和解释。从某种程度上说,这种整体动力观已基本上摆脱了在心理学中占统治地位的牛顿的物理观,而转向了以量子论和相对论为标志的新物理学的世界观。

三、群体动力学的基本特征

群体动力学家们有两个基本信念:① 社会的健全有赖于群体的作用;② 科学方法可用以改善群体的生活。从某种程度上说,这也是群体动力学之所以产生的两个必要前提。在这种意义上,我们可以把群体动力学的基本特征归纳为以下几个方面:

（1）强调理论意义上的经验研究。从学术传统上进行分析,群体动力学应属于经验主义范畴。以观察、定量、测量和实验为基础来研究群体,正是群体动力学家有别于涂尔干、弗洛伊德和黎朋等侧重思辨来研究群体的显著标志。但是群体动力学又不同于社会科学中极端的经验主义,它从一开始就十分重视理论的意义和价值,在实践中把理论建构和经验研究完整地结合了起来。

（2）注重研究对象的动力关系和相互依存关系。动力性研究是群体动力学最基本的特征,它不满足于对群体性质的一般描述,或对群体类型与群体行为的一般归类,而是要研究所观察的对象是如何相互依存的,群体中各种力的交互作用,以及影响群体行为的潜在动力、变化、对变化的抵制、社会压力、影响、压制、权力、内聚力、吸引、排斥、平衡和不稳定性等,都是群体动力学中动力性研究的基本术语。它们可以表示心理力及社会力的操作,在群体动力学的理论中起着重要的作用。

（3）多学科的交叉研究。严格地说,群体动力学不属于传统社会科学中的任何一门学科,它与心理学、社会学、文化人类学和经济学等都保持着较为密切的关系。各学科的发展都有助于群体动力学的研究。实际上,群体动力学既是一种多学科的交叉性研究,也是社会科学中的一次新的综合。

（4）把研究成果应用于社会实践的潜能。应用性是群体动力学的突出特征,大部分群体动力学家的研究都是为了促进群体的功能及群体对个体和社会的作用。尤其是随着"行动研究"和"敏感性训练"的推广,群体动力学的研究成果已被企业管理、教育、心理治疗、政府与军事等许多领域广泛采用。

四、群体动力的五要素

群体成员的互动会产生群体动力,构成群体动力的要素分别扮演着不同的角色。

（一）领导者

群体的核心是最有力量的人,他的想法影响重大,不论群体成员或是整个气氛都因他改变。能力更高的领导者可以协助保持群体的内外关系,促进成员的互动,以达到群体目标。他能提供计划、组织、协调、沟通、指导、激励、团结、考核等多项功能。

（二）群体目标

任何群体都有其群体存在或发展的目标。明确的目标能指引群体的方向,使成员共同投入时间及精力。反之,如果目标不明确,容易使成员因灰心而离开群体,甚至破坏群体。

（三）成员个别化特质

群体的形成必须由个别的成员组成,个别成员皆具备不同的背景、生活环境、人格特质、价值观。当个别成员加入群体后,在群体中与其他成员的互动,方能使群体的生命力源源不绝。

（四）环境

群体所处的环境,不论物理环境、心理环境或社会环境都会对群体产生影响。其中物理环境主要指空间大小;心理环境主要是安全感;社会环境则是群体中的次文化或小群体及群体外的城乡风土民情。这些因素或多或少都影响群体成员及群体的发展。

（五）群体结构

群体的结构可由几个维度来看:大小、规范和吸引力。群体越大,成员的意见越分歧,群体规范也就越重要;群体越小,成员间的联系越紧密,成员彼此的互动越多,群体气氛也越易营造,成员个别的需求越易满足。规范是在某个群体或社会情境共同认可的期待、想法或行为,也就是领导者及成员必须共同遵守的行为准则。吸引力,又称为群体凝聚力,包括四个因素:亲和、安全、需求、群体的资源及诱因,如群体目标;成员对群体有益及重要结果的期待;比较此群体与其他群体,明确此群体的优势。

五、群体动力学的基本观点

"群体动力学"的基本含义就是要把群体作为一种心理学的有机整体,并在这种整体水平上探求整体行为或人的社会行为的潜在动力。所谓群体动力理论,就是要论述群体中的各种力量对群体的作用和影响。勒温及其后继者通过实验研究,发现了群体动力的存在和作用。群体不是人们的简单集合,而是一个动力整体,是一个系统,其中某一部分的变化也会引起其他部分的状态发生变化。因此,不能借助于分析群体中的个体情况来达到对整个群体的分析。以此理论为基础,群体动力学的研究主要集中在以下五个方面:

（一）群体内聚力

群体内聚力是作用于所有成员并促进其参与群体活动的各种力的组合。群体动力学家一般将具有内聚力的群体描述为其成员为了一个共同的目标而一起工作,每个成员都愿意为群体分担责任,一致反对外来的攻击等。赋予诸个体一件共同的任务,在成员中造成一种友好的合作氛围,诸成员具有相同的背景和态度,经常的接触和交往,拥有共同的遭遇或不幸,都是形成群体内聚力的因素。一般来说,提高群体内聚力可以产生如下效果:① 群体成员的责任性行为;② 成员之间的相互影响;③ 价值取向的一致性;④ 成员安全感的发展;⑤ 群体生产力的提高。

群体内聚力的大小是可以进行测量的,目前最常用的方法之一是社会测量法。

社会测量法由美国社会心理学家雅可布·莱维·莫里诺(Jacob Levin Moreno)在1934年提出,从群体的角度定量地揭示整个群体人际关系状况(见图8-3),以及各成员在该群体内人际关系状况。社会测量法认为人与人之间的相互选择,反映着他们之间心理上的联系。肯定的选择意味着接纳,否定的选择意味着排斥。如果肯定的选择是相互的,那么接纳就是相互的,双方之间的心理距离也小。反过来双方心理距离就大。这里的心理距离即人际关系。这种相互接纳或疏远的人际关系会显著地影响群体的士气和效率。

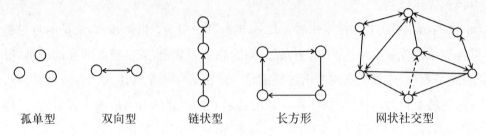

孤单型　　　　双向型　　　　链状型　　　　长方形　　　　网状社交型

图8-3　莫里诺人际关系类型图

影响群体内聚力高低的重要因素主要包括:① 群体的规模;② 成员的相似性;③ 领导方式;④ 外部的竞争和挑战;⑤ 群体内部的奖励方式和目标结构;⑥ 成员的相互作用。

(二) 群体压力与群体规范

群体压力是指群体对其成员的一种影响力。当群体成员的思想或行为与群体意见或规范发生冲突时,成员为了保持与群体的关系而需要遵守群体意见或规范时所感受到的一种无形的心理压力,它使成员倾向于作出为群体所接受的或认可的反应。

群体形成以后,为了保障其目标的实现和群体活动的一致性,就需要有一定的行为准则以统一成员的信念、价值和行为,这种约束成员的准则,就叫群体规范。群体规范是每个成员必须遵守的已经确立的思想、评价和行为的标准。这些标准为群体每个成员所公认,而且是每个成员必须遵守的。群体规范可以是在群体内正式规定的,但大部分是在群体中自发形成的,并且能潜移默化地影响着个人的行为及人格的发展,起着调节成员活动和关系的作用。

当个人在群体中因受到群体的影响和压力时,其在知觉、判断及行为上倾向于与群体中多数人一致,这种现象被称为从众。从众行为产生的原因:一是信息压力。在许多情况下,人们是通过别人获得外部世界的信息,甚至许多关于自己的信息也是来自他人。人们倾向于相信他人提供的知识和判断。在情境模棱两可、缺少参考构架的情况下尤其如此。二是规范压力。前面说过,群体成员都要遵守群体规范,谁也不愿成为越轨者或"不合群者",人们在群体中怕受孤立、惹人注目、丢面子或受惩罚,而愿意与群体规范相一致,与群体中其他成员保持相同的看法。此外,群体的规模、群体的凝聚力和个人在群体中的地位等变量,也是影响个体遵从群体中多数人意见的因素。

一般来说,该课题的研究重点是探讨群体的一致性。对此,群体学专家有三种解释:一是群体作为整体在很大程度上决定了个别成员的思想和行动;二是每个个体都倾向于像群体中的其他成员那样行事;三是个体在行动上与群体成员保持一致是受求同压力的影响。群体中的求同压力主要有两种:一种是当一个人发现自己的观点和行为与他人不同时所产生的内在压力;另一种是那些试图影响他人行为的成员所施予的外在压力。由于这些压力都直接导向群体成员的一致行为,所以通常又被归之于群体规范。

【案例分享】

阿希实验

社会心理学家曾做过一个实验。实验材料是 18 对卡片,每对卡片左边的一张画有一条线段(X),右边的一张画有三条不同长度的线段,其中有一条同左边卡片上的等长。参加实验的人坐在一群实验者充当的被试者中,辨认几组线段中哪两条一样长。在正常情况下,一般人都能做出正确判断,但当其他"被试"纷纷故意做出错误的判断时(这是实验者的安排),参加实验的人最后从众也做出错误的判断。

以上实验表明,有些人情愿追随群体的意见,即使这种意见与他们从自身感觉得来的信息相互抵触。群体压力导致了明显的趋同行为。

资料来源:Asch, S. E. Studies of independence and conformity:A minority of one against an unanimous majority. *Psychological Monographs*, 1956, 70(9):1-70.

(三) 个人动机与群体目标

任何一种群体都会有一种目标,一种存在和行动的理由。被群体所选定的目标在很大程度上决定该群体的行为,群体作用的发挥,成员对群体的依赖性,成员的态度和信心等。研究表明,群体目标与成员的个人动机是密切相关的,接受群体目标的成员会表现出最为强烈的需求动机,并努力为使群体达到目标而工作。

(四) 领导与群体性能

领导者的素质及其领导作风在所有的群体生活中占有非常重要的地位。在群体动力学中一般把领导作为群体的一种功能来研究,这涉及群体性能的发挥及群体生产力的高低。另外,对领导方式的研究将有助于解决如何调动群体成员内在活力的问题。

对群体有三种不同的领导方式:专制的领导方式、民主的领导方式和自由放任的领导方式。由于领导方式不同,其效果也不一样。一般而言,在专制的领导方式下,群体成员的自主性很小,成员之间的和谐度比较低,存在领导在与不在工作情况差别很大的问题,因而只能取得中等的效率。民主的领导者通过讨论和征求意见吸收群体中各成员的看法和建议,鼓励成员参与决策。领导者的主要职能是协调,即在成员之间进行调解和仲裁。在这种方式下,即使领导者不在,工作仍能平稳地持续前进。在自由放任的领导方式下,领导者的作用有点像情报交换站,其控制职能得不到发挥。在这种群体中,非生产性的活动很多,工作的进展不稳定,效率不高,成员之间存在过多的无原则的争辩和讨论。但这三种方式并不相互排斥,而是在不同的情况下可以选择不同的方式。

(五) 群体的结构性

当一个群体在其成员之间的关系安排上获得一种稳定时,它也就拥有了一定的结构。群体结构变量包括正式领导、角色、规范、地位、群体规模、群体构成。群体结构塑造群体成员的行为,使人们有可能解释和预测群体内大部分的个体行为及群体本身的绩效。群体中包含正常成员、非正常成员、领导成员和孤立者,其中,正常成员接受并遵守群体的绝大多数规范,非正常成员接受其中的某些规范而拒绝其中的一项或几项规范,但仍是群体成员之一,领导成员在保持群体的团结方面做出最大的贡献,而孤立者却基本上不属于群体,通常向往另外一个群体。

在这种意义上,有三种不同的因素与群体结构的形成有关:① 群体的工作效率,因为具体的分工将影响群体的工作效率;② 个体的动机和能力,个体的差异导致他们在群体中所扮演的角色的不同;③ 群体环境,群体存在的环境对其内部的结构有很大的影响。

六、群体动力的过程

任何一个群体要达到高效率仅仅靠良好的输入变量是不够的。群体成员如何一起工作,如何共同利用资源来达到组织目标起着非常关键的作用。生物学上有种现象叫复合现象(synergy),是指两种或两种以上的物质混合作用之后的效果,不同于各种物质单独效果的总和。社会助长和社会惰性两种对立的效应在群体动力过程中同时存在,而管理的目的就是要使群体互动过程的损失降低到最小,使过程收获达到最大。

（一）社会助长

社会助长（social facilitation），也称社会助长作用，是指个人对别人的意识，包括别人在场或与别人一起活动所带来的行为效率的提高。与此相反，如果别人在场或与别人一起活动，造成了行为效率的下降，就称为社会干扰（作用）。

最早以科学方法揭示社会助长现象的是美国心理学家特利普里特（N. Triplet）。他在 1897 年的研究中发现，别人在场或群体性的活动会明显促进人们的行为效率。他让被试者在三种情况下骑车完成 25 mile(1 mile＝1 609.344 m)路程。第一种情况是单独骑车计时；第二种情况是骑车时让一个人跑步伴同；第三种情况是与其他骑车人竞赛。结果显示，单独计时情况下，平均速度为每小时 24 mile，有人跑步为伴时，时速达到 31 mile。而竞争情景则无更大改善，平均时速为 32.5 mile。他在实验室条件下，让被试者完成计数和跳跃等工作，也发现了同样的社会助长作用。

但是，他人在场或与别人一起工作，并不总是带来社会助长作用。在完成某些任务时，他人在场会妨碍当事人的成绩表现。例如，解决复杂的数学难题时，他人在场会比独自完成的效率更低。

群体背景究竟是社会促进作用还是社会干扰作用，取决于工作任务的性质是否复杂、是否熟悉。如果工作为简单的机械操作或手工活动，当事人对业务比较熟悉，则群体的背景会造成社会助长作用。如果工作为需要一系列判断、推理的复杂思维工作，或者对任务不太熟悉，则群体背景的作用是社会干扰。例如，卡特莱尔等人（N. B. Conttrell, et al.）于 1967 年做了一项实验，让被试者独自一人和与群体一起两种情境中学习单词配对表。配对单词有两类：一类由同义词组成，学习起来非常容易；另一类由无关单词组成，非常难以学习。结果表明，在容易的工作上，群体背景有明显的助长作用；而在困难的无关单词配对的工作上，效果正好相反，群体背景带来了社会干扰，成绩反而不如 人独白完成的情况。

（二）社会惰化

社会惰化是指个人与群体其他成员一起完成某种事情，或个人活动有他人在场时，往往个人所付出的努力比单独时偏少，产生个人的活动积极性与效率下降的现象。美国心理学家达谢尔（J. F. Dashiell, 1930）曾用实验的方法测量拔河比赛中每个人的用力水平。结果发现，随着共同完成一件事情的人数增加，每个人的努力程度也会逐步下降。如果一个人独自参加实验，平均拉力可达 63 kg，如果是两人一起拔河，每人平均拉力下降到 59 kg，3 人时继续下降为 53.3 kg，8 人时人均仅剩 31 kg。也就是说，人们在群体工作时会比独自工作时付出更少的努力，心理学上把这种现象称之为社会惰化(social loafing)。后来的许多验证性实验都支持了这一结论,也就是说,社会惰化现象广泛存在于日常生活中。虽然在集体主义文化下(如日本、泰国、中国台湾等),个体所表现出来的社会惰化不如个体文化下强烈,但依然存在。

是什么原因导致了社会惰化呢? 一种解释是群体的情境会降低个体的被评价焦虑。当人们不单独为某事负责,或者不单独对其努力程度进行评价时,个人投入与群体产出之间的关系就变得模糊了,群体成员的行为责任被扩散,行为的动力也随之降低了,社会惰化就发生了。另一种解释是,群体成员相信其他人没有尽到应尽的职责。当成员觉得别人是懒惰的或者是无能的,就可能降低自己的努力程度,这样才会感到公平。

避免社会惰化的策略包括:① 任务专门化,使个体对群体的贡献可识别化。如果个体相信,自己的行为效率可以被鉴别出来,或是将个人对群体的行为贡献单独地测量,那么即使与群体一起完成某一项工作,也不容易产生社会惰化。② 缩小群体规模。因为相较于大群体而言,小群体中成员的个人绩效会变得更为明显,更为重要。而且较小的群体规模也潜在地增加内聚力,使那些想偷懒的成员更容易感受到为群体努力工作的义务。③ 增加工作的挑战性。面临极具挑战性和吸引力任务时,人们可能会认为付出自己的努力是必不可少的,懈怠程度因此而削弱。④ 使群体成员之间关系变得密切。如果群体成员彼此都是朋友而非陌生人,或成员都很认同自己的群体,那么社会惰化就会有所减少,合作的动机水平会更高。

思考题

(1)"三个臭皮匠,赛过诸葛亮",系统观中 $1+1>2$ 是什么原因?

(2)某些企业和组织群体中出现"裙带关系",如何看待? 对管理有何影响?

(3)人际交往之初,很多人会伪装自己;熟悉之后,坏习惯和矛盾逐渐暴露。这一现象从群体关系角度如何理解?

案例研讨

猪湾事件下的群体决策问题

1961 年 4 月,在美国中央情报局协助下逃往美国的古巴人在古巴西南海岸猪湾登陆,试图向卡斯特罗政权发动进攻,结果却以失败收场。在总结教训的时候,美国军部指责肯尼迪总统决策失误。事实上,这一决策是美国整个军方高层经过长时间讨论才得出的进攻计划。在这群体决策过程中,浮现出种种不利于做出正确决断的现象,以至于最后美国不得不为此次行动买单。

从群体决策的社会堕化角度可以得到以下结论:① 责任分散。猪湾事件的决策者是由肯尼迪总统、美国军方高层和美国中央情报局组成的群体,人数众多。他们在做出决策时,个体与其他群体成员所承受的社会压力被分散减弱了,每个人为错误决策付出的责任和代价也减少了,为决策倾注的心血随之减少。② 错误的社会认知。在群体决策中,决策者们往往会误以为其他成员在偷懒,在这种错误的社会认知下,他们搭便车心态会降低劳动的积极性。③ 评价顾忌。当同一个群体有其他人在场,人们往往会害怕组员们评估自己的工作。但像猪湾战争决策群体人数众多,个人可见性和个人努力的可衡量性较低,就算什么力都不出,也不可能被驱逐。因此他们的评价顾忌相对较弱,为决策做贡献的意识也减弱了。

资料来源:刘洁吟.群体决策中的群体动力学困境研究:以美国猪湾事件为例[J].新闻传播,2017(08):100-101.

请思考:

群体动力学困境研究对你有何启示?

第九章
群体决策

"世界上最快乐的事,就是为真理而奋斗",古希腊先贤苏格拉底一言道出人生的感悟。然而,这位擅长用思考直面人生的哲学家,最后却落得悲惨的命运:古希腊城邦的公民大会用陶片放逐法,决定放逐这位睿智的学者,相当于在精神和政治上宣判了他的死刑。对此,苏格拉底最著名的学生柏拉图提出了强烈的抗议,认为这是坏民主,令多数人丧失了理性的智慧,使得正义荡然无存,这是雅典"劣质化民主"政体下的群体决策导致的悲剧。那么,什么是群体决策呢? 什么样的群体决策导致了上述结果? 在本章中,我们介绍群体的决策行为,比较群体决策与个人决策的关系,同时探讨群体决策行为的影响。

第一节　群体决策的特征

一、群体决策的概念与影响因素

群体决策是指由两人或多人组成的群体通过共享信息、交互影响,按照一定的协商规则达成解决方案的过程。从认知加工视角看,群体决策本质上是群体成员处理决策任务信息、达成决策共识的信息加工过程。在企业或其他组织中,很多决策是在群体中进行的。做出群体决策的目标既可能是为了解决同一个群体内共同利益的问题,也可能是不同群体间的利益问题,从而为该群体后续的行为抉择提供具体的实施方案。因此,群体决策必然是更加复杂、更具难度的。

影响群体决策绩效的因素有很多:

(1) 群体的规模。研究表明,群体成员规模的大小,影响了群体决策的质量。群体的规模越大,群体成员之间的利益会愈发错综复杂。为了更好地协调不同成员的利益关切,群体决策会经历漫长的讨论过,以达成共识、形成群体决策偏好,从众多备选方案中选择所需要的方案选项。规模超过 20 人的群体决策,被称为大群体决策。研究者们认为,大群体决策面临的问题更加复杂,决策环境多样,决策的过程会面临很多不确定性,对群体决策绩效产生重要的影响。

（2）群体成员的能力禀赋。群体成员来自多元化的知识背景,所具备的业务经验、能力特质、人格特质和决策风格都存在差异,这些都影响了群体决策的最终效果及决策方案的执行程度。群体成员的异质性是指群体成员年龄、性别、知识背景等的独特性与成员之间的信任关系。信息决策理论认为,企业可以利用群体成员的异质性增强企业的竞争力,例如,可以通过性别差异可以识别出不同市场需求下的潜在用户,年龄差异可以对不同产品受众群体偏好进行基础划分,民族和宗教差异可以在商业计划中规避风险等。研究者们发现,群体成员的独特性与决策绩效具有正相关关系。因此,甄别出更优质的个人加入群体(如领域内的专家)、加强群体的培训,可以提高群体决策的质量。

（3）群体决策的规则和方法。达成群体成员意见的一致性是群体决策的关键前提。为了实现这一目标、做出更好的决策,群体决策的过程如何更好地反映成员的意见、改进修正决策方案,即群体决策的规则和方法,对群体决策绩效非常重要。"少数服从多数"是常见的决策规则,但是群体中权威型的领导主导群体决策的情形也不少见。此外,为了提高群体决策效能,研究者们提出了专家意见法、自由讨论(如头脑风暴)、辩证思维决策等不同的决策方法,它们对决策质量和决策的满意感产生了重要的影响。

（4）群体的关系结构。群体成员的组成结构影响成员之间信息交流的过程,从而影响各成员自己的判断,最终决定了群体的抉择。群体成员搭配不当,会使得群体成员发生冲突,影响工作绩效。群体成员的关系结构按成员特质可以分为异质性结构和同质性结构,同质性会增加成员之间的合作,有利于营造融洽、和谐的群体氛围,有利于群体决策的进行;异质性能够为群体带来更为广泛的知识和能力,对于解决复杂问题提出创新的方案十分重要。按照权力维度可以将群体成员分为领导者和被领导者,缺乏领导的群体将导致"群龙无首"的局面,难以应对复杂的决策情境。我们将在第十一章"领导行为与管理"中具体介绍。

（5）群体成员间的社会互动。现实中很多决策是在群体成员之间的互动下做出的。社会互动是指个体通过动作或语言表达某种交流的意图,而对方理解这种意图并做出恰当的回应,从而达成有意义的社会交流过程。通过社会互动实现充分的信息交换,是实现理性群体决策的前提。在群体中,决策者们的社会互动过程获取言语或非言语的信息,据此推断对方的真实意图,以帮助决策者更好地管理、加工潜在风险,从而做出理性决策。围绕着不同的维度,可以将社会互动结构细分为任务结构(独自行动和同步行动)、交互结构(轮流行动和同时行动)和目标结构(合作和竞争)。不同结构下的互动过程,影响了群体内部成员之间及群体之间的信息交换,对于群体决策的绩效具有至关重要的影响。

此外,研究者们还发现互动的媒介也会影响决策绩效。例如,计算机辅助沟通和群体成员进行面对面交流两种情境下,群体决策的质量呈现出了显著的差异。但是,在不同关系结构的群体中,互动的媒介带来的影响是不同的。2020年以来,新冠疫情的肆虐,国内外的企业、学校纷纷采用线上办公、远程教育等形式维持日常运转。厘清潜在群体的关系结构,选择适当的互动媒介渠道,对于保证群体在新冠疫情危机下的行为表现和决策绩效具有现实的意义和应用价值。

二、群体决策的理论模型

数十年来,来自社会心理学家、工业与组织心理学家和管理学家们对群体决策,尤其针对团队决策,做出了大量研究,构建了丰富的理论模型,有助于我们深入理解群体决策的内在过程、优化实际生产生活中的群体决策绩效。

社会决策图式(Social Decision Scheme,SDS)是美国学者约翰逊·H. 戴维斯(James H. Davis)提出的关于群体决策如何整合的理论框架。社会决策图式主张关注群体成员讨论前的成员偏向分布对最后群体决策的预测作用,选择出一种最符合的决策图式。该类研究始于模拟法庭陪审团的团队决策,团队成员观看犯罪嫌疑人的录像信息后,首先各自独立填写问卷,对其是否有罪进行判断;而后由若干位成员组成一个陪审团对犯罪嫌疑人是否有罪进行讨论,接着各成员进行投票表决,最后团队应尽量努力达成一致决策。社会决策图式聚焦群体成员意见的整合,但是忽略了群体成员之间进行信息交流的过程。

基于信息共享的任务,美国心理学家加罗德·斯塔瑟(Garold Stasser)提出了信息取样模型,主张群体决策需要对共享信息和非共享信息进行充分的讨论。成员先根据自己获得的信息做出选择,然后与群体成员讨论,最终共同做出一致的选择。在信息取样模型中,信息分配、信息负荷、信息共享程度、群体规模以及群体讨论的开展形式都是影响群体决策绩效的影响因素。例如,当讨论形式是无结构时,群体讨论往往会出现偏移,如朝着分享信息方向偏移,或者朝着群体讨论前的决策偏好的方向偏移,容易产生非理性的决策偏差。

上述两个群体决策模型关注了群体成员之间进行信息交流的环节和过程,但是没有充分考虑群体决策外部环境的变化。在实际生产生活中,群体所处的外部环境瞬息变化,每一个决策环节都可能面临着崭新的问题和挑战。多层次团队决策理论(Multilevel Theory of Team Decision Making)弥补实验室任务研究中环境的单调、静态性。该理论认为,为了理解群体的决策,不能忽视复杂的动态环境,以及群体成员之间的分工角色。研究者们模拟了海军的命令和操作任务,每位成员关注任务不同方面的信息,做出自己的判断并向领导报告,领导者根据所有成员的报告信息做出最终决策。在上述过程中,团队的信息水平、成员有效性和层级的敏感程度是决定群体决策效能的关键因素。2019 年,热门国产影片《中国机长》的原型故事、四川航空3U8633 航班机组成功处理特情的真实事件,生动展现了多层次团队决策理论的现实意义:在万米高空突遇驾驶舱挡风玻璃爆裂脱落、座舱释压的极端罕见险情,机长在高寒、缺氧和巨大噪音的恶劣环境中人工操作;乘务组在客舱中用手势建立联系,对每个区域逐一确认,将客舱旅客都做好了自身保护的信息传递给了乘务长;安全员持续保持高度警惕性,观察、了解、注视整个客舱旅客的动态,避免客舱中因其他因素的风险再次影响飞行安全的事故发生,最终飞机以近乎完美的曲线安全降落,堪称世界民航史上的奇迹,也是我国民航业勇担社会责任的重要体现。多层次团队决策理论适用于组织中对安全敏感的团队,如飞行机组,手术组,消防队等,一旦在沟通、决策上产生失误就可能会造成严重后果,加强每个环节的培训,可以提高群体决策的质量。

除了常见的小规模团队、组织决策,研究者们对大群体的决策行为也进行了研究,认为大群体决策问题的复杂化,使得决策依据、决策指标体系更加多样,并且面临着不断动态演化的决策环境,决策信息难以及时、精确地传达、共享。大群体决策问题的特征为群体决策带来诸多不确定性,引发较高的决策风险。从决策成员心理行为的角度出发,有学者运用后悔理论、前景理论对决策成员的心理行为和风险态度进行测量,并将决策成员的风险态度分为风险寻求、风险中性、风险规避三种类型。拥有不同的风险态度,在进行讨论的过程中提供的决策偏好信息也会存在显著的差异。此外,在大群体决策过程中,多数人的意见未必完全正确,因此有必要对持少数派意见的群体进行风险测量,从而进行不同程度的调节,以进一步降低决策风险、对大群体决策方案形成更大范围的共识。

在大数据时代,突发事件发生后社会公众得以通过社交媒体参与决策过程。随着信息技术的发展,短期内瞬间爆发的海量公众评论数据对大群体风险决策具有较高的参考意义。因此,可以运用大数据技术识别大群体决策者的决策偏好,筛选出风险中性的群体成员构成新的决策者群体,从而更加科学地降低决策风险。

第二节　个人决策与群体决策的关系

人们通常会认为群体决策可以聚合、吸取群体成员的智慧，从而做出更加理性的抉择，这就是所谓的"三个臭皮匠，顶个诸葛亮"。然而，历史和经验告诉我们，事实有时候并非如此。法国心理学家、思想家古斯塔夫·勒庞在 1895 年出版的著作《乌合之众》中甚至认为，当个人身处并融入群体之中，所有个性都会被群体的特质所淹没，呈现出情绪化、无异议、低智商等特征。真理有时掌握在少数人的手里，此时还完全托付给社会精英来决策？为了回答这一问题，我们有必要厘清个人决策和群体决策的区别与联系。

一、群体决策的优缺点

群体决策具有以下显著的优势：

（1）汇聚更加全面的知识、信息和经验。通过汇总多方的资源和信息，可以为决策者们提供丰富的建议，有助于提高决策的科学性。

（2）面对问题和挑战，群体决策可以提供更多的解决方案。群体的异质性带来了更多的建议和观点，通过讨论可以从不同的角度形成更多的解决方案，为解决问题、化解风险提供更多的思路。

（3）群体决策增强决策的正当性。群体成员广泛的参与决策过程，使得群体最终做出的决策具有更强的合法性、正当性，将得到群体成员的拥护。

（4）提高解决方案的接受程度，有利于解决方案的推行。参与群体决策的成员，对于群体做出的决策具有更高的接受度，并且会发挥社会影响鼓励他人支持、接受该决策。

与此同时，群体决策也存在以下缺点：

（1）费时。群体决策过程费时费力，为了达成一致的意见，往往要经过较长时间、更大范围的讨论。

（2）少数人垄断。群体的领袖如果具有强硬的领导风格，或采取独裁式的决策风格，那么群体决策的过程往往会被领导者把持、垄断，使得群体成员间的沟通讨论受阻或流于表面，无法凝聚群体的智慧。

（3）形成从众决策的趋势，压抑不同的、少数的或不受欢迎的观点，以建立一致的表象。群体决策的初衷是集思广益，不同的观点经过充分的交换和讨论，提高决策的科学性和创造性。但是在实际中，群体决策的过程容易形成从众决策的趋势，群体成员缺乏激励,不愿意积极参与讨论、提出新观点,而是选择附和;或者简单地依从权威专家的观点、受到误导,以求达成群体观点的一致性。群体思维削弱了群体中的批判精神,损害了最后决策的质量。

(4)模糊的责任。当群体超过10个人时,个体可能会感觉到对群体负有较低的个人责任。群体决策使得参与决策者责任分散,风险共担,即使决策失败也不会由一个人单独承担,加之权责往往不够分明,所以有研究认为,群体决策不如个体决策谨慎、保守,做出的决策往往具有更大的冒险性。

群体决策的缺点有可能成为一个群体、组织事业发展的绊脚石,甚至是"压死骆驼的最后一棵稻草",曾经叱咤一时的共享单车平台企业 ofo 小黄车的失败便是其中一例。无桩共享单车平台,基于大数据平台实现了手机端的共享出行服务,一度被媒体誉为"21 世纪中国新四大发明"之一,ofo 小黄车便是其中的代表,一经推出便赢得多轮数十亿美元的融资,收割数百万用户和流量。然而,在多年激烈的市场竞争中,小黄车惨败退军。知名企业家、腾讯集团的主要创办人马化腾对此分析认为,ofo 小黄车的真正死因在于群体决策的失败,尤其是决策团队各方拥有五个一票否决权,使得企业重大经营管理决策无法顺利通过,决策过程费时费力,企业的弊端积重难返。一票否决权的滥用,也使得群体决策被少数人把持、阻挠,最终导致了企业的失败。如果你是决策者,你将如何对这家企业的决策过程进行改革,以挽救企业的生命?

二、个人决策与群体决策的权衡

群体决策与个人决策有各自的优点和缺陷,在组织中群体决策得到了广泛的应用,但是这二者究竟谁更加行之有效呢? 是否整体一定大于部分之和? 这就势必要考虑决策的效能问题。

从决策的速度、时间角度出发,群体决策的效率相对较慢,需要付出更高的时间成本;从准确性的角度出发,群体决策往往更具优势,优于一般的个体决策。然而,值得注意的是,群体决策的准确性并非永远优于个体决策,群体中的优秀成员做出的判断通常比群体决策更加准确。但是群体决策往往会汇聚众人的智慧,做出的决策更具有创造性。因此,在复杂的情境中,面临困难和挑战,决策者应当权衡群体决策与个人决策的利弊,依据现实情况分析是解决当前问题的准确性更重要,还是速度更加迫切,从而合理地选择进行群体决策,或直接做出个体决策。

实现群体决策的良好效能,需要统合个体决策与群体决策的关系。有关研究发现,群体信息加工受到社会动机的影响,而社会动机具有引领信息筛选方向、影响信息提取和分享的驱动作用。社会动机可以分为合作动机和利己动机。持有合作动机的个体会认为群体其他成员也都是为群体目标而努力的,为群体达成最优结果和最佳效益而积极行动。在一个群体中,持合作动机的成员数量越多,信息分享程度就越高;相反,持利己动机的成员,会刻意"扣留"所掌握的重要信息,为使自己优先获得绩效而出现隐瞒甚至说谎行为。在群体中少数表现糟糕的成员会干扰其他成员的表现,产生"坏苹果效应"。这或许说明,群体中利己成员不仅自身表现差,还可能对合作成员产生负面影响。在现实中,一个群体内成员所持有的社会动机倾向往往不尽相同。因此,在群体决策中,努力实现群体成员社会动机一致性,将有力地统合个体决策与群体决策的关系,从而促成群体决策共同目标的实现。

如果群体中持利己动机的成员数量越多,群体信息分享程度越低、决策质量更差,那么可以采取问责措施来抑制这种负面影响。问责是对行为主体进行责任追究,预防和及时化解失责行为及不良后果的工作机制。过程问责是针对行为主体在完成任务过程中的违规或不利于目标达成的言行进行责任追究;结果问责是针对行为主体完成任务的数量、质量或效率上的不良结果进行责任追究。研究表明,过程问责更能有效提升判断与决策质量。但也有研究表明,过程问责和结果问责的效果差异往往取决于决策的任务性质和个体差异等因素,过程问责优于结果问责并不是一个绝对的结论。因此,对于一个有经验的管理者来说,需要综合过程问责和结果问责,有效地分担群体决策过程中每个成员的权责,可以推动个体更好地为群体决策的效能贡献力量。

第三节　群体决策的策略与偏差

一、群体决策的策略

群体决策具有鲜明的优势和缺陷,运用并掌握具有创造力、结构化的群体决策策略、技术,可以帮助管理者更好地进行群体决策,减弱群体决策的负面作用。头脑风暴和名义小组技术是常用的群体决策策略。

(一)头脑风暴

头脑风暴是用于群体决策、鼓励创造性思维的技术,可以弱化群体思维产生的从众压力,旨在营造畅所欲言、发表见解的氛围,使得大家的观点和看法就像疾风暴雨一般知无不言。因此,延迟评判和量变酝酿质变是头脑风暴的基本原则,延迟评判保证了大家大胆地提出观点,任何人不得对解决方案提出批评,后者使得不同的观点碰

撞擦出火花,激发出高质量的决策方案。头脑风暴的具体过程是:

（1）由6~12人围桌而坐,由领导者或者主持人讲明面临的具体问题、相关背景,以及本次讨论的主题。在这一阶段,主持人应当扼要地介绍有待解决的问题,介绍时须简洁、明确,不可过分周全,否则过多的信息会限制人的思维,干扰思维创新的想象力。

（2）畅谈阶段。在规定的时间内,每个人大胆发表个人见解,所有的观点都会被记录下来,通过对记录的整理和归纳,找出富有创意的见解,以及具有启发性的表述,供下一步畅谈时参考。为了使大家能够畅所欲言,需要制订的规则是:不要私下交谈,以免分散注意力;不妨碍他人发言,不去评论他人发言,每人只谈自己的想法;发表见解时要简单明了,一次发言只谈一种见解。主持人首先要向大家宣布这些规则,随后引导大家自由发言,自由想象,自由发挥,使彼此相互启发,相互补充。

（3）会议结束后的一定时间内,主持人应向参与者了解大家会后的新想法和新思路,以此补充会议记录。然后将大家的想法整理成若干方案。经过多次反复比较和优中择优,最后确定1~3个最佳方案。这些最佳方案往往是多种创意的优势组合,是大家的集体智慧综合作用的结果。

由此可以看出,头脑风暴若想取得成功,既需要每个成员大胆发表创造性的观点,也需要保证每个参与者耐心倾听他人的观点,无论有多么天马行空,都不能随意打断、评判,这样才能激发创造力。

（二）名义小组技术

名义小组技术,又被称为名义群体技术,即群体只是在名义上存在。名义小组技术要求在做出决策的时候,每名成员先独立地提出解决方案,不受他人的影响写在卡片上,保证个体决策的独立性。随后,提交给群体上述想法,并且大家开始讨论,进行评估和分析。大家看到的只是具体的各种观点,但是无法得知每个观点是谁提出的。每个成员都不出声,独自对上述观点进行排序,以秘密投票的方式进行表决,并由主持人宣布结果,排名最高的观点就是最终的决策方案。

进行名义小组讨论,首先,需要事先做好充分的准备,活动过程中要组织得当。其次,对任务的陈述要准确、清楚,并且要写在纸上以便所有人员都能够看见。认真完成每一个步骤,以避免减弱该方法的使用效果。最后,管理者需要监督每个讨论群体在规定的时间内完成每一步骤。进行名义小组讨论时,整个活动过程要坚持公正平等的原则,确保群体决策的参加者在讨论过程中提出的各项建议是积极而富有建设意义的。

名义小组技术的特点是每个成员都有参与群体决策的均等机会,讨论的过程独立发表个人看法,不会受到他人的影响,有研究认为名义小组技术优于头脑风暴策略。但是,值得注意的是,名义小组技术也不可避免地存在缺点:决策的程序僵硬代办,可能耗费时间;由于需要独立做出决策,成员无法通过交流碰撞观点。名义小组技术适用于彼此不太熟悉、缺乏合作氛围和技巧的群体,例如初创团队,因为他们无法使用其他的策略产生高质量的决策方案。

头脑风暴和名义小组技术的共同点是:有效激发个人的创造力和想象力;投票决定备选方案为所需方案;鼓励每个人独立思考,广开思路;群策群力,众人拾柴火焰高。头脑风暴和名义小组技术的不同之处也值得注意:头脑风暴法提倡参与者大胆提出观点,不怕做不到,就怕想不到,注重点子的数量而不是质量;名义小组技术将个人独立思路放在首位,适合在领导高层决议分歧严重、僵持不下时使用。

基于上述特点,在实践中,管理者如采用头脑风暴需要注意的问题是时间成本不好控制;考验主持人的领导力与执行力;主题容易偏离目标。管理者若要采用名义小组技术,需要格外注意参与决策的人的能力与岗位是否相称;参与者的权利与责任是否相称;任何议题最后都由管理者拍板决定,如果管理者习惯"一言堂",小组讨论则形同虚设。

现在,假设你是一个初创团队的管理者,计划通过群体决策确定公司的选址。目前的备选方案是:

方案 A:公司选址位于市中心核心地段,交通便利,但是租金昂贵,面积较小。该地段商业繁华,与产业单位协作、沟通方便。团队成员大多居住于郊区,通勤时间较长。

方案 B:公司选址位于城市郊区地段,距离市中心和产业区较远,靠近地铁站和大多数成员的居住区。租金颇具性价比,面积充裕,甚至可以部分出租,为公司带来额外的收入。

作为团队的管理者,你将采取怎样的群体决策策略来确定选址方案,并采用什么样的决策程序实施上述决策过程?

二、群体决策的偏差

群体决策并非是完全理性的。有时候,群体决策不仅不能成为智慧与智慧的相加,反而将错误及其后果无限放大。"集体的力量"经常会让群体决策失灵而误入歧途。

(一)群体思维

美国心理学家欧文·贾尼斯(Irving Janis)发现,群体在进行内部封闭式讨论时,人们倾向于让自己的观点与团体保持一致,而那些创新、大胆的观点往往会被压制,使群体的思维流于简单化和片面化，这会让决策者无法从客观的角度分析问题，最终做出不合理甚至荒谬的决策。这个现象被称为"群体盲思"，亦称为群体思维。群体思维指的是群体中的从众压力使得该群体难以批判性地评估那些不同寻常的、由少数人提出的或者不受欢迎的看法、观点。

在对历史上重大失败的群体决策案例进行研究后，贾尼斯发现那些深受"群体盲思"之害的群体往往会呈现出以下三个共同的特征：

（1）对群体的高估。群体成员对群体的能力及道德品质盲目乐观、过分自信，产生了"我们的群体坚不可摧"的幻觉。让他们更愿意冒险，并坚信群体所做出的决策是正义的，并且不存在伦理道德问题。

（2）封闭保守。群体会把过去的成功等同于未来的成功。当作出决策时，他们会把更多时间花费在如何将此决策合理化，而不是重新审视和评价这项决策。同时，他们对竞争对手常持有刻板印象，如认为他们是邪恶、无能或愚蠢的。

（3）寻求一致的压力。寻求一致似乎是人类的本能，这让他们扼杀他人甚至是自己的不同观点。

在一个著名的行为实验中，参与者被要求指出 A、B、C 三条线中哪一条与左边的直线长度相等——答案是 C。然而当被试者发现其他人（其实是实验者安排好的"演员"）选择明显错误的 A 或 B 选项时，真正的被试者也常常会不由自主地选择和他们一样的选项。在群体中，当人们发现自己和其他成员的观点不同时，比起质疑他人，他们更愿意进行"自我审查"，并把其他成员的沉默当作是同意大家的观点，产生全体一致的错觉。

如果你是管理者，你将如何采取有效的管理手段来规避、弱化群体思维呢？首先，保持群体内部各成员的多样性。来自不同背景的成员在进行沟通交流时，可以提出多元化的观点，避免群体思维的单一趋向。尽管这种方法会使得群体内部的交流稍有混乱，但是善于运用多样性，将有助于提升群体决策的绩效，甚至避免重大决策失误。其次，合理、开放的决策规则的运用，可以弱化群体思维。例如，鼓励大家畅所欲言，充分发表不同的观点，再由群体的领导发表看法。还可以为决策过程设立一位特殊的议事角色，负责对所有人提出的观点"吹毛求疵"，以激发群体的创造力，使得群体减少抑制不同的观点，防止出现群体思维。最后，管理者可以合理分配群体成员肩负的责任，提高群体的凝聚力。

在进行群体讨论的时候，还有一些具体的操作方法，可以防止群体思维。时常将群体分成小组，并将他们分别聚会拟议，然后再全体聚会交流分歧；如果问题涉及与对手群体的关系，则应花时间充分研究一切警告性信息，并确认对方会采取的各种可能行动;预备决议后,应召开"第二次机会"会议,并要求每个成员提出自己的疑问;决议达成前,请群体之外的专家与会,并请他们对群体意见提出挑战;每个群体成员都应当向可信赖的有关人士就群体意向交换意见,并将他们的反应反馈给群体;几个不同的独立小组,分别同时就有关问题进行决议(最后在此基础上形成决议,以避免群体思维的不良影响)。

此外,越来越多的群体决策应用了计算机辅助支持技术。采用群体支持系统(Group Support Systems,GSS)和群体决策支持系统(Group Decision Support System,GDSS)技术,可以弱化群体决策的非理性偏差。例如,GSS过程中的匿名强度与群体绩效的关系,由于群体思维对群体绩效存在着负效应,因此,有理由认为GSS和GDSS能够有效地防范群体思维,为群体思维的防范提供了解决方案。

随着群体决策理论研究的不断深入,以及对群体决策行为特征、机理的不断揭示,人们对群体思维这种现象的认识也越来越清晰。以GSS和GDSS为特征的群体支持工具的不断发展,也为群体思维的防范提供了有力的工具。但是,任何防范措施都是以弄清被防范主体的本质为前提的。由于目前对群体思维的本质还缺乏足够的认识,因此,关于如何防范群体思维这一方面的研究,很有必要继续深化,而且应和群体思维本质的研究紧密结合。

(二)群体偏移与群体极化

除了群体思维,群体偏移也是群体决策常见的非理性决策偏差之一。群体偏移指的是群体成员在决策过程中放大自己最初的立场,呈现出比个人决策时更加冒险或更加保守的倾向,亦被称为"群体极化"。群体极化是指群体在讨论备选方案进行决策的过程中,容易增强群体成员达成一致的倾向,群体成员倾向于放大自己最初的观点。群体极化可以视为是群体思维的一种特殊的形式。群体决策容易放大每个成员最初的立场,使得决策倾向于冒险;但是极化的方向是更保守还是更加冒险,取决于群体成员在进行决策讨论前的立场和倾向。倾向保守可能是因为担心承担责任,倾向冒险则可能是由于责任的分散和权责不清,使得任何人都不用实际承担决策的后果,从而"人多胆壮"。此外,群体极化的倾向也可能受到群体中的领导者,或者少数几个关键成员倾向的影响。

现在为大多数学者所接受的理论主要有两种:社会比较理论(Social Comparison Theory,SCT)和劝服性辩论理论(Persuasive Arguments Theory,PAT)。社会比较理论指出,参与讨论的群体成员会比较自己的观点和群体内其他成员的观点,并根据这种比较对自己的观点进行适当修正,使自己观点朝大多数人观点的方向(或感知到的群体所期望的方向)移动。

如此,群体讨论中并不存在真正的观点之间的争辩,而是只要群体成员接触到其他成员的不同观点就会使得自己的观点发生漂移。群体成员只要接触他人的不同观点即可产生观点漂移的结果。

劝服性辩论理论强调群体成员的决策是建立在对信息的获取和思考的基础之上。根据这一理论,群体成员在讨论时会为自己的观点寻找并表达具有说服性的论据,持不同观点者所表述的正反两方面的论据都会呈现在参与讨论中的群体成员面前,而群体成员的最终决策便是取决于对这些论据的辨析与思考。因此,在劝服辩论理论中,论据对于群体成员的决策具有决定性的影响。在这一过程中,论据的"说服力"(指论据能在多大程度上导致群体成员改变自己初始观点的效能)至关重要,而论据的说服力又取决于论据的有效性和新颖性。因此,根据劝服性辩论理论,经群体讨论所做出的群体决策是否会朝某一特定方向发生偏移取决于在群体讨论中具有说服力的论据的数量。如果在群体讨论中所展示的占多数的有说服力的论据与群体成员的初始观点一致,那么群体就有可能朝着原来的方向进一步偏移,从而造成群体极化的现象;如果展示出的占多数的具有说服力的论据与群体初始观点相反,那么群体讨论后的决策将会朝着与初始观点相反的方向偏移,从而产生去极化的现象。

(三)内群体与外群体偏见

内群体偏好,是指比起外群体的人,个体会更喜欢内群体成员。在"我们"这个概念的引导下,个体会更加认同来自同一群体成员的行为和观点,而对于与内群体的态度不一致的外群体,产生偏见、不认同等非理性的态度倾向,即外群体贬低,从而影响群体的判断和决策。外群体贬低很容易导致错误共识效应,即内群体可能会错误地认为全天下的人都认同"你们"内群体的看法,且对来自外群体的人充满偏见,认为他们的行为和观点一无是处。

外群体贬低与外群体同质性偏差密切相关,个体总是认为自己比别人更具有多样性一样,那么群体也会认为他们自己的成员比其他群体的成员史具多样性。这与群体成员数量、内外群体成员之间的熟悉度都无关。外群体同质性偏差的一个重要结果是加深了刻板印象,这种倾向在国际关系中尤为普遍。前人研究认为,群体比个体更依赖代表性直觉,个体水平的直觉和偏差在群体决策和判断中仍然发挥着作用,有时在群体中产生的偏差比个体做出的非理性偏差还要大。

思考题

(1)群体和团队的区别是什么?

(2)什么是社会惰化、社会助长? 简要比较社会惰化和社会助长二者的异同?

案例研讨

产品上市策略之争：跨国公司决策小组如何达成共识

在一家跨国公司，市场部门提出了一项新产品的上市计划。这个产品经过了市场调研和产品开发阶段，看起来很有潜力，但是在决定是否推出市场时，管理层遇到了分歧。为了做出决策，他们组织了一个决策小组，由公司高管、市场部门和研发部门的代表组成。

情境描述：

决策小组开始了讨论，不同部门的代表提出了各自的看法和观点。市场部门的代表强调市场调研数据显示该产品有很大的市场需求，并且目前竞争对手尚未推出类似产品，因此应该尽快上市。他们认为，如果能够及时推出，公司将能够抢占市场先机，获得更多的市场份额。与此同时，研发部门的代表表示，虽然产品在概念上很有吸引力，但在技术上还存在一些问题。他们认为需要进一步完善产品，以确保质量和性能达到公司的标准。他们担心如果产品推出时存在技术缺陷，将会给公司的声誉和市场地位带来负面影响。另一方面，公司高管关注的是投资回报率和风险控制。他们认为，尽管市场需求存在，但是如果产品推出失败将对公司财务造成不利影响。因此，他们强调需要仔细评估市场前景和潜在风险，并制定相应的风险管理策略。

在这个决策过程中，各个部门代表就各自的观点和利益进行了激烈的讨论和辩论。每个人都试图为自己的观点辩护，并努力说服其他人支持自己的立场。管理层与市场部门和研发部门之间的分歧愈发显著，决策小组陷入了僵局。

在这种情况下，决策小组可能需要更多的时间来深入讨论和分析各种因素。他们可能需要进一步收集信息，进行市场调研和技术评估，以便做出更加全面和准确的决策。最终，他们必须共同努力，寻找到一个既能满足市场需求，又能确保产品质量和公司利益的平衡点。

决策过程：

决策小组进行了多次会议和讨论，各方就产品上市的利弊展开了激烈的辩论。市场部门强调产品的市场潜力和竞争优势，提出了快速上市的方案，以抢占市场先机。研发部门则认为需要更多时间来解决技术问题，保证产品质量和性能，提出了推迟上市的建议。高管们则权衡了投资回报率和风险，对上市计划的可行性进行了全面评估。

决策结果：

经过多轮讨论和分析，决策小组最终达成共识，决定推迟新产品的上市。他们认为需要进一步完善产品，确保技术和质量问题得到解决，以降低上市失败的风险。同时，他们也决定继续监测市场动态，随时调整上市计划以适应市场变化。

资料来源：作者自编

请思考：

（1）你认为决策小组做出的决策是否合理？为什么？

（2）在群体决策中，你认为有哪些可能的决策偏差？该如何避免这些偏差？

（3）如果你是决策小组的一员，你将如何提出你的观点和建议？

第十章
团队管理

独木不成林，天才固然重要，但一个组织、群体的成功，离不开众人的智慧和付出。当人们在一起工作的时候，团队是为混乱带来秩序的重要策略，成为当今世界广受欢迎的组织行为模式。本章探讨团队管理的心理规律，可以了解团队在具体决策过程中的表现，找出影响团队决策的因素，以帮助组织中的团队更有效地做出决策。

第一节　团队的类型与结构

团队由两个或两个以上的、动态的互动以达成共同、有价值的目标、目的和任务的人组成。团队具有鲜明的特征：团队成员之间存在相互协作并相互影响的关系；团队成员的个体技能具有互补性；团队成员分享共同的价值观和共同的目标；团队成员为共同的目标相互承担责任；团队的整体绩效大于所有个体绩效的总和。

在组织中，各个团队是整个系统的一部分，团队与群体并不完全相同。在工作中，群体成员进行互动以分享信息、制定政策，帮助每个成员更好地完成自己的职责。因此，群体的绩效是所有成员个人贡献之和，每个成员只需要完成自己的本职工作即可。相应地，团队要求每个成员共同努力，发挥协同作用，以实现团队的绩效大于每个成员的绩效之和。团队的意义在于群体成员间相互沟通、信任和责任承担，产生群体的协作效应，从而获得比个体绩效总和更大的团队绩效。因此，仅仅把某一群体改称为某一个团队，无益于提高整体的绩效。团队管理要求管理者有效整合团队资源，是协调团队成员达成目标的过程，这就要求管理者正确认识团队的类型、依据不同的结构合理设定团队的目标和责任，以实现更大的团队绩效。

一、团队的类型

组织中,根据不同的需求,可以将团队分成常见的四种类型:问题解决团队、自我管理型团队、跨职能团队和虚拟团队。

(一)问题解决团队

问题解决团队是指组织成员就如何改进工作程序、方法等问题交换看法,对如何提高生产效率和产品质量等问题提出建议。问题解决团队的核心目标是提高生产质量、提升生产效率。最初常见于制造业工厂,后来逐步拓展到不同的行业领域。

(二)自我管理型团队

自我管理型团队通常由10～16人组成,他们承担着以前自己的主管所承担的职责。一般来说,他们的职责范围包括控制工作节奏、决定工作任务的分配、制定一线的工作决策、对发现的问题采取措施。随着经验的增多和业务的扩张,团队需要超越操作性事务,开始改进团队的任务安排,建构新的奖励体制,为扩张计划提供建议。完全的自我管理型团队甚至可以挑选自己的成员,并让成员相互进行绩效评估。当这种类型的团队建立时,以前主管的职位重要性就下降了,有时甚至可以取消这个职位。

值得注意的是,对自我管理型团队效果的研究并没有一致表明这种团队会带来积极效果。一些研究表明自我管理型团队的有效性部分取决于对团队促进行为的奖励程度。例如,一项研究观察了45个工厂的自我管理型团队后发现,当团队成员认为经济奖励取决于其他人的共同努力时,无论个人还是团队的绩效都会提高。还有研究探索了自我管理型团队对于成员行为的影响,结果发现,尽管这些团队中的成员对于工作满意度高于其他员工,但是他们的缺勤率和离职率有时也很高。

自我管理型团队也有其优点和缺点。优点是:增进了员工的灵活性;工作分类减少;操作效率提高;缺勤率和离职率降低;高水平的忠诚度和工作满意度。缺点是:建立一个真正且有效的自我管理型团队所花费的时间较长;培训自我管理型团队需要较高的投资;由于工作循环,导致团队早期效率低下;一些员工特别是强调个人主义文化价值观的员工,可能无法适应自我管理型团队的结构。另外,原来的管理者在自我管理型团队中,权力会被削弱甚至消失,个人工作受到威胁。

(三)跨职能团队

跨职能团队是把各种工作领域具有不同知识、技能的员工组合起来共同发现问题、解决问题的团队。跨职能团队的成员通常来自组织中的多个部门,任务是解决需要各个部门共同协作才能解决的问题。跨职能团队可能会设计与实施质量改进方案、开发新产品和技术、提高作业效率或把各个职能部门联系起来以增强产品创新、服务创新的能力。跨职能团队使得组织内部不同领域的员工能够交流信息,激发他们采用新办法解决问题,齐心协力完成复杂的项目。然而,由于需要高度协调,跨职能团队的管理并不简单。因为成员在组织中处于大致相同的级别,造成了领导权力的模糊性。因此在权力转移发生之前,需要建立一种信任的氛围,从而保证领导权力的转移不会产生不适当的冲突。跨职能团队的发展初期往往耗费了许多的时间,这是因为团队成员需要在复杂多样的环境中应对、解决问题。传统的跨职能团队的优势是有来自不同学科、掌握不同技能的个体可以共同努力实现共同的目标。当这些成员的独特观点被采纳的时候,这些团队的效率和绩效可能会非常高。

（四）虚拟团队

虚拟团队是利用数字媒介技术,将不同地方的成员联系起来以实现某个共同目标的工作团队。在工作中,虚拟团队进行线上协作,利用线上社交软件、电话会议系统、电子邮件等方式进行远程工作。虚拟团队的管理方式应不同于办公室中的面对面团队,因为虚拟团队的成员可能不会按照传统的层级模式进行互动。这就要求管理者确保这种类型团队是实现目标的最佳选择,并且应在整个协作过程中发挥监督作用,密切关注团队的工作进展。

2020 年以来,由于新冠大流行的肆虐,为应对新冠疫情而采取的封闭隔离措施使得组织中的团队成员居家办公成为常态。2020 年 9 月,世界大型企业联合会(The Conference Board)调研了 330 多名美国大型企业的人力高管,发现 1/3 的人预测到 2021 年春季他们所在的企业会有至少 40% 的员工远程办公;其中 36% 的人表示,他们现在愿意雇用完全远程工作的员工。居家办公使得组织对虚拟团队的需要比日常时期更迫切。然而,长期的居家办公,也对团队成员的心理健康带来了挑战——乏味、社交隔离与倦怠情绪。2020 年的一项调查显示,不与同事一起办公的居家员工,最担心协作和沟通能力弱化、寂寞感增强,以及无法及时从工作状态中切换状态。同时研究显示,远程办公的员工虽然在效率和生产力上有所加强,但在创造力、创新、团队协作、信任和同理心等难以衡量的方面会有所减弱。面临上述挑战,管理者如何有效管理成千上万的分散的虚拟团队呢?

美国哈佛商学院教授泽达尔·尼利(Tsedal Neeley)认为:"我们与同事面对面接触的时间越少,纽带、信任和协同问题就越顽固和迫切",但她也认为,基于研究的最佳实践有助于弥合这些差距。比如,"启动碰头会"——由领导者主导的公开讨论,远程团队成员在会议上阐释共同目标、个人角色、限制、资源和协作常态。尼利建议团队尽可能地进行视频沟通,鼓励不同意见,并在小范围讨论上花更多时间来建立信任。

二、团队的结构

团队的结构规定了成员的角色和行为。通过结构可以解释和预测成员的行为，以及团队和成员的绩效。团队的结构包括：

（一）团队领导

确定各个成员的具体任务，并且与成员个体的技能相匹配，需要团队的领导者发挥这一作用。领导者的特征，如人格特质、敬业度、领导风格与团队绩效有密切的关系。

（二）团队角色

不同的团队有不同的需求，在挑选成员的时候，应当确保所有必要的角色都得到分配。团队中关键的角色可以分为九种：联络者、建议者、维护者、控制者、生产者、组织者、评估者、推动者、创造者。为了使团队成员实现良好的协作，管理者需要了解每一名成员的专长和优势，挑选合适的团队并为其安排匹配的工作任务。

角色匹配会引发管理者对成员的角色期望，以及成员对管理者或者团队的期望，从而形成非书面的心理契约。管理者对团队成员的角色期望一般包括期望成员有良好的工作态度，服从管理者的安排，对组织有较高的忠诚度；成员对管理者或者团队的期望包括期望管理者公平对待员工，提供合理的工作条件和报酬。如果未满足相对应的期望，有可能会产生矛盾、冲突。

（三）团队成员的多样性

团队成员构成上的特性又被称为异质性，创新往往来源于异质的碰撞。因此，团队多样性非常重要。麦肯锡的研究表明，与本行业的中位数相比，性别均衡的企业获得更佳财务回报的概率要高出15％，种族多样性的企业获得更佳财务回报的概率要高出35％。团队成员的多样性可以反映在更为广泛的维度，如性别、种族/文化、年龄层次、知识与教育背景、社会地位、认知偏好等。但应当注意，多样性也可能影响团队成员间发展信任关系，容易产生冲突和权力斗争。因此，团队管理者应当注意在部分维度上保持适度的差异，不要过于求同或极端分配，这样有利于团队结构趋于稳定，保持团队的凝聚力。

（四）团队规范

为了保证团体目标的实现，团体本身必须有制约其成员的思想、信念与行为的准则，这种每个成员都必须严格遵守的思想信念与行为准则就是团体规范。一项对国内多个城市183名IT企业研发人员的调查表明，团队在知识共享方面形成的规范，显著影响研发人员的知识共享行为，并进一步显著影响研发人员的创造力。

一个成功的团队到底靠什么胜出？有学者认为这个问题的答案是团队规范，即成员对于整个团队该如何表现、如何运转协作所达成的共识,这比成员组成更为重要。一个"好团队"与"坏团队"之间,最大的差异点就在于成员之间如何对待彼此。好的团队规范可以提升团队的群体智慧;反之,有缺陷的团队规范则会毁了这个团队,即使里面的所有成员都极其优秀。

(五)团队的规模

大多数专家认为,提高群体有效性的关键在于维持较小的团队规模。从规模上通常把团队分为大型团队和小团队,小团队规模一般是 2～7 人或十几个人,并没有清晰的边界。团队规模的变化,可能会影响到团队的特性,如规模增大使得团队的多样化和异质性增加,沟通可能会变得复杂,有可能会产生更多的冲突。当人数过多时,团队的凝聚力和相互信任程度就会下降,社会惰化现象就会增加。

此外,随着规模的增大,团队中每个成员付出的努力相应减小,从而产生了"社会性懈怠"或社会惰化的效应。它所带来的负面影响,除了我们能直接看到的团队绩效的降低,更为严重的是对组织及社会资源的极大浪费。不仅使人才得不到有效利用,还间接地导致社会财力、物力的损失。这可能是由于人们觉得别人没有尽力,为求公平就减少了自己的努力、投入。根据公平理论来看,人们常常习惯把自己所付出的努力和得到的奖励,与别人或自己过去付出的努力和所得到的奖励进行比较,如果比较的结果认为是不公平的、不合理的,就会产生不公平感,影响其积极性的发挥。如果把别人看作是懒惰的或是无能的,就可能会降低自己的努力程度,这样才会觉得公平。"傻瓜效应",也是一个造成社会惰化的体现,有时优秀的成员会选择在团队中敷衍了事,因为他们不希望被其他成员占到便宜。还有一种解释是由于个体觉得团队的绩效只有很少一部分归功于个人,个人的业绩难以衡量,这就使得成员顺势搭上群体努力的便车,滥竽充数。有效的团队会让成员在团队和个体两个层面对团队的目的、目标和行动方式承担责任,从而削弱社会惰化。

(六)团队的工作任务

团队工作任务的性质,如复杂性、相互关联性,会影响团队的绩效。任务越复杂,越需要成员加强沟通、协调;相互关联性越强,越需要成员之间加强写作,最大限度减少团队冲突。因此,通过改善团队工作任务的内容、方式、性质和工具可以改变工作任务的复杂性,有助于团队绩效的提高。

【课堂讨论】

现在,假设你被公司任命为一个由 100 名研发人员构成的技术团队负责人,你们要承担一项非常重要的工作项目,摆在你面前的有两个方案:

方案一：将100人全部安排进这个项目，提供良好的项目管理、领导力。

方案二：在团队中找到愿意参与此项并且具有专长的关键成员，让他们承担此项目。此外，解雇其余的人，将节约下来的费用为关键成员提供优质的资源和条件。

你将如何选择，并且为什么要这么做？如果选择方案二，那么你将挑选多少名成员作为关键成员？请你在确定团队规模的同时，分配好每一名成员的角色和具体的工作任务。

第二节　团队合作、竞争与冲突

一、团队合作

团队内部顺畅地完成各项目标，离不开每一个成员协调一致，共同努力完成工作。团队合作指的是当团队成员工作相互依赖时，他们作为任务团队一起合作，培育形成相互依赖的氛围。

在组织内出现团队合作，取决于组织促成合作，以及在团队内部营造相互依赖氛围的程度，在团队内部，个体需要彼此才能实现共同目标，这对良好的合作关系至关重要。同时，也和团队领导者对于团队合作的态度密切相关。如果团队领导者支持、倡导团队合作，并愿意提供、接受合作反馈，那么下属成员也会效仿，表现出合作倾向和合作行为。研究发现，当出现合作氛围时，解决问题的团体要比竞争氛围浓厚时更友好、更加专注。团队内部的合作不仅对团队的绩效具有重要的意义，而且可以促进团体间的合作，即在一个团队内部建立起来的合作关系，在该团队后来与另一个团队互动时也会继续存在、发挥作用。

为什么相互依赖的氛围如此重要？这是因为相互依赖的氛围意味着整个团队共享相同的价值观。相互依赖，即要求团队成员为达成共同的愿景目标需要相互协作并共享资源。这是团队最为本质的特征，也是许多团队出现问题的根源。在组织中，相互依赖可能会带来风险；在团队中，相互依赖可以提高团队的核心竞争力，使得成员之间相互借助彼此的优势和付出，实现团队共同的任务目标。因此，高效率的团队中每个成员会视彼此为相互联结的整体，而非单独的孤立个体。成功的团队是由意识到团队的效率是有自己决定的成员所组成的，取决于每个人的共同努力。

在为共同目标而合作的条件下，打造高效的团队，需要加强内外部要素的建设，涉及的要素有支持性的环境、分明的角色和相匹配的技能、合理的目标设定及对团队的奖励回报。支持性环境，主要体现在四个方面：奖励、信息、教育、资源。具体而言，奖励，必须与团队"互相依赖"的本质特点相呼应。团队管理者提供的奖励应当基于团队整体表现的出发点设定奖励，这有利于形成成员在考虑问题时，从"我们"而不是从"我"的角度考虑。信息，对于团队来说，就相当于维生素，是团队开展工作的基本要素。组织必须建立必要的机制，确保团队能够及时获得开展工作所需要的信息，否则团队决策时不是面临信息不足就是面临信息过载的问题。教育培训在任何组织、任何团队中都非常重要。为了帮助团队成员具备开展工作所需要的技能，组织必须建立长期的培训体系来帮助员工掌握基本技能。资源主要是物质资源，如必要的办公场地、办公设施等，以支持团队正常开展工作。此外，组织必须分配足够的权力，以允许团队成员做出和实施决策。上述要素需要针对不同结构的团队有机结合，对成员表现和团队绩效具有重要的影响。瓦格曼教授曾研究过美国施乐公司的售后服务中心，发现强调单打独斗的团队，因为明确了每一位维修技师的职责，这些技师有着非常强的主人翁意识。客户对这些技师的表现感到非常满意。同样的，鼓励团队成员协作的团队因为强调知识与经验分享，其设置的奖励制度也鼓励大家为集体结果共同担责，他们取得的绩效也不错。

团队合作也会带来潜在的问题。团队合作的成功与否，与不同的组织和团队的结构密切相关，合作项目的实施如果没有充分考虑其适用性，单纯追求新的程序被引入，而不是试图使现有的程序更好地工作，这类项目通常会在短期内带来团队绩效的小幅度提升，但不会带来长期的改善。其次，在组织中，团队对于合作项目的实施并非完全顺畅，甚至会抵制此类决策、改革的推行。有效的工作团队需要支持高质量绩效的规范和为成员提供社会支持的团队凝聚力。然而，绩效标准差的团队可能效率不高，对变革的抵抗力也可能很高。低水平的团队凝聚力可能会限制团队成员的合作能力，而高水平的团队凝聚力可能会降低团队成员的绩效导向并影响决策。

因此，管理者不能高估团队合作的有效性，过度积极地看待团队合作，会使得团队的推行超出了团队的价值。它们被用来解决每一个组织问题，而不管它们是否是组织工作的适当方式。这意味着许多团队在不适合团队合作的组织环境中运作。组织的决策者们可能因为推行团队，而忽视了对组织层面的变革，或忽略对团队外部支持性环境的建设，使得团队合作的成果大打折扣。团队并不是每个组织问题的解决方案，它们也不是自动成功的。团队成功依靠于一个目标，一个需要共同努力、互补技能和相互承担责任的共同目标。当团队的目标是促进团队合作（过程目标）而不是确定的绩效结果时，组织就会陷入困境。

二、团队内部的竞争与冲突

（一）团队内部的竞争

团队成员间的关系具有双重性，既有合作关系也有竞争关系。个体为了获得比其他员工高的回报，员工经常会将他们的同事看作是竞争者和威胁者，组织的奖惩制度和组织的层级结构通常也会强化团队内的竞争关系。团队成员的报酬增加和地位提升取决于团队成员相对于其他成员的表现，团队中的奖金和晋升的主要标准要看销售人员的业绩，这使得团队成员往往将业绩突出者看作是自己的竞争对手，认为他们对自己的薪酬、地位及晋升都造成威胁。竞争关系往往降低团队成员间的信任，使团队成员之间产生一种潜在的危机感。

团队成员之间的合作与竞争对于团队效率的发挥具有重要意义。当团队成员之间的工作具有互补性时，合作对团队的作用大于竞争的作用。基于团队成员业绩的相对比较的晋升机制不可避免地会在团队成员之间产生竞争，而竞争对团队合作是有害的。但是团队成员之间的竞争有可能会提高团队的效率，竞争有利于团队成员充分发挥其潜能，努力工作，有助于增强团队的竞争意识，增强团队的活力。尤其是当团队的产量难以精确衡量时，用相对业绩比较可以避免共同误差。

那么，管理者应当如何正确处理团队内部成员的合作与竞争的关系呢？首先，必须清醒地认识到团队作为一个有机的整体，需要各个成员的协同合作，只有这样才能够提高团队效率，取得更高的团队绩效。其次，团队是由若干个个体组成的，每个人都有争强好胜之心，提倡适当的内部竞争可以激发成员的工作积极性，使团队业务取得长足的发展。但如果一味地坚持主导内部竞争，并不排除会引发内部恶性竞争，这不仅会极大的影响团队内部成员之间的关系，挫伤工作积极性，引发团队内部冲突，更严重的可能会导致一个团队的最终瓦解。

（二）团队内部的冲突

冲突指的是当一方感到对方对于自己关心的事情已经产生或将要产生不利影响时发生的一个过程。人们在组织中会经历目标不一致、对行为预期的不一致、对事实的解读存在分歧等各种冲突。团队内部冲突是团队人际关系的晴雨表，即成员之间因任务划分、人际冲突、个人利益等方面而在情感、语言、行动上产生的负面情绪或正面矛盾。团队是为了特定目标而组合在一起的相互依存、相互作用的组织，所以成员之间的冲突是不可避免的问题。如何有效地处理和解决团队冲突是任何团队管理者都必须掌握的一项基本技能。

团队内部冲突产生的原因主要包括：① 团队的内在机制不健全性。团队的最主要特点是成员关系平等、自主决策、自由沟通、彼此协调、相互控制、流程清晰等。团队工作的这些特点要求一种新的工作模式,如果还是采取传统的工作模式,如权力至上、等级分明、竞争过度等,则冲突不可避免。② 团队成员工作的相互依赖性。一个成员的行为结果会受到其他成员的影响,而贡献又不可以独立测量,这就不可避免会产生"偷懒"和"搭便车"等现象,使冲突的发生成为可能。③ 团队成员的异质性。团队内由于人与人之间存在着各种各样的差异性(包括知识、经验、岗位职务、信息来源、看问题的角度和方法、所处的环境等),对同一个问题会有不同的看法和处理方式,于是就产生了矛盾。这种由差异产生的矛盾激化到一定程度就会导致团队冲突。

但是,冲突并非全是负面的。根据冲突的影响,可以分为良性冲突和恶性冲突。良性冲突能够支持群体、团队的目标和绩效的实现或提高,是具有建设性的冲突。例如,如果独特性的观点可以得到公开的讨论和比较,那么团队成员之间关于提高生产效率、解决共同难题的讨论或辩论可以认为是一种良性冲突。妨碍群体、团队绩效的冲突是恶性冲突,例如,在团队中为了争夺控制权而导致手头任务分散的个人斗争就属于破坏性的恶性冲突。团队内部的冲突并非是洪水猛兽,适度的良性冲突甚至有利于团队绩效的提升。这是因为团队冲突具有积极的意义:① 暴露团队存在的问题,增强团队活力。一定程度的冲突能够将团队中存在的问题和不足暴露在成员和组织面前,许多隐藏和潜在的矛盾在冲突状态下明朗化。冲突激励着每个人都去积极思考所面临的问题,从而易产生许多创造性思维。② 团队内的冲突是创新的重要源泉。作为创新的重要来源之一,团队冲突为工作的创新提供了机会。团队冲突的发生与存在,暴露出团队工作进展中存在的问题。透过冲突现象,人们能够发现团队管理中存在的不足,从而具有改正缺点、完善提高的机会。③ 冲突还对新规范和新制度的建立具有激发功能。冲突创造新的规范和价值观念,校正权威和权力中具有破坏性的因素,有利于团队的绩效。

因此,科学的团队管理,一方面要限制和防范破坏性冲突的发生;另一方面,可充分利用良性冲突带来的创新机会和有效能量,实现团队的进一步发展。团队的管理者从团队创建起初,应当充分把好用人关。在多数的团队中,成员们更倾向于维持和谐,更愿意将冲突化解而非鼓励冲突的存在。而培养和谐氛围的最佳途径是确保团队成员认同团队的目标,注意选择在信念和价值观方面与团队成员相似的新成员。在挑选新人时,注意选择那些在技能和目标方面与组织目标相关的人员,确保团队成员接受并符合组织的标准,确保团队成员有志于组织的成功。

此外,在团队实施过程中,团队的管理者需要建立起行之有效的冲突解决系统。对于良性冲突,管理者可以尝试以下方法:① 识别是否存在真正的分歧。很多明显的冲突都是因为人们在讨论同一件事情时采用了不同的措辞,成功的冲突管理会认识到上述差异,并努力化解差异、鼓励开放、坦率的沟通,关注共同的利益而非问题本身。② 让对立的群体选择解决方案中对他们来说最重要的部分,然后把关注度和重点放在满足各方的首要需求上。任何一方都无法完全得到自己想要的,但是每一方都会实现对自己来说最重要的部分。③ 能够成功解决冲突的团队都会开诚布公地讨论观点分歧,并且事先做好准备,使得冲突发生时对其进行有效的管理。

成功的冲突解决系统具有一个共同的特征,就是团队的资源、目标和需要得到评估,形成团队特有的、信息充足的系统。冲突综合性管理系统一般有以下三个发展阶段:团队评估、系统设计和评价。团队评估阶段最为重要,不仅能够唤起团队对这个系统的支持,而且对系统的设计提供了指导,也为系统实施搜集信息,并为评估建立起评估框架。评估阶段要考虑影响的人们、冲突发展的趋势和成本、现有的资源以及该系统的目标。在勾勒出一个综合性系统之前,应该先进行数据的收集、分析和检验。

【案例分享】

如何监督团队成员是否合作?

团队成员是否合作或者偷懒对于团队产量的影响效果都是一样的,可以认为团队成员的不合作行为是一种特殊形式的偷懒。如果监督是可行的,可以监督员工是否在努力干本职工作,那么有理由相信委托人能够监督团队成员是否与其他人采取合作行动。假定工人总共的努力水平一定,知道了工人在本职工作中的努力水平,也就可以知道工人的合作努力程度,或偷懒程度。因此,解决有委托人的团队合作问题有两种研究思路:一是引入监督者,即让委托人成为剩余索取人并监督工人是否合作;二是通过适当的激励机制加以解决。委托人的作用不在于监督团队成员,而是为了打破预算平衡,使得激励机制发挥作用。因此,监督团队成员是否合作本身有一定的难度,有时甚至成本高昂。

张朝孝和蒲勇健发表在《管理工程学报》的一篇研究关注了团队合作与激励结构的关系。激励结构是影响团队竞争与合作的重要因素。团队成员竞争的一个严重的负面效应就是拆台。奖金差距越大,团队成员拆台的动机也越强;奖金差距越小,拆台的动机就越弱。为了赢得竞争,团队成员可以努力工作,提高自己的产量,也可以通过拆台来减少竞争对手的产量。按理可以将这种拆台的努力用来增加自己的产量,如果没有可行的机制在不损失效率的情况下阻止这些员工拆台,则拆台不可避免。正如军备竞赛一样,赢得战争的价值越大,每个国家就会投入更多的资源到战斗中去。这些附加的资源是没有生产性的,他们减少其他国家的产量而不改变战争的结果。

研究者们通过团队成员相互拆台的博弈模型分析,发现能力越强的员工,其努力水平和拆台水平都较高。因为努力和拆台的边际成本均低于对手,具有进攻性的员工虽然会努力工作,但是其不合作的程度也相当高。这代表了一部分员工的能力特征,即具有较强的个人能力,能够独立工作,但不善于与人共事,在团队生产中不协调。相反,努力工作及拆台的边际成本高的员工,不如前一类员工那样善于独立工作,但善于在团队中与人积极合作。善于合作的员工的边际成本高的原因也许在于这类员工具有团队友爱精神,善于替他人着想,甚至是利他主义者。当他们要拆台时,会感到内疚。这种类型员工的性格是企业长期教育的结果。没有受过这种教育的人其拆台的边际成本低,为了赢得竞争,他可投入更多的精力拆台。而他努力工作的边际成本低,有可能是在总的努力水平一定的条件下,将大部分精力拆台,本职工作的努力相对较低,因此处于边际成本曲线的较低部分。或者因为团队合作需要干额外的工作,不合作的人只干本职工作,这种专业化的工作使边际成本曲线下降。

因此,我们可以初步认为,激励结构与团队成员是否合作存在着相互作用的关系。增加计件工资率和晋升奖金差距有利于激励团队员工努力工作,但是也会加剧员工之间相互拆台的问题。减少计件工资率和晋升奖金差距有利于降低团队员工拆台的积极性,但是也会降低员工的努力程度。

如果员工具有足够的初始财富或信誉,团队员工相互拆台而团队合作又相当重要,则在均衡状态下企业不应当用晋升奖金来激励团队成员努力工作,企业给员工支付相等的固定工资并用计件工资来激励员工努力工作。如果团队不存在拆台问题,为了降低产量衡量的误差对员工的风险成本则在均衡状态下,只应对员工支付固定工资和晋升奖金,就足以激励员工努力工作。

当相对业绩比较会带来拆台的后果而团队合作又相当重要时,企业的劳动力组织应当按照产品进行划分,而不是按功能进行划分。按产品划分团队,并在团队中缩小奖金差距以鼓励合作,在团队之间则可尽量引入竞争机制。

资料来源:张朝孝,蒲勇健.基于职业观念的隐性激励机制[J].管理工程学报,2004,18(4):50-54.

第三节　团队建设

团队建设就是有计划有组织地增强团队成员之间的沟通交流,增进彼此的了解与信赖,在工作中分工合作更为默契,对团队目标认同更统一明确,完成团队工作更为高效快捷,围绕这一目标所从事的所有工作都称为团队建设。

一、团队建设的意义

团队建设的意义在于:① 团队具有目标导向功能。团队精神的培养,使团队成员齐心协力,拧成一股绳,朝着一个目标努力。② 团队具有凝聚功能。任何组织群体都需要一种凝聚力,团队精神则通过对群体意识的培养,通过团队成员在长期的实践中形成的习惯、信仰、动机、兴趣等文化心理来沟通人们的思想,引导人们产生共同的使命感、归属感和认同感,反过来逐渐强化团队精神,产生一种强大的凝聚力。③ 团队具有激励功能。团队精神要靠成员自觉地要求进步,力争与团队中最优秀的成员看齐。而这种激励不是单纯停留在物质的基础上,还要得到团队的认可,获得团队中其他成员的尊敬。④ 团队具有控制功能。团队成员的个体行为需要控制,群体行为也需要协调。团队精神所产生的控制功能,是通过团队内部所形成的一种观念的力量、氛围的影响,去约束规范,控制团队成员的个体行为。

二、团队建设的策略

（一）形成共同目标

建议高标准的共同目标,需要综合两个人或多人的共同努力才能够实现。它可以集中成员的注意力,统一努力方向,形成更加紧密的团队,使得每个人都能以团队目标的实现为己任。

（二）激励措施强化合作意愿

团队持续的执行力离不开充分有效的激励机制。管理者要充分运用多样化的激励手段,强化团队的合作意愿。一是注重及时激励。在团队成员完成某项工作目标取得成果后,需在第一时间予以肯定和激励,增强成就感,激发其后续的热情与动力。二是注重精神激励。在物质激励的同时,要给予荣誉授予、公开表彰、事迹报道等精神性奖励。三是注重激励的公正性。组织和团队要在激励条件和标准等方面形成一套清晰、明确、有效的激励体系,以便让团队成员可以"对号入座"树立自己的目标,同时也减少管理者在激励工作上的主观化、个人化。

（三）保障团队良好的沟通

团队沟通就是团队内部各个成员通过口头或非口头的方式输出、接受、解读信息来实现成员之间的交流分享，以达到增进彼此了解、完成团队任务的一种方式。通过沟通，成员之间可以相互分享各自的看法和信息并拼凑成新的信息，最终形成异质性的认识，同时还可以增加对团队其他成员的了解，促进目标和利益的同一性。

在群体和团队中，沟通的功能是控制、反馈、情绪表达、说服和信息交换。要想有效地发挥沟通的作用，需要对成员维持某种形式的控制，提供反馈以激励员工，为他们提供情绪表达的方式，监控个体的说服行为，并鼓励信息交换。沟通可以是垂直方向的，也可以是水平方向的。在垂直方向上，沟通可以分为上行沟通和下行沟通。上行沟通是信息流向更高层级的沟通，员工利用他向上级提供信息反馈、汇报工作进度、报告存在的问题。上行沟通使得管理者能够了解员工如何看待其工作、同事以及整个团队、组织。团队的领导者和管理者向成员分配目标、提供工作指导、解释规章制度、指出需要注意的问题，以及提供工作绩效反馈时使用的都是下行沟通。横向沟通则是同一个工作团体、群体成员之间、不同工作群体但处于同一层级的成员之间的沟通。横向沟通可以节省时间和促进协调。

当前团队沟通的方式主要有口头形式和书面形式两种。口头形式多以开会、面谈方式为主，从实际情况来看，无论是口头形式还是书面形式都没有取得良好的效果，这主要是因为采用的沟通方式比较单一，员工的积极性不强，而且也没有真正地将沟通的理念和情感投入进去，从而导致沟通的效果较差。比如说开会，在有些公司中开会是常态，每天会开各种各样的会，不仅浪费时间，而且还起不到良好的效果，员工对开会的积极性是非常低的。也有的公司开会仅仅是流于形式，完全没有任何意义和价值。因此，在团队沟通管理中需要不断丰富沟通的方式，使沟通真正达到良好的目的和效果。

要加强团队的沟通，需要做到：① 建立团队成员共同认可和遵守的沟通机制，明确每个成员都是利益相关方，培养团队成员的主动性和责任感。② 提升成员的沟通能力，能用简洁明确、重点突出、富有逻辑的方式传递想要表达的信息。③ 熟练地掌握和运用现代化的沟通协作手段，提升团队沟通的及时性、即时性、便捷性和高效性。相较于传统沟通对时间和地点有特定要求，现代化的协作办公软件在团队协作中具有沟通面广、及时高效、可追踪可回溯等明显优势。

尽管有些团队也非常重视沟通管理，但是却没有一个明确的制度，导致团队沟通毫无章法，效果不佳。为此，在团队沟通管理中还需要健全沟通管理制度，这样可以帮助员工进行更加高效的沟通。健全团队沟通管理制度可以从以下几个方面入手：

① 双向沟通机制。双向沟通是基础的沟通方式,也是最容易实施的,信息的发出者和接受者在沟通中双方地位不断变换,如交谈、协商。增加双向沟通可以让员工充分表达自己的意见和看法,从而激发员工内在的潜能。同时,还可以使员工更加了解领导,提升对领导的满意度,双向沟通对于员工及企业自身发展都是比较有利的。因此,在团队沟通管理建设中首先需要建立双向沟通机制;② 沟通培训机制。如今很多公司都能够认识到团队沟通管理的重要性,但是却很少有公司建立沟通培训机制,在团队中每个成员的沟通能力和水平参差不齐,这也就会在一定程度上影响团队沟通的效率。为此,开展沟通培训工作是非常有必要的,提升员工的沟通能力,让他们掌握沟通的技巧,这不仅有助于团队沟通管理,而且对于员工自身的成长发展也是比较有利的;③ 沟通反馈机制。沟通有结果才能算作是有效沟通,在团队沟通中往往一些员工会出于自己的职位身份或者是其他因素,而不敢提意见或有阳奉阴违的行为,为了避免发生这种问题,有必要建立完善的沟通反馈机制,从而有效提升沟通的有效性。

（四）做好团队的时间管理

拖延行为普遍困扰着个体和团队,成为团队执行力建设的拦路虎。破解拖延症,需建立起组织的最后期限机制。如果没有明确的最后期限、没有将最后期限与相应的奖惩举措挂钩,很多工作都将难以按期推进,甚至不了了之。因此,管理者应将工作事项按照轻重缓急加以区分,然后科学地指定相应的最后期限,督促团队做好时间管理。

（五）信任是团队成功的最重要的决定因素之一

团队成员间的相互信任是其进行知识、信息共享的主要动因,互相信任程度越高,团队成员越是能够积极交流沟通彼此之间的看法及建议,使得他们更倾向于共享资源,有利于团体内部的知识、信息共享。对于企业高管团队的研究发现,高管团队内部相互信任、交流和认知的统一,能够缓解内部不和谐因素,有利于将高管团队获得的外部信息在企业内部更好地转化并发挥作用,从而有利于科学决策的制定。

（六）加强团队学习,打造学习型团队

团队学习是指团队成员不断获取知识、改善行为、优化团队体系,以在不断变化的环境中使团队保持良好生存和健康和谐发展的过程。在当前复杂多变的环境下,人们已经越来越认识到组织学习和学习型组织的重要性,并从多个不同的方面（如组织学习的内涵、方式、过程、障碍、测量、方法、工具,以及建立学习型组织的系统方法）进行研究和实践,取得了相应的研究成果。团队作为学习型组织中的重要主体之一,是组织学习的基本单位,组织中各团队的学习对整个组织的学习能力和学习型组织的建设具有重要的影响。

团队学习包含四个阶段：分散阶段、汇集阶段、整合阶段和持续阶段，以及四个过程：建立或重新建立思维框架、实验、跨越边界和整合不同观点。也有学者提出了团队学习的八个过程：获得信息、执行信息、传播信息、主动忘却、逻辑思考、产生灵感、深入洞察和形成记忆。团队学习是一种有意识、系统和持续的行为，任何团队都具有某种学习行为，但很多情况下是无意识的，而有意识比无意识具有很大的优越性。团队学习应该是一个系统的过程，包含多个方面的学习，是持续不断的行为。

此外，团队学习行为分为内部学习行为与外部学习行为：前者是指团队成员关注绩效以实现目标、获取新信息、检验假设及创造新的可能性的行为；后者指团队搜寻新信息或向外部相关人员寻求反馈的行为。

学习型团队是指团队成员能够有意识、系统和持续地不断获取知识、改善行为、优化团队体系，使团队在变化的环境中保持良好生存和健康和谐发展的团队。打造学习型团队，需要不断提高团队学习能力。团队学习能力是指团队成员不断获取知识、改善行为、优化团队体系，以在变化的环境中使团队保持良好生存和健康和谐发展的能力。任何一个团队要在变化的环境下保持良好的生存和健康和谐的发展，必须具有九种相互影响的学习能力：发现能力，即团队发现内外环境变化及这些变化给团队带来机会和挑战的能力；发明能力，即团队提出应付内外环境变化各种新措施和方案的能力；选择能力，即团队面对应付内外环境变化各种新措施和方案进行优化选择的能力；执行能力，即团队将优化选择出的新措施和方案付诸行动的能力；推广能力，即团队在其内部将知识和经验从局部传播到更广范围来共享的能力；反思能力，即团队对过去发生的事情进行总结归纳形成规律和知识的能力；获取知识能力，即团队根据自身发展需要对外部知识进行辨识、获取和吸收的能力；输出知识能力，即团队根据自身发展需要向外部输出自身知识和经验的能力；建立团队知识库能力，即团队在其内部对知识进行积累、分类、整理和存取的能力。研究表明，团队学习的各子能力间存在正相关关系，要从整体上提高团队学习能力，需要同时提升九种子能力并使它们之间保持协同关系。

思考题

（1）团队的类型是互斥的还是相互重叠的？例如，跨职能团队可以成为自我管理型团队吗？

（2）团队知识库应当包括哪些内容？

案例研讨

远程办公对团队管理的影响

在《管理心理学》课堂上,老师要求同学们针对虚拟团队进行远程办公展开了辩论。此次的辩题是:远程办公模式到底是使团队管理变得更简单还是更复杂?

首先进行的是双方立论环节。

正方观点:"远程办公使团队管理更简单"

正方认为,远程办公的技术和方法正在逐步成熟,这让管理者能够从繁杂的工作事务中解脱出来,更好地去关注团队的目标与效率,提升整个团队的绩效,去实现企业和个体的双赢。

具体而言,第一,智能化时代的专业化、精细化分工催生了远程办公的需求;第二,市场和环境的不确定性,团队管理效率和成本的要求,激发了这种沟通、协同、跨区域方法的变革需求;第三,技术和工具的革新已经足够保证低成本高效率地搭建远程办公平台,保证团队工作的可持续性;第四,人员能力、素质条件和自我提升的诉求呼唤管理者要关注个体、突出个体价值。

综上,我方认为需要拥抱远程办公,能够让管理者从繁杂的工作事务中解脱出来,更好地去关注目标、效率,提升整个团队的绩效,实现企业和个体员工的双赢。

反方的观点:"远程办公对团队管理更复杂"

远程办公使团队管理更复杂,复杂在某种程度上反而是一件好事,复杂能带来很多精细化的要求,一旦做得好,就能带来巨大的收益。复杂也是对我们管理水平的提升,简单并不是目的,目的是产生价值。

技术管理者需要面对群体心理、组织设计和组织文化的变化,这在远程条件转变中,要做到和线下同等的效果,难度更大、复杂性也更强。不可否认,在某些精英小团队里面,可以通过远程办公甚至可以不要线下办公,但这只是局部样本,而更多的团队是需要线下见面的。在成员管理方面,远程办公要求团队成员素质高、能力强、善于沟通,这对招聘带来的压力更是成倍提升的,对团队管理者的领导力水平要求也极高,更会带来复杂性的提升。

这时,正方二辩站上讲台,开始了攻辩环节。

资料来源:作者自编

请思考:

如果你是正方二辩,你将如何展开你的辩论?

第十一章
领导行为与管理

在组织管理工作中领导者处于特别重要的地位,发挥着关键的作用。领导者的行为对于一个组织或部门管理的好坏具有决定性的影响。正所谓"火车跑得快,全靠车头带",在影响员工积极性的各种因素中,领导的行为与管理是最为关键的因素之一。因此,探索领导心理和行为活动的规律,掌握领导的艺术和策略,提高领导者的影响力,是现代管理的客观要求,也是管理心理学研究的一个重要课题。本章从领导的相关概念出发,讨论领导心理和领导行为领域的相关研究成果,包括领导特性理论、领导行为与风格理论和领导权变理论,最终探索领导力开发在个人和组织层面上的方法和意义。

第一节　领　导　心　理

一、领导的概念及特点

(一)领导的概念

领导一词,由来已久。关于什么是领导,历来有不同的解释。学界对它有不同的阐述:领导是一门艺术,是一门促使其下属充满信心、满怀热情地完成他们的任务的艺术;领导是一种过程,是组织赋予一个人的职位和权力,以率领其部属实现组织目标的过程;领导是一种行为,是影响人们自动为实现组织目标而努力的一种行为;领导是一种权力,是一个人所具有并施加于别人的控制力,是行使权威和决定的权力。

上述观点从不同的角度阐述了领导的含义,我们认为,所谓领导就是引导和影响个体、群体或组织来实现所期望目标的行为。领导行为对个人、群体或组织的管理的好坏具有决定性的影响,它是组织所有人力、物力、财力、信息以及调动一切积极因素的关键,是实现组织目标和满足职工需要的带头行为。

(二)领导的特点

领导作为一种动态的行为,具有以下两个特点:

(1)系统性。领导作为一种行为,主要由三个要素构成:领导者、被领导者和环境。领导者是在组织中处在计划、组织、指挥、协调和控制的个体和群体;被领导者就是在组织中处于被领导地位的、由领导者管辖的、按照领导者的决策和意图来完成组织目标的个体或群体;环境是指与领导活动有关的各种社会因素,包括宏观环境和微观环境。三个要素缺一不可,三者互相结合、相互作用,才能构成有效的领导活动。三者之间的函数关系如下:

$$领导=f(领导者,被领导者,环境)$$

(2)双向性。一般来讲,人们容易注意到领导者对于下属的影响,而往往忽视另一种影响,即下属对领导者的影响。实际上领导行为总是相互的,领导者在影响下属的同时,也必然会受下属某方面的影响。实践证明,在有效的组织中,领导者与下属都会感到自己有较大的影响力。而领导者和下属在组织里的总体影响越大,整个组织越团结,工作效率也就越高。

二、领导与管理的区别及互补

(一)领导与管理的区别

广义上,管理行为是领导行为的组成部分,二者可以通用,特别是对于中层与基层组织中的领导活动,可以称为管理活动,领导者也可称为管理者。

狭义上,管理是一种特殊的领导,它是由领导者或非领导者通过计划、组织、协调、激励、指挥和控制,进而实现组织目标的行为过程。而领导则是由领导者去引导和影响个人、群众或组织,在一定条件下实现期望目标的行为过程。二者的主要区别,如表 11-1 所示。

表 11-1 管理和领导的主要区别

	管 理	领 导
计划制订	侧重于制订详细的工作计划和时间安排表,保证预期结果发生	侧重于制订长远的发展和战略目标
人员调配	侧重于给具体的事情配备合适的人员,并指导员工开展工作	侧重于联合和激励整个团队的员工,让他们发挥整体的团队效用,以达到公司的远景目标

	管 理	领 导
计划执行	侧重于控制和解决问题,随时准备着监督和纠正目标执行过程中的偏差	侧重于鼓舞和激励,帮助员工克服障碍,满足他们的各种需要
结 果	侧重于产生可预测的结果,如按时提供顾客所需的产品	侧重发现客观发生的各种巨大变化

（二）领导与管理的互补

对现代领导者来说,单纯的管理和领导是不够的,只有把两者结合起来、互补起来,才可能提升领导的效果和价值。

一般来说,组织的领导管理有四种类型：

（1）领导有余,管理不足。这样的组织往往有活力,善于变革,但制度不健全、秩序较混乱,难以持续发展。

（2）管理有余,领导不足。这样的组织往往秩序井然,但缺少活力,不愿意变革。

（3）领导不足,管理也不足。这样的组织最差,既没有活力又没有秩序。

（4）领导与管理均衡发展,优势互补,这是最理想的状态。

领导加管理又有两种类型：一种是领导型管理,重点在领导方面;一种是管理型领导,重点在管理方面。21 世纪的管理应顺应"领导型管理"这个大趋势,因为管理是一个大概念,领导是管理的一个子概念。领导型管理是一种新型的、重视人、重视价值的管理,领导贯穿于管理的整个过程。而管理型领导则比较传统,它是事物型的、计划型的领导,它体现不了领导工作的特点,凸显不了领导的价值所在。

领导与管理互补起来才是一个好的组织,这样的组织既会决策又会执行,既面向未来又能管好现在,能将长远与现在相结合。

三、领导者的影响力

人们很容易把影响力与权力相混淆。权力是指一个人因为某种地位和素质而获得的一种力量,这种力量可用来影响别人,使别人根据他的劝告、建议和命令办事。而影响力是指一个人在与他人的交往中,影响和改变他人心理的能力。影响力不是领导人独有的,普通人都具备影响他人心理和行为的能力。只不过领导者的影响力是领导者根据组织目标影响他人心理和行为的能力,在组织里表现得更为突出。影响力是一个领导者有效实施其领导的重要因素。领导影响力大,则在下属心目中的威信高,能够达到"一呼百应"的效果;反之,领导在下属心目中的威信低,难以做到令行禁止。

领导者的影响力包括两类,权力性影响力和非权力性影响力。这两种影响力产生的基础和在领导过程中发挥的作用截然不同。

（一）权力性影响力

权力性影响力又称为强制性影响力,它是正式组织授予的,具有强迫性、不可抗拒性等特征。这种影响力的基础主要有两个:一是法定的地位。正式组织中的上级主管部门赋予某个人一定的职务和权力,就带有法定的性质,使被领导者认为领导者拥有合法权力指挥、支配下级的工作行为,自己必须听命、服从于他;二是奖惩权。领导者掌握着奖惩权,接受其领导的就给予奖励,拒绝其领导的就予以惩罚。因此,人们只有服从。

构成权力影响力的要素主要包括三个方面:

1. 传统因素

长期以来,受"官本位"思想的影响,人们对领导者有一种自然而然的观念,认为领导者有权、有能力、有胆识,比一般人强,从而产生了对领导者的服从感,这就使得领导者的言行增加了影响力。

2. 职位因素

处于领导职位的人,组织赋予他一定的权力,通过权力可以左右被领导者的行为、处境、前途甚至命运,使被领导者产生敬畏感。领导者地位越高,权力越大,被领导者对他的敬畏感就越大,他的影响力就越强。职位因素所造成的影响力是以合法的权力为基础的,与领导者本人的条件没有直接联系。

3. 资历因素

即领导者的资格和经历。较长的工龄、丰富的经验是领导高资历的突出表现。资历因素是个人历史性的东西,一般人对资历较深的领导比较敬重,领导者的影响力也就越强。

总之,权力性影响力并不是领导者的现实行为所造成的,而是外界赋予的。因此,这种权力是一种地位权力,它取决于个人在组织中的地位。这种影响力对被领导者的作用主要表现为被动服从,它的核心是权力,对人的心理和行为的激励作用是有限的,这种影响力很有可能会随着权力的消失而消失。

（二）非权力性影响力

非权力性影响力是一种自然影响力,它既没有正式的规定,也没有组织授予的形式,而主要是靠领导者自身的品德、才能、学识等因素对他人形成的影响力。它产生的基础比权力影响力广泛,表面上无合法权力,无正式规范,只是依靠威望取得信任,它是领导者个人因素对人们心理产生的自然感召,使之自愿改变行为。在具体活动中,它比权力性影响力具有更大的影响,并起着权力性影响力起不到的作用,是提高领导者影响力的关键。

构成非权力性影响力的要素主要包括五个方面:

1. 品德因素

主要是指领导者的品行、人格、作风。如果领导者品德高尚,就会让被领导者产生敬爱感,从而有利于领导者带动组织,控制组织。反之,他就会威信扫地,失去影响力。

2. 能力因素

主要指领导者的创新能力和综合能力。有才能的领导者会给组织带来成功,给被领导者以安全感,他们也会自愿服从领导者的管束。

3. 知识因素

领导者丰富的知识储备会使被领导者对他产生信赖感。这种知识储备是一个长期积累的结果,需要一个循序渐进的过程。这就要求领导者勤奋好学,不断更新自己的知识储备,对下属产生积极影响。

4. 情感因素

情感因素是指领导者对被领导者的感情。一个平易近人、乐于帮助他人的领导者会让人们产生亲切感,从而增强其自身的吸引力和人格魅力。

5. 方法因素

领导方法是一种根据环境、组织内各种条件及具体情况所选择的工作方式,它要求具备丰富的经验,有较强的艺术性。它体现在工作中做到因时制宜,因人制宜,因事制宜,用正确的方法做正确的事情,保证工作效率和效益。方法得当,则事半功倍,下级积极仿效。反之,则事倍功半,影响到组织目标的实现及其下属对领导者的信心。

任何领导都具备上述两种影响力,但对不同领导者来说,两种影响力的大小却是各不相同的。总之,要提高领导者的影响力,一方面要合理用权,使职权相称;另一方面要加强领导者的自身修养,全面提高个人素质,并且应使两种影响力相互促进、彼此呼应。

第二节　领导行为理论

领导心理一直是管理心理学研究的一个重要领域,许多研究者从不同角度提出了各种理论,概括起来这些理论大致可以分为三类:领导特质理论、领导行为与风格理论和领导权变理论。

一、领导特质理论

领导特质理论侧重研究领导者应该具备什么样的个性品质,以期探讨什么样的人才能充当领导,获得最佳的领导效果。

有效的领导者应具备什么样的特质,关于这个问题的回答,可谓仁者见仁,智者见智。西方心理学家和管理学家对此有过许多论述。

(一)吉赛利的领导品质论

美国著名心理学家吉赛利(E. E. Chiselli)曾对 300 名经理人员进行过研究,并在 1971 年出版的《管理才能探索》一书中提出了八种个性特征和五种激励特征,他分析了每种特征对领导者领导行为的影响,并指出了这些特征的相对重要程度,如表 11 - 2 所示。

表 11 - 2　吉塞利的个性研究

品　　质	重　要　性
监督能力	100
职业成就	76
智力	64
自立	63
自信	62
决断力	61
冒险	54
人际关系	47
创造性	34
不慕财富	20
对权力的追求	10
成熟	5
男性化或女性化	0

吉赛利的研究结果表明:① 一个有效的领导者应具有才智、自我实现和对事业成功的追求等特征,这些特征关系到一个人能否取得事业的成功,而与物质金钱的追

求、工作经验等则关系不大；② 监察能力和判断能力也是十分重要的，这是驾驭事业航程顺利前进所必不可少的；③ 男性与女性的区别，对事业成功与否影响不大。

（二）德鲁克的领导品质理论

美国管理学家彼得·德鲁克把领导者的特质称为一种后天习惯，是一种务实的综合。他在《有效的管理者》（2006）一书中指出，有效的领导者都具备五个特点：① 善于处理和利用自己的时间，知道时间该花在什么地方。② 注重贡献，确定自己的努力方向。他们并非为工作而工作，而是为成果而工作。③ 善于发现和使用人的长处，包括自身的长处、上级的长处和下属的长处。④ 能够分清楚主次，集中精力于关键领域，确立好优先次序，做好最重要的和最基本的工作。⑤ 能够作出有效决策。领导者需要在众多的备选方案中作出正确判断。

（三）斯托格迪尔的领导个人因素论

美国学者拉尔夫·梅尔文·斯托格迪尔（Ralph Melvin Stogdill）认为，以下的一些心理特质构成了有效领导者的基础：① 智力。一般来说，智商较高的人适宜担任领导者。但有研究证明，领导者的智商最好不要超过 140。② 学识。一般来说，学校里学习成绩较好，知识渊博的人比较适合担任领导者。③ 可靠性。指容易受人信赖的程度。④ 责任心。指愿意对事情的结果负责。⑤ 社会活动参与性。指愿意与人打交道，喜欢群体活动。⑥ 社会经济地位。指家庭在社会中的经济地位。一般来说，社会经济地位在中上等水平的人，容易成为领导者。这可能与家庭环境、教育水平、社会环境对个体心理活动会造成一定影响有关。

特质理论研究揭示了某些特质与领导绩效之间的关系，这有助于选拔和培养领导人才。但领导活动是由领导者、被领导者和所处环境构成的，领导者的特质只是其中的一个因素，因此，不能单纯地用它来考察和衡量一个领导者的水平。

二、领导行为与风格理论

领导行为与风格理论是从领导行为角度研究最佳领导模式的理论，它侧重研究领导者在领导过程中所采取的领导行为与他们的工作效率之间的关系。这类理论研究始于 20 世纪三四十年代。当时许多心理学家发现，领导者的领导行为与他们的工作效率之间存在着密切的联系。其中比较具有代表意义的理论有：

（一）双维领导理论

美国俄亥俄州立大学的研究人员以国际收割机公司的一家卡车生产厂为调查对象，进行了领导方式的比较研究。他们将领导方式分为两个维度，即体贴（consideration）维度和组织（initiation）维度。体贴维度代表领导者对员工之间，以及领导者与追随者之间的关系、相互信任、尊重和友谊的关心,即领导者信任和尊重下属的观念程度。组织维度代表领导者构建任务、明察群体之间的关系和明晰沟通渠道的倾向,或者说,为了达到组织目标,领导者界定和构造自己与下属的角色的倾向程度。例如,老师上课搞好和学生的关系就是体贴维度;完成教学任务是组织维度。这两个维度之间是相互独立的,领导者行为因此可划分为四种类型(见图 11 - 1),即高体贴—高组织型、高体贴—低组织型、低体贴—高组织型、低体贴—低组织型。

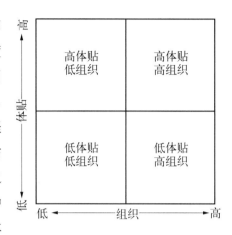

图 11 - 1　俄亥俄州立大学的双维领导理论模型

该研究发现,在两个维度方面都高的领导者,一般更能使下属达到高绩效和高满意度。不过,高体贴—高组织型风格并不总是产生积极的效果;而其他三种维度组合类型的领导者行为,普遍与较多的缺勤、事故、抱怨及离职有关。而且领导者的直接上级给领导者的绩效评估等级,与高体贴性呈负相关。

（二）领导行为理论

在俄亥俄州立大学研究的同时,密歇根大学调查研究中心也进行了相似的领导行为研究。密歇根大学的研究小组也将领导行为划分为两个维度,即员工导向（employee-oriented）和生产导向（production-oriented）。员工导向的领导者重视人际关系,总会考虑下属的个人兴趣,并承认人与人之间的差异。生产导向的领导者则更关心任务的完成,把员工看成是达到目标的手段。

员工导向维度近似于俄亥俄州立大学双维领导理论中的体贴维度,生产导向维度近似于组织维度。这两个理论最大的不同点在于,俄亥俄州立大学的研究者将体贴和组织视为两个独立的维度,而密歇根大学的研究者认为生产导向和员工导向是一个维度的两个端点,可以从一个极端沿这个连续统一体过渡到另一端,因而领导者不可能既是员工导向型又是生产导向型的。

（三）PM 理论

PM 理论由日本学者三隅二不二（Jyuji Misumi）在 20 世纪 60 年代初提出。PM是指团体机能,任何一个团体都要具有两种机能:一种是团体的目标达成机能,也指工作绩效,简称 P（Performance）;另一种是指维持强化团体的机能,也指团体维系,简称 M（Maintenance）机能,包括计划性和压力等因素。为了完成团体目标,要求领导者有周密可行的计划和组织能力,同时要求对下级严格规定完成任务的期限,规定规章制度,明确各级职责范围,对执行情况进行检查。P 机能所造成的压力,会使下级产生紧张感,甚至引起上下级的对抗。M 机能的作用就在于通过对下级的关怀体贴,消解人际关系中不必要的紧张感,缓和工作中所产生的对立和抗争,对下级进行激励支持,给下级发言和表达意见的机会,激励员工的主动性,增强成员之间的友好和相互依存性,以维护组织的正常运营,保证组织目标的实现。

PM 理论认为,领导者的作用在于执行这两种机能。如果以 P 为横坐标,M 为纵坐标,并在 P 和 M 坐标中点画一条平行线,就可分成 PM(两者兼备型)、Pm(执行任务型)、Mp(机能维持型)、pm(两者俱无型)四种领导型。一般来说,PM 型组织生产量高;对工会和公司的信赖度也高,凝聚力最好,效果最好;Pm 型、Mp 型居中;pm 型最差。

中国学者徐联仓、凌文轮在 PM 理论的基础上提出了 CPM 理论。该理论认为,领导行为应包括工作绩效 P(Performance),团体维系 M(Maintenance)和个人性格 C(Character)。C 因素起着一种模范表率作用,通过角色认同和内化作用激发被领导者的内在工作动机,使其努力地去实现组织目标。

领导者的模范表率行为对被领导者来说,是一种无形的命令,其影响力往往胜过命令、指挥、控制和监督。可以认为,C 机能对 P 机能、M 机能起着一种放大的作用。

(四)领导方格理论

管理方格理论(Management Grid Theory)是由美国得克萨斯大学的行为科学家罗伯特·布莱克(R. Blake)和简·莫顿(J. Mouton)在 1964 年出版的《管理方格》一书中提出的。他们认为,在企业管理的领导工作中往往出现一些极端的方式,或以生产为中心,或以员工为中心,或以 X 理论为依据而强调靠监督,或以 Y 理论为依据而强调相信人。为避免趋于极端,克服以往各种领导方式理论中的"非此即彼"的绝对化观点,他们认为,在对生产关心的领导方式和对员工关心的领导方式之间,可以有使两者在不同程度上互相结合的多种领导方式。为此,他们提出了管理方格法,方格图(见图 11-2)中的纵轴和横轴各 9 等份,分别表示企业领导者对员工和对生产的关心程度。第 1 格表示关心程度最小,第 9 格表示关心程度最大。全图总共 81 个小方格,分别表示"以员工为中心"和"以工作为中心"这两个基本因素以不同比例结合的81 种领导方式。

(五)领导风格理论

领导风格理论由美国心理学家库尔特·勒温(Lewin,1935)提出。他根据行使权力和发挥影响力的方式不同,提出了专制型、民主型和放任型三种领导风格(见表 11-3)。

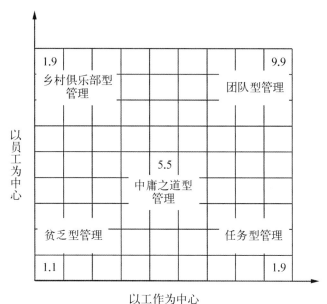

图 11-2 管理方格理论

表 11-3 勒温的三种领导风格

	专 制 型	民 主 型	放 任 型
权力分配	集中在领导者手中	在团体之中	分权制,员工掌握权力
影响力	领导者以权力、地位等强制性影响下属	领导者以能力和个人品质等影响下属	缺乏影响力
决策方式	领导者独断专行 忽视下属意见	团队式讨论 领导者指导、鼓励和协助	团队成员完全决策自由 领导者几乎不参与
对待下属	领导者干预下属工作 员工不清楚工作目标	员工了解目标,可以选择共事对象,团队决定分工	领导者为下属提供必要的信息和材料
评价和 反馈方式	根据个人情感评价员工 采取惩罚性反馈	根据客观事实评价员工 反馈作为员工训练机会	不评价员工 不反馈工作

(1)专制型领导。这种领导者依靠个人的能力、经验、知识和胆略来指挥组织的活动。一切由领导者决定,下属只能执行,由领导者去监督执行情况。这种领导者大多数独断专行,对下属缺乏应有的尊重。

(2)放任型领导。这种类型的领导者只布置任务,既不监督执行,也不检查完成情况,对下属放任自流或无为而治。一切活动方式都任由组织成员自我摸索,组织的方针和计划也由下属自行制订。

（3）民主型领导。这种类型的领导平易近人，平等待人，尊重下属，使下属由衷地愿意追随并愿意接受其领导。组织内的成员在很大程度上能参与决策，通过集体讨论，可以在一定范围内自己决定工作内容和工作方法，工作有一定自主权。

三、领导权变理论

领导特质理论和领导行为与风格理论都偏重于对领导本身特性和行为的研究，而对于决定领导行为效果的其他因素，没有予以充分考虑。于是在 20 世纪 60 年代，权变理论就在这种背景下产生和发展了。所谓领导权变理论，就是研究被领导者的特征、领导者与被领导者的关系，以及环境因素如何影响领导行为的有效性的理论。这里介绍几种比较具有代表性的理论。

（一）领导行为连续体理论

美国企业管理学家罗伯特·坦南鲍姆（R. Tannenbaum）和沃伦·施密特（Warren H. Schmidt）于 1958 年提出了领导行为连续体理论。他们认为，经理们在决定何种行为（领导作风）最适合处理某一问题时常常产生困难。他们不知道是应该自己做出决定还是授权给下属做决策。为了使人们从决策的角度深刻认识领导作风的意义，他们根据领导者使用的权威和下属拥有的自由度，提出了领导行为的连续体模型。

（1）一切由领导者向下属公布。在这种模式中，领导者确定一个问题，并考虑各种可供选择的方案，从中选择一种，然后向下属宣布执行，不给下属直接参与决策的机会。

（2）领导者说服下属推行决策。这种模式同前一种模式一样，领导者承担确认问题和做出决策的责任。但他不是简单地宣布实施这个决策，而是认识到下属中可能会存在反对意见，于是试图通过阐明这个决策可能给下属带来的利益来说服下属接受这个决策，消除下属的反对。

（3）领导者提出设想并征求下属的意见。在这种模式中，领导者提出了一个决策，并希望下属接受这个决策，他向下属提出一个有关自己计划的详细说明，并允许下属提出问题。这样，下属就能更好地理解领导者的计划和意图，领导者和下属能够共同讨论决策的意义和作用。

（4）领导者提出可修改的计划。在这种模式中，下属可以对决策发挥某些影响作用，但确认和分析问题的主动权仍在领导者手中。领导者先对问题进行思考，提出一个暂时的可修改的计划。并把这个暂定的计划交给有关人员征求意见。

（5）领导者向下征询意见再做决定。在以上几种模式中，领导者在征求下属意见之前就提出了自己的解决方案,而在这个模式中,下属有机会在决策做出以前就提出自己的建议。领导者的主动作用体现在确定问题,下属的作用在于提出各种解决方案,最后,领导者从他们自己和下属所提出的解决方案中选择一种他认为最好的解决方案。

(6) 领导者界定问题范围,集体决策。在这种模式中,领导者已经将决策权交给了下属的群体。领导者的工作是弄清所要解决的问题,并为下属提出做决策的条件和要求,下属按照领导者界定的问题范围进行决策。

(7) 下属在规定的范围内自由发挥。这种模式表示了极度的团体自由。如果领导者参加了决策的过程,他应力图使自己与团队中的其他成员处于平等的地位,并事先声明遵守团体所做出的任何决策。

一个专制的领导掌握完全的权威,自己决定一切,他不会授权下属;而一位民主的领导在决策过程中,会给予下属很大的权力,民主与独裁仅是两个极端的情况,这两者中间还存在着许多种领导行为。领导者要采取哪种领导行为,取决于当时具体的情境,如历史条件、问题性质、工作的时间性等。

(二) 菲德勒模式

1967 年,美国管理学家弗雷德·菲德勒(Fred Fiedler)系统地阐述了权变理论。这一理论认为,群体绩效的高低取决于领导风格和领导方法对组织与环境的适合度。如何寻求最佳的领导者是一个十分重要的问题,但更现实、更重要的是如何更好地发挥现有领导的才能。

1. 菲德勒 LPC 调查问卷表

LPC(Least Preferred Co-worker)表,即最不喜欢的合作者调查表,是测定领导者风格的调查问卷表(Fiedler & Chemers, 1974)。这一调查要求领导者在周围熟人和同事中回忆上下级或同级人员中谁最难对付,按照快乐与否、友善与否等 16 项指标进行描述和评分。根据 16 项合计的总分来确定领导者在领导行为上的特性。LPC 分数低的领导者具有任务导向的特性,可以得到积极的结果。而 LPC 分数高的领导者具有关系导向的特性,能使群体有效地工作(见表 11-4)。

表 11-4　菲德勒的 LPC 问卷

友善	87 654 321	不友善
快乐	87 654 321	不快乐
拒绝	12 345 678	接受
有益	87 654 321	无益

续　表

不热情	12 345 678	热情
疏远	12 345 678	亲密
紧张	12 345 678	放松
冷漠	12 345 678	热心
助人	87 654 321	敌意
争执	12 345 678	融洽
无聊	12 345 678	有趣
自信	87 654 321	疑惑
高效	87 654 321	低效
忧郁	12 345 678	开朗
开放	87 654 321	防备

2. 三个主要情境变量因素

菲德勒认为,领导效果的好坏取决于以下三个情境因素:

(1)领导者与被领导者的关系。即领导者为被领导者所接受的程度,信任、忠诚、喜爱和愿意追随的程度,以及领导者对下属的吸引力。当领导者与被领导者之间关系融洽,领导者信赖下属,下属也给予支持和保持忠诚度时,领导的影响控制程度就高;反之,则给领导者造成很不利的环境。

(2)任务的结构。是指任务的明确度和下属对这些任务的负责程度。如果这些任务明确,常规性、例行性程度高,且下属责任心强,则领导环境就好。

(3)职位权力。这是指与领导者职位相关的正式职权及各方面的支持程度。与领导职位相关的法定权力越大,所控制的奖惩范围就越大,则领导者对下属人员的控制力就越强,群体成员遵从指导的程度就越高,领导环境也越好。

菲德勒指出,如果上述三个因素都具备,是最有利的情境;如果都不具备,则是最不利的情境。菲德勒通过对1 200个团体进行调查,收集了将领导风格同对领导者有利或不利的条件的三维情境因素相联系起来的数据,并根据结果绘制出如表11-5所示的关系。

表 11-5　菲德勒领导类型与情境变量之间的关系

对领导的有利性	情境类型	领导者与被领导者的关系	任务结构	职位权力	有效领导类型
有利	1	良好	有结构	强	任务导向型
	2	良好	有结构	弱	任务导向型
	3	良好	无结构	强	任务导向型
中间状态	4	良好	无结构	弱	关系导向型
	5	不良	有结构	强	关系导向型
	6	不良	有结构	强	无资料
	7	不良	无结构	强	无资料
不利	8	不良	无结构	弱	任务导向型

　　研究结果表明,在群体情况极有利或极不利的情况下,任务导向型是有效的领导形态;在群体情况一般的情况下,关系导向型是有效的领导学形态。任务导向型是指偏重任务行为的领导风格,关系导向型是指偏重人际关系的领导风格。

　　(三)赫塞-布兰查德情境领导理论

　　由美国行为学家林保罗·赫塞(Paul Hersey)和美国管理学家肯尼斯·布兰查德(Kenneth Blanchard)提出的情境领导理论(Situational Leadership Theory)是一种领导风格要因下属情况而异的权变理论。赫塞和布兰查德认为,适当的领导风格或行为依赖于领导的下属的"成熟度"(maturity),即个体对自己的直接行为负责的能力和意图。它包括两项因素:工作成熟度与心理成熟度。工作成熟度包括一个人的知识和技能。工作成熟度的个体拥有足够的知识、能力和经验,他们不需要他人的指导就能完成工作任务。心理成熟度指一个人做某事的意愿和动机。心理成熟度高的个体不需要太多的外部鼓励,他们靠内在的动机激励。

　　1. 领导风格

　　情境领导理论使用的两个领导维度与菲德勒的划分相同:任务行为和关系行为。但是,赫塞和布兰查德将两个维度进行高和低的划分,从而组合成四种具体的领导风格:第一组,指示(高任务—低关系)。领导者定义角色,告诉下属应该干什么、怎么干,以及何时何地去干。第二组,推销(高任务—高关系)。领导者同时提供指导性的行为与支持性的行为。第三组,参与(低任务—高关系)。领导者与下属共同决策,领导者的主要角色是提供支持和帮助。第四组,授权(低任务—低关系)。领导者可放手让下属独立开展工作。

2. 下属成熟度

赫塞和布兰查德将下属的成熟度分为四个阶段：M₁ 阶段：下属缺乏完成工作的能力和意愿，也缺乏完成工作的信心。M₂ 阶段：下属缺乏能力，但愿意从事必要的工作任务，具有工作的积极性。M₃ 阶段：下属有能力却不愿意从事领导希望他们做的工作。M₄ 阶段：下属有能力又愿意干他们做的工作。

3. 情境领导模型

赫塞和布兰查德把工作行为、关系行为及下属的成熟度结合起来考虑，构建了情境领导模型。图 11-3 表明了各项情境模型的各项要素。当下属对工作的成熟度从低到高发展，领导者需要从高任务导向的行为逐步向低任务导向行为转变；同时，关系导向行为从低的起点逐渐升高，然后下降，表明了领导风格应随着下属成熟度的情况发生变化。在 M₁ 阶段，下属因工作生疏要加强指导；在 M₂ 阶段，领导者需要采取高任务—高关系行为，弥补下属完成工作能力的欠缺；在 M₃ 阶段，领导者运营低任务—高关系领导方法，引导下属完成工作；在 M₄ 阶段，领导者可放手下属开展工作。

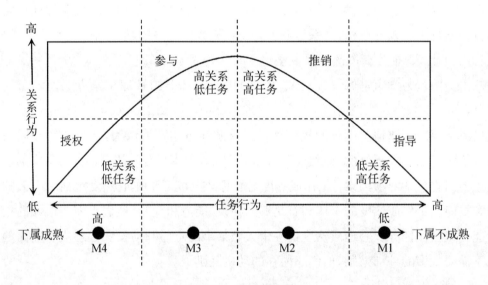

图 11-3　情境领导模型

（四）通路—目标模式

通路—目标模式（Path-Goal Theory），又称为目标导向模式。是由加拿大多伦多大学教授伊凡斯（M. G. Evans）于 1968 年提出的，并由其同事罗伯特·豪斯（Robert House）补充和发展而成。通路—目标模式是将弗洛姆的期望理论和领导行为四分图结合起来而创造的。通路—目标模式的基本点是要求领导者阐明对下属工作任务的要求；帮助下属排除现实目标的障碍，使之顺利达到目标，在实现目标的过程中给予下属多种需要满足和成长发展的机会。这一模式认为领导者的效率取决于他激励下属达成组织目标并在工作中得到满足的能力。

通过实验和研究,豪斯认为,双维领导理论中的"高工作"与"高组织"的组合不一定是最有效的领导方式,在这里还应该补充情境因素。他认为有四种领导方式可供领导者在不同环境下进行选择:

(1) 指令型。领导者发布指示,明确告诉下属做什么,怎么做。决策完全由领导作出,下属不参与。

(2) 支持型。领导者很友善,平等待人,关心下属,但是不太注意通过工作使人满意。

(3) 参与型。领导者在做决策时应注意征求下属的意见,认真考虑和接受下属的建议。

(4) 成就型。领导者向下属提出挑战性的目标,希望下属最大程度地发挥潜力,并相信他们能达到目标,而且不断制订新的目标,使下属经常处于被激励的状态。

(五) 情境领导理论

被管理技术开发专家们广为推崇的情境领导理论(Situational Leadership Theory)是由保罗·赫斯(Paul Herse)与肯·布兰查德(Ken Blanchard)提出的。《财富》500强企业中超过400家在它们的领导培训方案中引入了这一理论。

该理论认为,在选择适当领导行为的时候,下属的成熟水平发挥着重要作用。与菲德勒权变模型和通路—标理论一样,他们将领导行为分为任务和关系两个层面。一个领导者所表现出的任务和关系行为的适宜程度取决于下属的成熟水平。

赫斯与布兰查德认为,下属成熟度包括两个可以沿着一条连续线表示的主要部分:工作成熟度和心理成熟度。工作成熟度是表现出来的与任务有关的能力、技巧和知识。心理成熟度与信心、自愿和动力方面的感觉有关。工作成熟度和心理成熟度的四种结合方式表明下属的准备情况(见表11-6)。

表 11-6　领导生命周期——下属成熟度

| | | 工 作 成 熟 度 | |
		低工作成熟度	高工作成熟度
心理成熟度	低	阶段1:下属无技能,且无愿望或无信心	阶段3:下属有技能,但无愿望或无信心
	高	阶段2:下属无技能,但有愿望或有信心	阶段4:下属有技能,且有愿望或有信心

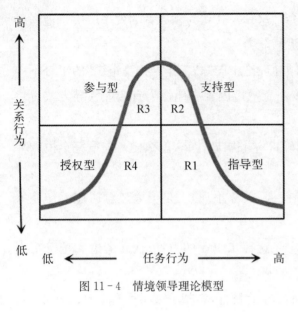

图 11-4　情境领导理论模型

根据情境领导理论（Hersey & Blanchard，1972），下属成熟水平决定着有效的领导行为。通过对管理方格加以修改，赫斯与布兰查德提出了分别适合四种下属成熟水平的任务和关系倾向（见图 11-4）。

（1）指导型领导：这是一种高任务、低关系的领导风格，适合在低成熟的 R_1 下属中使用。

（2）支持型领导：即高任务、高关系的领导风格，适合在中等成熟的 R_2 下属中使用。

（3）参与型领导：这是一种低任务、高关系的领导风格，在中等成熟的 R_3 下属中使用有效。

（4）授权型领导：这种低任务、低关系的领导风格，适合用于高成熟的 R_4 下属中。

赫斯与布兰查德认为，通过进行恰当的领导行为，一个领导者可以影响下属的行为。根据下属成熟度来操纵任务和关系型行为可以促进下属的成长和发展。如果领导者能审慎地剖析形势，据此进行交流，随着情境的变化而保持灵活性，就能更有效地影响下属。

四、领导理论研究的新进展

（一）领导归因理论

归因是指人对自己、他人的行为的原因的解释和判断。归因理论是心理学中一种很重要的理论，它旨在探讨人们对外部事件进行分析、推理原因的内在心理规律。人们往往会有一种对自己、他人的行为探究原因的倾向性，只是不同的人有不同的归因倾向与归因模式。使用归因理论可解释领导者应如何对人们行为的原因和动机进行分析。领导归因理论（Attribution Theory of Leadership）提供了解释领导行为的一种框架，是在领导特质理论的基础上发展起来的。同时，归因理论能够提供领导者对下属行为进行反应的预测。在组织层面，归因理论解释了人们为什么倾向于把组织中绝对消极或绝对积极的工作绩效归因于领导。

领导归因理论特别强调了下属对领导行为的心理感受，也突出了心理认可对有效领导行为获得的重要性。此外，不同的人有不同的归因模式与风格，领导者对事件的发生有自己的归因模式,下属也有他们自己的归因风格。所以,可以针对不同领导者及下属的不同风格进行研究与培训。这是领导归因理论的贡献与价值。

（二）魅力型领导理论

魅力型领导理论（Charismatic Leadership Theory）最早是由德国社会学家马克斯·韦伯提出的。魅力（charisma）源自希腊语,原意为"神灵的礼物",韦伯用这个词来描述一种形式的影响,它不是基于传统或正式的权威,而是下属认为领导者具有超凡的品质。按照他的解释,当存在社会危机时,领导者吸引下属相信愿景,经历一些成功使得愿景更有吸引力,以及下属认为领导者超常时,领导者就有了魅力。现代魅力型领导理论的发展常归功于美国管理学家罗伯特·豪斯（Robert House, 1977）的研究,此后,其他学者陆续开始了对魅力型领导特点的探讨。综合这些研究的结果,魅力型领导通常具有几个关键的特点:他们都有一个愿景,其中勾勒出来的未来比现状更美好,他们能使用其他人易于理解的语言清晰地阐述这种愿景的重要性;愿意为了实现这个愿景进行个人冒险;能够对环境的限制和资源作出现实的评估;对他人的能力有深刻了解,并对他人的需要与情感作出回应;行为表现超乎常规。

魅力型领导是如何影响下属的呢？这一过程包括四个步骤:① 领导者清晰陈述一个有吸引力的愿景。所谓愿景（vision）是指关于如何达到一个或多个目标的长期战略。这种愿景将组织的现状与美好的未来联系在一起,给下属提供一种连续性的认识。② 领导者要传达高绩效期望,并对下属达到这些期望表现出充分的信心,以此提高下属的自尊和自信水平。③ 领导者通过言语和活动向下属传递一套新的价值观系统,并且通过自己的行为为下属树立效仿的榜样。④ 通过情绪诱导和经常性的反传统行为,表明领导者的勇气和对未来前景的坚定信念。

虽然魅力型领导常被人们描绘为伟大的英雄,但也有研究指出魅力型领导的一些负面结果。例如,对领导者的敬畏会减少下属好的建议;过于自信和乐观,使领导者很难认识到愿景中的缺陷,无视真正的危险;过于认同一个愿景就削弱了客观评价它的能力;以前成功的经验和下属的迎奉可能会使领导者相信自己的判断不会出错;否认问题和失败,降低了组织的学习;对领导者的依赖,会抑制继承者能力的发展等。

（三）领导—成员交换理论

领导—成员交换理论（Leader-member Exchange Theory）描述了领导者和下属的相互影响,探讨了下属在组织中的角色,和在长时间中如何发展出一种个人关系。之前的多数领导理论大多基于这样一个假设,即领导者以同样的方式对待他的所有下属。但领导—成员交换理论认为,领导者与下属之间通常建立有两种不同类型的关系角色交往。有些下属会成为"圈内人"（in-group）,发挥领导者的助理、副手或者顾问的作用;其他的下属就成为"圈外人"(out-group)。圈内人交换的特点是信任、相互影响和支持水平高,而圈外人之间的信任和支持水平低。

根据该理论,是圈内人还是圈外人,通常在一个下属加入一个团体或组织之后不久就确定下来了。并且这种关系相对稳定,不随时间的推移而改变。一般来说,态度或个性与领导者的相似性,能力的高低、相容性、依赖性等是确定圈内人/圈外人的重要影响因素。一旦确定为圈内人还是圈外人,交流模式就开始有不同的表现。圈内人在交谈中表现出更高的相互信任。在与圈外人的下属进行交谈的时候,领导者表现出更强的支配性。

(四) 变革型领导理论

与魅力型领导理论密切相关的另一研究流派关注交易型领导(transactional leader)与变革型领导(transformational leader)之间的差异。

所谓交易型领导是指通过明确自己的工作角色和任务要求来设置自己的工作目标,并引导和激励下级实现这一目标。前面介绍的大多数理论,如俄亥俄州立大学的双维领导理论、菲德勒模式、通路—目标模式都是针对交易型领导的描述。变革型领导则鼓励下属为了组织利益而超越自身利益,并对下属产生超乎寻常的深远影响。这种领导者具备魅力型领导的各种特征,他们会对下级提出远大的目标,能获得下级的尊重和信任,用简明的方式表达重大目标,激励下级积极思考问题和慎重处理问题,对下级的需求采取个别对待的方式,帮助下级从新的视角看待原有的问题。通俗地说,变革型领导是一种改革性的、创新型的领导。表 11-7 简要地界定了区分这两类领导者的四个特点。

表 11-7　交易型领导与变革型领导的特征

交易型领导:
(1) 一致性的奖励:承诺为努力提供奖励的交换,向好绩效提供奖励,赏识成就。
(2) 差错管理(积极型):观察和寻找对于准则和标准的背离,采取修正行动。
(3) 差错管理(消极型):仅在标准没有满足时进行干涉。
(4) 放任:正式放弃责任,避免做出决策。

变革型领导:
(1) 魅力:提供任务的愿景和知觉,潜移默化自豪感,获得尊敬和信任。
(2) 激励:持续的高期望,使用象征方法集中努力,用简单的手段表达重要的意图。
(3) 智慧性刺激:提升智慧,理性和谨慎地解决问题。
(4) 个性化关怀:给予个人关注,个性化地对待每名雇员,培训和建议。

交易型领导与变革型领导之间并不是对立的。变革型领导是建立在交易型领导之上,并在此基础上发展起来的。许多研究结果表明,与交易型领导相比,变革型领

234

导与低流动率、高生产率和高员工满意度的关系更强。

（五）垂直结合理论

之前研究的领导理论都基于这样一个假设，即领导者会以同样的方式对待其所有的下属。实际上，这是一个模型化的假设，在现实的领导关系中，领导者会与下属建立不同的关系，交流方式也是不同的。研究发现，下属的表现及目标的完成情况一定程度上取决于领导者与下属的关系状态，基于领导者与下属不同类型的交流与交换最终会对领导效果和组织业绩产生重要影响。因此，研究领导者与下属的关系就具有现实的意义。

垂直组合理论也称领导者—成员交换理论，垂直组合意指领导者与其一个下属之间的关系。该理论指出，一个领导者与其下属将会建立多个垂直组织，并在不同的垂直组织中实施不同的领导方式。垂直组织理论使用了社会关系理论、角色理论、归因理论和心理测试理论等多种理论，将领导理论与其他理论结合起来，拓展了领导学研究的新视角和领域。该理论强调领导者与员工的关系，这对精确剖析领导现象和选拔领导方面有积极的启示意义。

（六）高层领导团队理论

高层领导团队理论（Upper Echelons Theory）就是对领导团队关系进行研究的总称。随着现代市场竞争日趋激烈，组织的领导工作并不是一个人的工作，而是领导群体的有机协作。特别是在学习型组织中更强调领导集体行为。在现实工作中，组织的领导效能不仅与核心领导者有关，也受到领导集体中其他成员的影响。此外，复杂的决策环境导致一个领导者不可能观察到组织和外部环境的每一个方面。也就是说，每个领导者对组织和环境的理解存在某些缺陷，而团队领导可以弥补领导者之间的不足。

高层领导团队理论兴起于 20 世纪 80 年代，由美国管理学家唐纳德·汉姆布瑞克（Donald Hambrick）和菲莉斯·梅森（Phyllis Mason）提出。"高层梯队理论"提出战略领导者的研究重点应该是整个高层领导团队，要充分注意高层管理团队的人口背景特质，包括年龄、组织中或团队的任期、职业背景、专业结构、性别、教育背景等，因为这些因素取决于管理者思维的偏好。

【案例分享】

愿景的激励

苹果公司创始人之一乔布斯是魅力型领导的代表人物，他对自己从事的事业始终充满信念和激情，并将公司的伟大愿景传递给每一位员工。苹果公司在开发第一代 Macintosh 研发项目时,曾经公司上下几乎无人问津。但乔布斯以接管这个项目开始,一再说服工作小组的成员让他们相信自己正在从事一项具有革命性的工作,他们是"将技术与文化融合在一起的艺术家,在改写计算视历史的事业中扮演着独特的角色,能参与如此具有创新性的产品设计是一种荣幸"。并描述道"我们所有人走到一起来制/作这个新产品。我们觉得,这可能是我这一辈子所从事的最伟大的事业。"在为员工举行的签名聚会上,乔布斯将设计小组成员的签名分别刻在机箱内侧,并大声宣布"艺术家总是在自己的杰作上签名"。在传递梦想和使命方面,从乔布斯聘请营销大师、百事可乐前总裁约输.斯卡利来经营苹果公司,"你想一辈子卖糖水,还是想改变世界"的对话在吸引精英加盟过程中一遍又一遍地使用,成为宣扬苹果创新激情文化,共启愿景的经典模式。

资料来源:云鹏,彭剑锋,杨晨.魅力型领导与创新型组织文化:人力资源管理的作用:以苹果公司为例[J].中国人力资源开发,2015,(10):68-73+104.

第三节 领导力开发

一、个人领导力开发

领导者作为组织的领军人物,对组织的内部运营和外部发展都起着相当大的作用,而领导需要发挥出这种强大的作用,就需要发挥出领导者的影响力。通过梳理国内外对领导力开发的研究,发现当前领导力开发主要专注于领导者自身,其中,"领导特质理论"占据着重要的地位。

(一)研究现状

"领导特质理论"是从领导者自身来认识领导,探讨其不同于他人的优越之处。它关注五个方面:一是生理特质,如领导者的身高、体格、音容笑貌和仪态举止等;二是个性特质,如自信、正直、负责、勇敢等;三是智力特质,如领导者的记忆力、判断力、反应力和逻辑力等;四是领导者的工作特质,如责任感、首创性和事业心等;五是社会特质,如领导者的沟通能力、指挥能力、协调能力等。

我国于 20 世纪 80 年代引进"领导特质理论",该理论创始人是美国心理学家奥尔波特,代表人物是斯托格迪尔等人。他们通过观测领导者的个性、生理和智力因素,制定有效领导者的标准作为选拔领导者的依据。

国内研究者主要是基于"领导特质理论"进行领导力开发的相关研究。马建新

(2007)认为领导者要培养开阔的襟怀和宏观的视野,运用好控制力和端正权力,还要梳理正确的世界观和人生观,加强自身的道德修养。张晓风(2008)认为,领导力主要由六个方面构成,即前瞻力、发展力、协调力、创新力、执行力和凝聚力。李楠(2010)认为领导力开发应注重培育个人特质,包括自我形象、职业能力、多向沟通和品德操守。康健(2011)认为领导力的开发在于自我培养;培养作为领导人的个人特质,形成良好的职业操守;提升作为领导人的专业、说服才能及个人魅力、创新力及行动力。齐二石等(2016)认为领导力开发要关注领导者的素质能力现状。胡敏(2017)认为开发领导力要注重文化知识和技能的开发,角色意识的转换、个性特质的开发、态度与价值观的转变。王亚军(2017)认为开发领导力需要关注领导的胜任力,即自控力、工作力、执行力、影响力和创新力这五个方面。国防大学教授李兵(2018)认为领导力提升应聚焦在信仰坚定、树立权威、意志坚强、人格力量、勇于扣当、关心下级、集体智慧、用人不疑、顺势而为、沟通能力这 10 个方面。

（二）结论

通过上述的梳理,可以发现大多数的研究成果主要集中于领导者自身的能力和胜任素质。总的来说可以归结为以下三个方面:

1. 个人能力

领导者的能力提升主要体现在他的协同力、决策力和创新力的提高,即为领导力的提升。在竞争日益激烈的环境下,关注领导个人能力提高,发挥核心作用,有助于整个组织中的组织结构、各个部门之间协调合作。在面对种种决策问题时,领导者能够认清组织发展的大趋势,做好决策。

2. 个人素质

领导者要加强自身的道德素养,要具有较高的品德操守,提高领导者素质是加强组织建设的关键和基础。只有领导者保持清正廉洁的道德和为官素养,具备扎实的理论和专业素养,坚持实事求是和实践的真理标准,才能带领团队适应新要求,增强适应能力,推动组织发展现代化。

3. 个人特质

前进的道路上,面对风险期与机遇期,领导者必须有强烈的担当精神。必须保持诚信,恪守承诺;保持谦逊,接受反馈;勇担责任,廉洁忠实,充满活力,这样才能打造一支高素质专业化年轻管理团队。

二、组织领导力开发

20 世纪 80 年代的领导理论更多关注"个体"一端,即领导者本身,而 20 世纪 90

年代后期开始靠近"集体"一端,集体取向的领导理论,即组织中的每个人都具有领导力,在不同时间、不同情境下都可能成为领导者。

与个体和团队领导力相比,组织领导力涉及的内容更广,包含战略管理,变革管理,组织绩效、企业文化、团队建设等诸多方面。组织领导力指一个组织在应对环境变化适应的过程中,组织内人员所展现出来的整体能力。区别于西方"人人都有领导力"理念,在东方语境下,组织领导力指组织中的各级管理者,特别是中高层管理者与团队成员互动,形成的核心能力的体现。

美国创新领导力中心(Center for Creative Leadership, CCL)认为,开发领导者经历,就是使之有效胜任领导岗位的过程。

（一）发展领导者经历

开发领导者经历有三个主要因素：评估现状(素质能力)、增加挑战(设计学习任务)与提供支持(教练或导师跟进辅导),三者组合起来可以使参与者的能力得到提升,① 能激励参与者将其注意力集中于学习,成长与挑战;② 为学习提供相应的学习资源,通过培训课程,反馈、引导和互动等培养参与者更广泛的学习与理解能力;③ 评估,包括考核评估,360°反馈,领导大测评等工具的使用,帮助参与者认识现实状态,对未来开发提供基准。

（二）关注领导梯队建设

领导力发展有六个阶段,即管理自我到管理他人、管理经理、管理职能部门、事业部总经理、集团高管等,明确不同层级管理者的领导力要求,结合领导者个人,进一步将要求细化。

第一阶段,从管理自我到管理他人。在这一阶段,领导者应该学习的技能包括工作计划、知人善任、分配工作、激励员工、教练辅导和绩效评估。在这个阶段,最大的挑战来自工作理念的转变。一定要在自身和外部条件的结合下,完成从个人贡献者到团队贡献者的转变。

第二阶段,从管理他人到管理经理人员。第二阶段,不再需要直接做出个人贡献。必须掌握的关键技能包括选拔人才担任一线经理,分配管理工作,评估下属经理及教练辅导。同时,必须学会超越部门利益考虑全局性战略问题,并积极地给予支持。

第三阶段,从管理经理人员到管理职能部门。这一阶段比较困难。管理职能部门需要跨越两个层级与员工沟通,因此需要培养新的沟通技巧。此外,他们还必须管理自身专业以外的其他工作,这就意味着他们必须懂得专业以外的工作,而且还必须学会评估它的价值。

第四阶段,从管理职能部门到事业部总经理。事业部总经理不是从部门的角度评估计划和建议方案,而是从赢利和长远发展的角度进行评估。为了获得成功,事业部总经理必须改变他们先前的思考方式。这个过程有挑战,有难度,有思考,也对管理者提出更高的要求,管理者直接地对团队的发展负责。

第五阶段,从事业部总经理到集团高管。这个阶段要求领导者在四项关键技能方面进一步提升,分别是评估资金调拨和人员配置的战略规划;培养事业部总经理;评估业务的投资组合策略;精于评估自己的核心能力,采取冷静客观的态度,评估手中的资源,基于分析和经验做出判断,而不是盲目乐观。

第六阶段,从集团高管到首席执行官。在这一阶段,领导角色转变更多地集中在经营理念而不是管理技能方面。首席执行官必须确认自己的角色和职责。作为一位组织的最高领导,他必须是一位有着远大抱负的思想者,同时善于建立公司的运行机制,推动公司实现每个季度的业绩目标,并确保公司长期战略目标的实现。他们必须学会权衡取舍,同时敏锐地觉察并熟练地处理外部利益相关者关系、重大的外部变化及积极主动地加以应对。

(三)组织领导力开发的三个层次

领导力发展过程包含三个层次,即个体领导、群体领导、企业文化三个层次。

在个体领导层次,领导成功与否取决于对部属意愿和能力的准确判断和评估。意愿和能力不同的被领导者,在不同的时间,环境和事项上所表现出的意愿和能力也不同。意愿低,没有动力就难以产生有效行动;有意愿,没能力,同样难以产生有效行动。这两种状态下,需要领导者耗费更多的精力。因此,被领导者意愿不同,能力不同,所需的领导技巧和风格也不相同。

在群里领导层次,其核心就是团队建设。有三个关键点:① 塑造目标、梳理关系与制订方法。目标是一个团队工作的标杆,需要设定一个明确合理,得到广泛认可的目标,这是有效领导一个团队的核心。② 领导者需要思考怎样让群体中各具特色的成员相互尊重,实现互补,调节成员相互之间的利益和情感冲突,这是使团队发挥协同效应、形成合力的关键。③ 在领导一个群体时,只有借助流程方法才能使领导者从具体的琐碎的工作中解放出来,领导的价值更多体现在流程、方法的有效性上。

在企业文化层次,领导者更应该重视组织方向、结构和制度。企业文化如果得到企业成员的广泛认同,会极大提升领导者的领导力。事实上,企业文化某种程度上是领导者的文化,代表着领导者理念、风格、策略。尤其是在企业的创业期,这种倾向更为明显,无论这时的企业文化是隐性的还是显性的。随着企业的发展,企业文化也要与时俱进,固化或者异化原有的企业文化是会带来相反的作用。

（四）组织领导力开发与能力培育

组织的持续成功来源于两大关键因素：正确的战略及合适的组织能力。其中，组织能力建设需要做好以下三个方面：① 积极应对内外部环境的变化，突破现有战略；② 注意自身组织能力短板；③ 领导者，各级管理人员，人力资源部三方共同努力。

目前，组织领导力开发主要包含三大策略：

第一，基于战略的组织领导力素质模型及盘点是开发的基础。开发组织领导力，可以分为三个方面：构建基于战略的领导力素质模型，进行领导人才盘点，实施组织领导力开发。

（1）基于战略与企业文化的组织领导力素质模型的建立。领导力素质模型构建、基于模型的人才盘点，进行针对性的培养与发展，依然是组织领导力开发的重要策略。对于组织领导力开发，其中的个体领导者更多涉及组织的高层管理人员。因此，高层管理者的胜任力素质是组织领导力开发的重要内容之一。通常领导力素质模型或胜任力模型大多以通用领导行为为基础，融入组织文化及管理理念，与高层领导者工作实际结合不够紧密，需要增加组织战略、管理变革和组织文化选择等对高层领导者开发更有针对性的内容。

（2）个人发展计划（Individual Development Plan，IDP）与团队发展计划（Team Development Plan，TDP）的制订与发展。组织领导力包含个体（领导者）、团队（领导者与他人的关系）、组织（情境与组织文化）三个层面的内容。IDP 基于领导者自身的优势与短板分析，结合其工作中的挑战，通过行动计划的制订、实施及过程的反思，帮助领导者提升其领导能力。TDP 以领导者所在的团队为对象，通过分析团队的现状与亟须提升的方面，结合团队成员的工作实际，以全员参与的形式打造高效团队。无论 IDP 还是 TDP 双改善、双提升，都需要管理者参与与团队成员之间的互动。

第二，混合式培养与发展，加速组织领导力开发。组织领导力所包含的内容广泛、层次立体，因此其开发的主要角度从个体、团队、组织三个层面，以及基于组织战略与文化角度，从高层管理者入手，带动高管后备与中层管理者。运用开发技术与方法混合式，才能体现综合效果。包括测评觉察、360 度反馈、在线与线下的领导力课程、教练辅导、导师指导等个体领导力发展方法，还包括挑战性任务、群策群力、团队引导、行动学习、组织文化研讨等集体领导力开发等方法。依赖单一开发技术，很难达到有效性，因此，组织领导力开发需要混合式开发，体现出"针对性"和"系统性"。

第三，行动学习贯穿组织领导力开发全过程，彰显组织领导力开发效果。在组织领导力开发的研究和实践中，行动学习被视为组织领导力发展的最佳方法，行动学习指一个团队选定一个要共同研究或攻克的问题之后，应用行动学习的工具、方法和群策群力的方式共同研讨,共同学习,制订出针对该项选题的解决方案,然后通过执行、评审,优化、成果落地,总结反思、固化等步骤最终解决问题的一种学习方法。行动学习在关注个体能力提升与组织学习的同时,也关注行动落地与组织绩效的提升,是一种个体领导力和组织领导力发展的整合方法。行动学习通过行动、质疑和反思的方法帮助企业提升个人发展,团队发展和业务发展,并最终促成组织领导力的全面提升。

思考题

(1) 拿破仑说:"一头狮子领导的一群绵羊可以打败一头绵羊领导的一群狮子",如何理解?

(2) 古希腊一则寓言说"狐狸对任何事情都知道很多,而刺猬只知道一件事情,但是很精深。"如何从领导者角度解释这一寓言?"狐狸型"和"刺猬型"领导者有何优劣?

(3) 印象管理,是指试图控制他人形成对自己印象的过程。这一概念对领导者有何启示?

案例研讨

解读韦尔奇:成功领导者不可或缺的特质

杰克·韦尔奇是通用电气的一个革命家,一个永远追求变化的人。《商业周刊》在总结其担任首席执行官时期的工作时称:"他是一个急躁的、自命不凡的家伙,与死水一潭的通用电气文化格格不入。他于20世纪80年代上任伊始便大刀阔斧地裁减冗员,在公司普通员工中招致前所未有的骂名。""但是,因为裁减员工的缘故,通用电气在20世纪90年代欣欣向荣。既然他增加了将近5 000亿美元的股东价值,其莽夫的形象早已被管理专家的形象所取代。"韦尔奇因卓有成效的领导方式成为管理权威,并且吸引了大批信徒。在其领导风格中占有一席之地的思想观念,也就是那种大胆、勇敢、鲁莽的思想发挥了重要作用。他的想法有时是绝妙的,有时是愚蠢的(但这也同样重要),但他有实施这些想法的勇气。

韦尔奇从通用电气脱颖而出,在许多同事眼中,他像是一匹野马。在某种程度上,他就是这种形象。他的领导观念独具特色。人们一般认为,公司最高领导人一定凡事深思熟虑,冷静制订公司制度,约束不守规矩的下属。在韦尔奇领导下的通用电气,如果有人需要约束的话,那就是董事长本人。"关于领导艺术,有一点需要说明,你不能做一个温和沉稳、四平八稳、深思熟虑、谨小慎微的政策发布者,你必须做点疯狂的事情。"他解释说。

通用电气是一家制造公司、服务公司和传媒公司,但韦尔奇认为它更是一家思想公司,这才是其最重要的特点。他殚精竭虑,希望建立世界上最具活力的思想公司,而他只是公司的代表而已。思想是通用电气取得成功的硬通货,韦尔奇本人则要确保公司大量生产这种硬通货。"我的职责是捕捉闪光的思想,夸大它们,然后以最快速度在工作中予以传播。"他曾热情洋溢地说。在他的价值体系中,"英雄就是具有最好想法的人"。他会奖励有思想火花的员工,即使这些想法没有达到预期目的。

杰克·韦尔奇为领导者树立了典范。他相信行动,不相信空谈。他总是积极进取,充满热情,但也脾气暴躁,有时声色俱厉。对于那些基于环境或性格原因而担任较低职位的人来说,看到自我标榜为疯子的实干家韦尔奇,备受鼓舞,热血沸腾。要特别说明的是,韦尔奇工作的地方是一个死气沉沉、墨守成规的大公司。

领导者必须做决断,而且要快。韦尔奇显然不喜欢说"也许"的经理,他的词汇表里几乎没有这个词。韦尔奇可能会说"是",也可能说"不",但他从来不说"也许"。一位经理于 1998 年对《商业周刊》说,另一位经理苦笑着说:"杰克不够耐心……这是他的不足。"《商业周刊》举例说,通用金融公司的管理层花费数月分析收购美国电报电话公司(AT&T)万能信用卡的可行性,最终决定予以收购。他们向韦尔奇递交了详细的陈述报告,韦尔奇在 24 小时内答复说:不。

资料来源:詹姆斯·W.鲁滨逊.思想家,实干家(EB/OL)(2006-01-19)[2024-07-22].https://www.ceconline.com/leadership/ma/8800041938/01/.

请思考:

(1) 韦尔奇的领导方式中所体现的大胆、勇敢、鲁莽的思想是否适用于所有组织和情境?

(2) 何种类型的组织或者决策情境下,这样的领导风格可能会更加有效? 何种情况下可能会带来负面影响?

第十二章
创新管理与组织变革

组织变革是组织适应环境变化、保持自身活力的重要手段,是组织发展的重要途径和措施。组织变革和组织发展仍然是当今世界组织管理的主题。组织变革的最终目的是适应未来组织发展的要求,增强组织活力,实现组织目标,提高组织的效能,并最终能实现组织的可持续发展。在组织变革的过程中,创新管理是能够推动变革开始、深入并取得成功的一种方式。本章从创新管理和组织变革两个方面展开,详细介绍什么是创新管理,组织赋能与学习型组织,以及如何实现组织变革等内容。

第一节　创新思维与创造力

一、创新

创新就是"推陈出新",即采用新的实践,把创意与知识转换成在市场中产生新客户价值的新产品和新流程。我们把创新定义为"以新流程把创意知识转换成体现新客户价值的产品与服务的行动"。在创业领域,创新被定义为:创新＝新思想＋新产品与服务＋市场实施。可以分为产品创新、流程创新、市场创新、结构创新、文化创新等;在管理情境中,创新是为达成组织目标对于管理实践、流程、结构或技术实施创新组合;在工程领域,创新是创造或生成新的活动、产品、流程和服务,以新视角看事物,跳出现有范式,改进现有工艺与功能,采用新的成功实践等。显而易见,创新并非发明。创新包含三个重要元素:创新创意(新思想、新想法、新视角、新理念);创新过程(推陈生成、优化、变革、发展);创新行动(实践活动,实施行为,行动模式),其中,创新创意基于思维创新,创新过程基于程序创新,创新行动基于结构创新。

创新是整个人类社会发展的不竭动力。没有创新,就没有中国的进步,就没有中国的未来。习近平总书记对近代以来中国历史进程中的经验教训多有洞察,并基于这种历史认识明确指出:"纵观人类发展历史,创新始终是一个国家、一个民族发展的重要力量,也始终是推动人类社会进步的重要力量。不创新不行,创新慢了也不行。如果我们不识变、不应变、不求变,就可能陷入战略被动,错失发展机遇,甚至错过整整一个时代。"

二、创新思维

（一）创新思维的概念

创新思维是人类思维的一种高级形态,是人们在一定知识、经验和智力基础上,为解决某种问题运用逻辑思维和非逻辑思维突破旧的思维模式,以新的思考方式产生新设想并获得成功实施的思维系统。创新思维反映的本质是一样的。创新思维是人类创造力的核心和思维的最高级形式,是人类思维活动中最积极、最活跃和最富有成果的一种思维形式。人类社会的进步与发展离不开知识的增长与发展,而知识的增长与发展又是创新思维的结果。所以创新思维比之思维的其他形式,更能体现人的主观能动性。创新思维有广义与狭义之分。一般认为,人们在提出问题和解决问题的过程中,一切对创新成果起作用的思维活动,均可视为广义的创新思维。而狭义的创新思维则是指人们在创新活动中直接形成的创新成果的思维活动,诸如灵感、直觉、顿悟等非逻辑思维形式。

习近平总书记强调:"创新是一个民族进步的灵魂,是一个国家兴旺发达的不竭动力,也是中华民族最深沉的民族禀赋。"创新思维,就是破除迷信、超越陈规,善于因时制宜、知难而进、开拓创新的能力,是马克思主义的科学思维方式。党的二十大报告指出:"紧跟时代步伐,顺应实践发展,以满腔热忱对待一切新生事物,不断拓展认识的广度和深度,敢于说前人没有说过的新话,敢于干前人没有干过的事情,以新的理论指导新的实践",高度概括了创新思维的本质要求。在推进马克思主义中国化时代化的进程中,中国共产党人始终坚持运用创新思维,坚持与时俱进,推动马克思主义基本原理同中国具体实际相结合、同中华优秀传统文化相结合,不断推进理论创新和实践发展。

增强创新思维,首先要把握其内涵与特质。创新思维以实践为基础。实践是创造性思维的现实基础,也是检验创新思维成果是否符合真理的最终标准。运用创新思维破解难题、增强发展动力,关键要立足当前发展实际准确识变、科学应变、主动求变,要在危机中育先机、于变局中开新局。

创新思维坚持问题导向。创新的过程就是发现问题、研究问题、解决问题的过程。只有在实事求是、求真务实的前提下解放思想、大胆创新才能顺应时代潮流,不断进步。

创新思维以开放为特征,要挖掘、激活创新增长潜力,就要完善创新规则和制度环境,打破创新要素流动壁垒,深化创新交流合作,共享创新成果。正是在这种开放性的交互融通过程中,创新思维才能更加有效地迸发出来。

（二）创新思维的特征

（1）独创性特征。创新思维在思路的探索上、思维的方式方法上和思维的结论上都能独具卓识,提出新的创见,获得新的发现,实现新的突破,具有开拓性和独创性。

（2）超越性特征。创新思维不但可以超越时间、空间、物质、现象和一切传统的东西,而且还可以超越过去和现在,创造出美好的未来。

（3）灵活性特征。创新思维不局限于某种固定的思维模式、程序和方法,它既独立于别人的思维框子,又独立于自己以往的思维框子,是一种开创性的、灵活多变的思维活动,它能做到因时、因事而异。

（4）风险性特征。创新思维的核心是创新突破。它没有成功的经验可借鉴,没有有效的方法可套用,因此,创新思维的结果不能保证每次都取得成功,有时可能毫无成效,有时可能得出错误的结论。但是无论取得什么样的结果,都具有重要的认识论和方法论的意义,都能为人们提供新的启示。

（5）综合性特征。创新思维是多种思维的结晶,是多种思维协同的统一。

三、创造力

（一）创造力的概念

创造力,是人类特有的一种综合性本领。创造力是指产生新思想,发现和创造新事物的能力。它是成功地完成某种创造性活动所必需的心理品质。它是知识、智力、能力及优良的个性品质等复杂多因素综合优化构成的。一个人是否具有创造力,是区分人才的重要标志。例如,创造新概念,新理论,更新技术,发明新设备,新方法,创作新作品都是创造力的表现。对于企业领导者来说,创造力愈发的重要,已经成为可能决定一个企业成功与否的重要决定因素。当今的中国经济已经逐渐从"低成本高收益"战略转为"创新性带来价值"的战略。

（二）创造力的管理技巧

（1）多鼓励。好的、可行的创意并不缺乏,但有些管理者对创意的接受度却非常缺乏,无论是广播、电话、快递、计算机,在"泼冷水的人"的眼中,它们统统都是"愚不可及"的。在3M发展初期,其整体创新能力主要由威廉·L.麦克奈特（William L. Mcknight,美国）一手塑造,无论员工身份、年龄、工作资历,只要有好主意、好想法,他都乐意倾听。

（2）激发好奇心。无止境的好奇心是一种单纯的愿望,能促使人们认识和检验世界,验证某事物是否可行。好奇心会孕育创造力。创造力丰富的人会提出很多问题,凡事总爱问个为什么。创造一个可以问问题的环境,管理者自己也应该多提探究性的、开放性的问题,帮助同事或者员工打开思维。

(3) 创造需要。常言道"需要是发明之母。"人们往往可以通过创新来摆脱看似不可能的局面。实际上,很多企业之所以能够提出伟大的创意,有时候正是因为它们缺少资源,无法获得理想的条件。因此,在有些情况下,管理者可以有意识地限制资源。设定硬性的、几乎不太可能实现的目标,同样有利于创造必要的需求。实际上,即便在资源充足的情况下,企业也必须保持精益运营。

(4) 善用独处和团队时间。给予富有创造力的人们足够的独处时间,有时候他们需要远离喧嚣,静下心沉思默想。耐克的创始人菲尔·奈特(Phil·Knight,美国)相信,人们在远离办公室的地方,在海滩、在跑步时能获得最好的创意。这也是耐克建成宽敞的办公空间,拥有跑道、网球场、篮球场、健身房的原因之一。允许人们在一间安静的房间里不受打扰地工作,有时候坐在办公桌前并不是创造力最旺盛的时候,只有真正放空心灵,才能产生更多的创造力。当然除了给人们安静独处的思考时间,让多重思维碰撞产生创造力也很重要。头脑风暴之类的团队活动会产生非凡的绝妙创意。最有创造力的答案往往来自以上两种的结合:远离争吵的安静时间和团队的讨论时间,一加一大于二的情况会常常出现。

四、设计思维与创新管理

创新的重要途径是采用设计思维,即"以人为中心,通过整合技术系统条件和社会文化情景开展创新的途径"。马克·格鲁伯等人(Marc Gruber et al.,2015)在《管理学会杂志》题为"设计管理"的主编专题文章中,构建了包括创造发现、洞察框架、原型选项、互动交付等四阶段设计思维模型。他们认为,由于创新已经无处不在,管理创新也已经成为常态,设计思维应该成为每位经理和员工心智模式与胜任力。

设计思维从发现起步,以客户的视角洞察需求,通过观察与学习,进入合成框架,联结愿景商机,到达解题实现;常规商务思维从界定出发,进入观察与学习、实践尝试,达成愿景商机;而工程思维则从发现出发,通过观察与学习,直通解题交付,实现产品与服务。设计思维重塑了商务式管理行为与管理模式。设计思维更多表现为直觉整体、多重选项、总有更好、商讨新意、寻求新解等重要心理特征。设计思维已广泛应用于多种产品与服务的设计与开发,并成为高绩效企业的战略思维方式,持续创新商业模式,不断开拓新业务。

从管理心理学来看,以设计思维行事、创新可以采用六项技能,实现六方面的创新效能:

（1）观察新问题。以开放视野解读视角创意，深度知觉客户新需求。

（2）定制新需求。以个性视角体验组织目标，定制聚焦组织新价值。

（3）发挥新想象。以发散方式拓展理想空间，运用隐喻激活新体验。

（4）尝试新实验。以快速迭代实现方案原型，探索实验促进新合作。

（5）分享新合作。以合作方式激发分享创意，愿景导向拥抱性参与。

（6）强化新整合。以整合方式实现创新解法，交付设计思维新成果。

管理心理学研究表明。设计思维作为一种社会—技术创新途径在实施中也需要采取新策略。在创新实践中，会遇到不少旧习惯、老模式和惯性行为的问题或阻力。常见的问题有专长经历陷阱、资料数据困扰、多样视角分散、多方利益冲突、陈规陋习束缚和变革过程抵制等。设计思维可以通过转换心智模式、释义解读资料、对标组织目标、求同存异洞察、破除偏差成见和学习实验行动等策略，显著推进创新管理、数字化使能服务和创新型领导效能。

【案例分享】

企业创新案例

1. 万达地产的商业模式创新历程

万达地产的第一次创新是在 1993 年，从一个区域公司——大连公司，变成一个全国性的公司，属于跨区域发展，目的是想把企业规模做大。第二次创新，从 2000 年开始企业从住宅房地产转向商业地产，有了根本性的变化。第三次创新，万达从 2006 年开始向文化旅游创新，万达想成为持续发展的企业，就要找一个更稳定的商业模式，于是选择了做文化和旅游，树立了品牌文化。第四个创新，是万达向跨国企业创新，努力成为著名的世界一流企业。其中最著名的案例要数 2012 年 9 月万达并购美国 AMC，这是中国历史上最大的文化产业海外并购案。现在的万达地产已经将万达地产的城市综合体——万达广场这个品牌做得深入人心，因为只要提到万达广场，可能人们心中第一反应已经是一个城市的中心繁华地段的概念。从这个方面来说，万达已经做到了跨界和找到了创新的商业模式来持续发展自己的企业。

2. 雨润食品的商业模式创新历程

雨润展开了持续性国际化发展战略，在重点城市的重点区域发展新型城市商业综合体，提供购物、办公、住宿、餐饮、文化、娱乐、休闲、健身等一站式服务，也为与梦工厂合作发展文化产业提供了一个良好的平台。2013 年 1 月 14 日，中国雨润控股集团与美国梦工厂签署了关于文化产业、游乐产业等方面的战略合作协议。雨润将联合世界顶级文化产业公司，从美国梦工厂引进世界著名家庭娱乐真人舞台剧《驯龙高手》投放中国市场，以期顺利挺进文化产业。雨润从一个普通的食品公司介入文化产业发展，其依托雨润的品牌、资金等，积极拓展海外市场，加强国际跨界合作，发展新型城市综合体。

3. 熊猫烟花的商业模式创新历程

随着人们对环境保护的越加重视，烟花销量受到很大影响，烟花生产企业需要寻找新的业务增长点。熊猫烟花企业因为主营烟花业务已经受阻，早在 2009 年就开始实施多元化发展，房地产、酒店旅游和金融投资等多个领域都能看见熊猫烟花的身影。2014 年 2 月熊猫公司拟通过定向增发股份的方式，收购东阳华海时代影业传媒有限公司 60％股权，进军影视传媒领域。传统的烟花爆竹生产要想持续发展就需要采用环保型的原料，以高新技术含量来提高市场份额。

资料来源：樊宇澜.传统企业创新商业模式的案例及启示［J］.企业改革与管理，2018，17：44－45.

第二节　学习型团队与组织赋能

一、组织学习理论与学习型组织

（一）组织学习理论与研究

1. 组织学习

管理心理学领域，组织学习被定义为"组织发现、获取、整合和开发新知识以提升其核心能力的学习过程"。因此，组织学习体现了系统的协同学习和整合赋能过程。人们在生活、教育、工作中不断积累、转化和应用知识和经验，形成了多样化的角色、价值观和协作能力。同时，组织在不同的发展过程中持续探索、创新和整合知识与资源，形成了独特的文化、领导风格和战略路径。通过协同学习与整合赋能，个体成长与组织发展在双重轨道上相辅相成，应对挑战，促进创新。

在现代竞争激烈的环境中，组织学习是经营和发展的重要机制，更多地采用组织赋能策略和使能管理。新的组织学习理论认为，它是通过人与组织之间的互动适配，通过探索、创新和变革，形成动态能力提升的过程，依赖于协同学习和整合赋能的机制。这种过程涵盖了从个体角色和协作能力到组织文化和战略能力的五层次协同赋能机制，有效推动了组织学习的目标实现。

2. 组织学习理论

在众多组织学习的理论研究中,有几项重要的理论产生了巨大的影响,如马奇组织学习理论、4I组织学习理论和双循环理论等。

(1)马奇组织学习理论。詹姆斯·G.马奇及其同事在著名的"组织学习"(1988)文章中,提出了组织学习的新思路,展现了引领者的角色。为了揭示组织学习的动态机制,马奇开创性地提出"探索式与开发式"(exploration-exploitation)的组织学习理论模型,通过探索式和开发式学习的平衡,为组织学习和创新提供了重要的理论支持。这一理论框架不仅帮助理解组织在动态环境中的行为和决策,还为管理者提供了指导,以促进组织的可持续发展和竞争优势。

探索式学习是指组织寻找和开发新的知识、技能或资源的过程。这包括尝试新的想法、探索新市场、采用新技术等。探索式学习使得组织能够在不确定和动态的环境中适应变化,为未来创造新的机会和竞争优势。开发式学习是指利用和优化组织已有的知识、技能和资源的过程。这包括提高生产效率、优化现有产品和服务、巩固市场地位等。开发式学习帮助组织稳定其运营和收益,并确保现有资源的有效利用。马奇认为,组织成功的关键在于如何平衡探索和开发两者之间的关系。过度专注于探索可能导致资源的分散和效率低下,而过度专注于开发则可能导致组织对未来变化的适应性不足。因此,组织需要在探索和开发之间找到适当的平衡点,以保持创新能力和竞争优势。

(2)4I组织学习理论。组织学习是一个多层次的学习演进过程,克洛桑等(Crossan et al.,1999)提出组织学习的四环节4I过程框架:个体层次的直觉与解释加工环节、群体层次的解释与整合加工环节以及群体与组织环节的整合与制度加工环节,即直觉(Intuiting)、解释(Interpreting)、整合(Integrating)、制度化(Institutionalizing)四环节的4I过程框架模型。这四个环节发挥了"黏结剂"的作用,使组织学习成为三层次的整体结构。

其中,直觉环节:个体和组织通过感知、观察和直觉识别和理解新知识和机会。解释环节:组织分析和解释从直觉中获得的信息和数据,理解其含义和潜在影响。整合环节:将新获取的知识、信息和洞察力与现有的知识库和组织内部资源进行整合和结合。制度环节:内化和应用整合后的知识和实践到组织的文化、价值观和日常运作中,确保长期保持和推广。4I过程模型揭示了组织不同层次间的学习互动与演进过程,帮助组织建立起完整的学习循环,促进创新和持续改进,从而增强组织的竞争力和适应能力,并在诸多如战略、运营、技术创新、市场营销、信息技术管理等领域产生影响。

（3）克里斯的双循环学习理论。克里斯·阿盖尔（Chris Argyris，美国）的双循环学习理论强调组织如何通过调整操作策略，并反思和调整根本性假设和价值观来实现深层次学习和持续改进。在组织学习的第一循环阶段（single-loop learning），组织发现问题并对操作行为进行调整，以达到更好的结果，但并未质疑和改变背后的假设和价值观。在第二循环阶段（double-loop learning），组织面临更深层次的学习过程，在面对问题时不仅调整行为，还审视导致问题的根本性假设，并进行必要的调整和变革。

双循环学习理论被广泛应用于组织学习和变革的实践中。它帮助组织不仅在表面上解决问题，还能够深入理解问题的本质，并从根本上改变组织的行为和结构。此外，该理论强调领导者和组织文化在双循环学习过程中的关键作用。开放的领导风格和支持创新的组织文化能够鼓励员工参与到深层次的学习和改进中来。

3. 组织学习的研究与应用

组织学习是管理心理学中的一个重要领域，长期以来取得了显著的研究进展和实际应用成果。陈国权等（2009）分析了自 2000 年以来中国期刊发表的 147 篇组织学习相关文章，系统总结了组织学习对组织绩效、核心能力、团队知识传播以及虚拟团队学习效能等方面的显著影响。研究呼吁进一步深入探讨面向危机时期的组织学习机制、知识多样性与团队领导风格等因素，以及企业内外知识共享的学习型组织和学习能力的机制研究与实践。

（1）基于组织学习的知识产权应用。薛元昊和王重鸣（2014）以组织学习的探索-开发理论为指导，构建了企业知识产权策略的研究框架，验证了组织学习与赋能行动的探索学习、转化学习和开发学习的紧密关系和理论提炼。通过对 35 家知识产权示范企业的案例数据进行内容编码与系统分析，归纳出企业知识产权策略的获取式探索学习、维护式转化学习和运营式开发学习三个核心维度及其关键特征。① 获取式探索学习：引进知识产权、激励创新发展、注重自主研发、尝试合作研发、采集机遇信息；② 维护式转化学习：保护维护专利、教育培养能力、实施战略规划、增强制度安排、设置结构支撑；③ 运营式开发学习：优化财务保障、加速产品升级、经营知识产权、加强合作关系、开展社会影响。这些研究不仅丰富了组织学习理论在技术创新学习中的应用，还拓展了其理论框架。

（2）组织学习的过程模型与时空观。陈国权（2001）针对组织学习的具体过程进行了系统研究，并提出了包括发现、发明、执行、推广、反馈和知识管理等五个阶段的组织学习过程模型。案例研究显示，不同阶段的组织学习面临着各自的潜在问题和障碍，需要相应的应对措施。在发现阶段，建议建立员工建议系统以防范能力陷阱和机制缺陷；在发明阶段，引入新人才促进多元文化和建立合理的奖惩制度；在执行阶段,强调变革管理程序以应对组织失调,并定期评估成效;在推广阶段,优化传播交流和制度建设;在反馈阶段,强化规范流程、反馈机制和知识管理,以促进组织学习的持续改进和创新。

（二）学习型组织的内涵与评估

1. 学习型组织

学习型组织由彼得·圣吉在《第五项修炼》一书中提出,是为了实现共同的发展目标,由员工个人学习、团队学习和组织学习三个方面组成的相互影响、相互作用、相互促进的一种正式的组织形式,该组织通过持续的学习及其互动形成共识,从而调动和发挥包括最高领导者在内的全体员工的积极性、主动性与创造性,促进企业的全面发展。

对学习型组织概念的界定,能力和技能视角认为学习型组织的成员持续地发挥其能力,创造其所期待的理想结果,培养新的思想形式,塑造集体气氛,所有的成员学会如何向其他人学习。学习和变革视角认为学习型组织是一个不断学习并改进自身的组织,这种学习是持续性的,被战略性地结合到未来的组织需求上。文化视角认为学习型组织是一种能将学习、调适与变革等能力深植于组织文化的组织,其组织文化所涵盖之价值、政策、实务系统及结构均能支持人员进行学习。

学习型组织的构成包括以下五项要素:

（1）建立愿景。愿景可以凝聚公司上下的意志力,透过组织共识,大家努力的方向一致,个人也乐于奉献,为组织目标奋斗。

（2）团队学习。团队智慧应大于个人智慧的平均值,以做出正确的组织决策,透过集体思考和分析,找出个人弱点,强化团队向心力。

（3）改变心智模式。组织的障碍,多来自于个人的旧思维,例如,固执己见、本位主义,唯有透过团队学习,以及标杆学习,才能改变心智模式,有所创新。

（4）自我超越。个体不断提升自己的能力,超越过去的知识和能力界限,成就自我超越。

（5）系统思考。应透过资讯搜集,掌握事件的全貌,以避免见树不见林,培养综观全局的思考能力,看清楚问题的本质,有助于清楚了解因果关系。

2. 学习型组织的诊断与评估

管理学家沃特金斯(K. E. Watkins,美国)和马席克(V. J. Marsick,美国)在《学习型组织构面问卷》中开发了"学习型组织多维量表"(the Dimensions of the Learning Organization Questionnaire,DLOQ)。DLOQ 在个人、团队和组织层面衡量了组织的氛围、文化、系统和结构中影响个人学习的重要变化。在该问卷中,共有 7个维度的 43 个问题组成,采用 6 分制打分(1＝几乎未发生;6＝几乎总是如此)来表现他们所感知的企业组织学习发生的程度,如表 12-1 所示。

表 12-1　沃特金斯的学习型组织多维量表

维 度	问 卷 内 容 举 例
持续学习	在我的组织中,人们公开讨论错误以便从中学习;人们识别出未来工作任务所需的技能;人们相互帮助学习……
探究与对话	在我的组织中,人们彼此给予开放和诚实的反馈;人们在发言之前会听取他人的观点;人们被鼓励提问"为什么"……
协作和团队学习	在我的组织中,团队有权根据需要调整他们的目标;团队群体视成员为平等,不论职级、文化或其他差异;团队既关注团队的任务,也关注团队的工作表现……
系统捕获学习	我的组织定期使用双向沟通,例如建议系统、电子公告板或公开会议;使人们可以随时快速轻松地获取所需信息;维护着员工技能的最新数据库……
员工赋权	我的组织表彰那些采取主动行动的人;让人们在工作任务中有选择权;邀请人们为组织的愿景做出贡献……
组织连接	我的组织帮助员工平衡工作和家庭;鼓励人们从全球视角思考;鼓励每个人将客户的观点引入决策过程中……
提供学习战略领导力	在我的组织中,领导通常支持对学习机会和培训的请求;领导与员工分享关于竞争对手、行业趋势和组织方向的最新信息;领导确保组织的行动与其价值观保持一致……

人力资源开发者通常为个体提供持续学习的机会,这对于个体的成长至关重要。然而,仅仅依赖个体的持续学习是不足以影响整体组织的知识和财务表现的。学习必须被捕捉并嵌入到组织的持续系统、实践和结构中,以便能够共享并定期用于有意识地改善知识表现的变化。在当今的工作环境中,由于员工的流动性增加,个体可能因为竞争或恐惧而保留知识,这可能会阻碍整体组织的成功。沃特金斯的 DLOQ 提供了一个强大的框架,帮助组织深入评估和改进学习能力的各个方面。通过全面评估持续学习、探究与对话、协作和团队学习等维度,DLOQ 帮助组织优化支持学习的文化、结构和实践。这种综合评估不仅关注个体的学习能力,更注重构建整体组织的学习能力,从而提升组织的竞争力、适应能力和员工满意度。

二、组织赋能策略与开发式学习

(一)组织赋能策略

1. 组织赋能策略

组织赋能是指组织基于其愿景和战略要求,通过授权、激励、支持和资源供给等多种层次的系统措施,协同提升员工和团队的内在能力和执行力,从而增强他们对组织效能的感知和实际表现。这种过程旨在使员工在执行职责和任务时更具自主性和决策权,激发其创造力和承担责任的能力,从而达到组织的战略目标和成长。国内学者王重鸣(2021)提出心智模式适应、胜任能力选配和效能体系发展的三项组织赋能策略。

(1)心智模式适应策略。组织赋能的首要策略在于通过设计和实施赋能计划,促使个体、团队和整个组织在多个层面上适应和转换心智模式及知识结构。这种策略旨在建立赋能责任为核心的心智共享和知识转换机制,强化个体自主精神、学习成长态度和组织的可续心智,形成以赋能责任为核心的心智共享和知识转换机制。

(2)胜任能力选配策略。作为组织赋能的第二策略,采用双栖策略设计,通过思维设计和前瞻性决策布局,制定内部胜任能力增强方案和控制策略选配计划。这种策略旨在提升赋能的预见能力和选配效果,以支持组织在动态环境中的持续发展和适应。

(3)效能体系发展策略。组织赋能的第三项策略着眼于通过创新和转型来增强组织效能感和可持续发展。该策略专注于建立效能体系和发展策略,包括包容式赋能、社会化赋能、专业化赋能、数字化赋能和行动化赋能等多种模式,推动整体效能在组织水平上的创新发展。

2.赋能成长生态圈

职业与事业成长生态圈是人与组织适配的重要条件,可以采用三项赋能适配策略。

(1)赋能职业转换策略。职业生态圈强调职位更换和职业转换,为员工提供多种岗位和业务的历练与成长机会。通常,员工能够通讨4—6次的职业转换和赋能更新,参与新兴业务或项目,实现价值适应、动能转换和多层参与,从而促进新动能的成长,实现主动的职业转换与赋能。

(2)赋能协同创新策略。职业生态圈侧重于创建项目协作和团队化创新计划,特别注重激活协同创新网络和知识共享机制。通过优化分布式协作、整合目标和促进交互创新,提升成长的新活力,推动协同式赋能的有效实施。

(3)赋能变革学习策略。职业生态圈重视优化新型的组织发展策略,建立组织发展赋能库。通过组织设计、云端平台、战略绩效和五力管理框架等方面的整合,设置团队学习赋能平台和效能指标,持续优化变革学习和组织发展创新张力,为企业提供全面的学习赋能和创新成长解决方案。

（二）开发式学习

组织学习的新趋势是采用开发式学习模式。开发式学习是一种基于实践和任务驱动的学习模式，旨在通过实际项目和任务的参与，促进个体和组织的能力提升和成长。这种学习方式强调学习者通过实际操作和应用场景中的经验积累，从而获取和发展专业技能、解决问题的能力，以及创新思维。开发式学习通常与组织的战略目标紧密对接，通过个性化的学习路径和持续的反馈机制，促进知识的积累和转化，从而推动学习者的全面发展和组织的持续创新能力。以下是一些典型的开发式学习策略。

（1）任务目标和成长需求驱动的综合赋能套装。根据组织能力开发的任务目标和成长需求，设计和实施综合赋能套装。这种策略确保学习与发展计划与组织战略紧密对接，通过个性化和综合性的赋能方案，提升员工的专业技能和组织的整体效能。举例来说，一家软件开发公司可能面临新技术的快速变化和客户需求的多样化。他们可以通过设立"技术创新实验室"作为一个任务驱动的学习平台，让员工在实际项目中探索新技术，解决实际问题，从而提升技术实力和创新能力。

（2）多学科方法强化行动学习与智能化学习。开发式学习强调多学科方法的应用，特别是管理心理学、教育学、社会学等学科的融合。例如，结合管理心理学的领导力发展理论和教育学的成人学习理论，可以设计出针对不同层次员工的个性化领导力培训方案。这些方案不仅注重知识的传授，还通过实际项目的参与和团队合作，培养员工的团队精神和解决复杂问题的能力。智能化学习的应用则体现在利用先进的技术工具和数据分析方法，提供个性化学习体验和实时反馈。例如，通过人工智能算法分析学习者的学习轨迹和偏好，为其推荐适合的学习资源和路径，从而加强学习的效果和个性化程度。此外，随着认知神经科科学的快速发展，学习型大脑及其对心理脑力加工机制的关注，促进了开发式赋能的脑机制研究与应用，出现了神经教育学和神经管理学的学习开发新思路。

（3）促进知识管理和才干提升的综合效能。注重促进知识管理和才干提升的综合效能。组织可以通过建立知识共享平台和专业社区，实现内部知识的流动和共享。例如，一家国际性的咨询公司通过建立"专家分享会"和"案例学习库"，让经验丰富的顾问与年轻员工分享实战经验和解决方案，促进跨部门和跨地区的知识交流和学习。通过开放式反馈文化、持续改进机制和个性化学习路径，实现知识的有效管理和员工能力的持续提升。这种策略不仅加强了组织的学习能力和创新力，还推动了组织内外部的知识分享和才干的持续发展。同时，持续改进机制和个性化学习路径也是推动组织学习和发展的关键。通过定期的学习评估和反馈机制，员工可以不断调整学习策略和路径，提升学习的效果和个人的职业发展。

这些策略的整合不仅加强了组织的学习能力和创新力,还推动了组织内外部的知识分享和才干的持续发展,为员工的全面发展和组织的可持续性发展奠定了坚实的基础。

【案例分享】

数字驱动情境下赋能型组织结构创新实现

组织作为企业实现行动目标的资源集合与运转架构,其结构创新是对时代生产方式变迁的动态跟进与适应。工业革命浪潮中诞生的科层型组织结构,以产权契约和激励相容治理为基本特征,在环境变化缓慢、战略任务清晰的工业经济竞争中,创造出曾经辉煌一时的规模化效率优势,并将社会生产力水平推到空前高度。然而,大数据、云计算与人工智能等新一代数字科技在商业领域广泛渗透与应用,颠覆了传统社会生产的方式与逻辑,更使企业的生产任务环境趋于复杂动态多变;另一方面,员工个体意识的崛起在为企业应对复杂环境变化带来源源不断创新活力的同时,更针对当下科层型组织结构下的"人性束缚"机制提出了变革要求。因此,传统自上而下、层级分明、决策效率低下的线性科层型组织结构形态已经越来越不适应数字经济时代企业通过激活和释放员工潜能,充分整合人力资源能量,快速应对战略环境变化,进而实现卓越发展的需要。由此,企业组织结构以及人力资源管理机制面临着巨大的创新压力与改革挑战。在数字经济时代,如何创新构建促进员工自我价值实现,柔性、敏捷地应对复杂多变任务要求的新型组织结构形态,已经成为企业人力资源工作重点关注的问题。

基于典型性和代表性原则,孙新波等(2023)选取了南京钢铁作为案例。南京钢铁数字驱动情境下创造了"数字阿米巴"的赋能型组织结构体系,员工由"他治"转向"自治",提质增效的同时组织结构发生了质的创新升级变化。南京钢铁在打破科层制束缚的同时,重新建立了新型人力资源管理制度,实现了全员对应目标、目标对应全员、高效协同自治,有助于丰富和拓展赋能型组织结构创新相关理论。此外,南京钢铁在完成自身组织结构创新升级的同时,并积极对外输出组织转型解决方案,目前已经帮助多家企业完成了组织结构的创新优化升级。

通过多次实地调研,孙新波等学者探究了数字驱动情境下赋能型组织结构创新的实现路径、运行机制与结构形态,且系统比较了赋能型组织结构与科层型组织结构的创新之处。和传统科层型组织相比,赋能型组织结构的创新改变更有利于企业在数字经济时代应对内外环境的压力与挑战,其差异见表12-2。

表 12-2　赋能型组织结构与传统科层型组织结构比较分析

比较维度	传统科层型组织结构	赋能型组织结构
时代属性	工业经济 信息不对称	数字经济 价值对称
适应情境	内外环境稳定 目标清晰可预测	内外环境复杂多变 目标不确定难预测
核心假设	经纪人 零和博弈	社会人 自主人 合作共赢
组织逻辑	他组织 集权强制性控制	自组织 分权管理
运行模式	分级管理 唯领导是从 各司其职	规范标准 需求驱动 自发自由协作
激励方式	以岗定薪 经济报酬	动态绩效考核 情感认同 自我实现

研究发现：在赋能型组织结构创新实现中，企业一方面通过去领导、去部门、去科层、去审批与去岗位的变革举措，摆脱对科层型组织结构的路径依赖；另一方面通过建立标准化、体系化、数据化、规范化和平台化的组织运营模式，施行赋能型组织结构路径创造。二者相互融合、相互促进、互为支撑，共同推动组织实现赋能管理；赋能型组织结构基于自驱动、自循环、自修复与自进化的运行机制保持稳定运转，促使组织持续充满动力与活力。

资料来源：孙新波，周明杰，张明超. 数字驱动情境下赋能型组织结构创新实现机理：基于南京钢铁的案例[J]. 财会通讯，2023，(22)：3-13.

第三节　组织变革管理与组织发展

组织变革是根据组织内外环境的变化要求，运用管理学、管理心理学的原理和方法，对组织的结构和技术进行更新，改变组织成员的心理和行为，以保持和促进组织效率的过程。涉及体制、文化、技术、人事、管理、社会、环境等多方面的改变与创新；变革创新需要心智、能力、精神、知识等多方位的转换与提升；可持续发展催生个体、群体、组织、环境等多层次的重塑与适配。简而言之,组织变革就是组织为了适应内外环境的变化,对组织本身进行的整顿和修正。

一、组织变革模型与变革管理

（一）组织变革的原因与动力

促使组织变革的动因可以分为外部和内部两个方面。

1. 外部环境的变化

每一个组织的生存与发展和竞争能力都与外部环境息息相关并受其制约。当外部环境变动时,各种组织都需通过调整与变革去适应外部环境,并与其保持平衡,从而得到自身生存发展的条件,否则就会被淘汰。所以外部环境是组织变革的一种巨大的推动力。

2. 内部环境的变化

组织成员的工作态度、工作期望、个人价值观念等方面的变化,如果与组织目标、组织结构、权力系统不相适应时,也必须对组织作相应的变革。它们之间不相适应或相互矛盾主要有下列几种表现:

（1）组织成员要求在工作中有个人发展的机会,但组织仍然倾向于简单化、专制化的管理方式,从而限制了成员发展的机会。

（2）组织成员希望彼此以公平、平等的态度相待,但组织仍然是等级分明、地位差别大,使组织成员产生强烈的不公平感。

（3）组织成员的工作热情逐渐转向以工作本身所产生的内在利益、人的尊严和责任心为基础,但组织却仍然只靠奖惩手段推动成员工作。

（4）组织成员希望从工作中立即获得当前需要的满足,但是组织的奖惩、晋升等仍然是后延的满足,不能立即兑现。

（5）组织成员希望或注重从组织中获得尊重、友谊、信任、真诚等情感的满足,但组织只强调任务是否完成,不注重人的情感。

（6）组织成员随着自身素质的变化和生活水平的提高,要求组织采用新的管理制度或管理方式,但组织领导仍然习惯于老一套陈旧的制度或工作方法。

总之,无论是环境的变化、组织运作效能的降低,还是组织成员的心理、行为变化,都会导致组织系统的失衡,从而在组织内部产生要求改变现状的变革推动力量。

（二）组织变革阻力与应对策略

组织变革的阻力可以是多方面的,有社会的政治、经济、法律秩序等因素的制约,也有组织本身的体制、人员素质、技术、财力等因素的作用。现仅就组织内部人们的心理观念作些分析。变革包含着破旧立新的意义,往往会受到人们过时的心理与观念的干扰和抵制。

1. 常见的组织变革阻力

管理心理学研究重视对变革阻力的分析并作为变革管理的重要内容。常见的组织变革阻力可以分为以下几个方面:

(1)个体层面。个体层面的阻力主要源于个人对于变化可能带来的不确定性和焦虑的担忧。例如,个体可能担心变革会影响自身的职业发展和工作稳定,或者习惯于现有的工作方式和技能,对学习新技能缺乏动力(工作惰性)。此外,个体还可能通过心理防御机制来保护自尊和身份认同,例如通过否认、抵抗或逃避变革。

(2)群体层面。群体层面的阻力涉及团队或部门内部的集体惯性和动态。例如,团队或部门内部的群体惯性和动态,包括成员之间的默契和惯常的工作方式,可能导致对变革的集体反应。群体内部的社会认同和群体归属感,可能阻碍对变革的接受,尤其是在变革可能打破现有群体结构或关系时。此外,群体可能习惯于特定的集体行为模式或决策过程,对于需要改变的变革可能表现出抵制。

(3)领导者层面。例如,领导者可能因为个人或团队的利益与变革目标存在冲突,导致抵制或不积极支持变革。决策风险:领导者在决策变革时可能担心风险和失败的后果,导致犹豫和谨慎。文化和心态:领导者可能代表和维护特定的组织文化和工作心态,对于可能改变或挑战这些文化和心态的变革计划可能表现出抵制。能力和资源:领导者可能缺乏实施变革所需的足够能力和资源,从而限制变革的推进和实施效果。

这些不同层面的阻力因素相互交织,组成了对组织变革的全面挑战。有效的变革管理需要综合考虑和应对这些阻力,通过积极的沟通、参与和透明度来推动变革的成功实施。

2. 组织变革阻力的应对策略

(1)建立变革的紧迫感和愿景。确保整个组织理解和认同变革的必要性和价值。通过清晰的愿景和目标,激发员工的参与和支持,减少变革引起的不安和抵抗。

(2)开展广泛的沟通和参与。在变革过程中,与员工、团队和利益相关者进行频繁而开放的沟通。倾听他们的意见和担忧,建立共鸣和信任,以减少信息不对称和误解带来的阻力。

(3)提供持续的支持和资源。确保变革过程中的资源充足,并提供必要的支持和培训,帮助员工适应新的工作要求和技能需求。这可以减少由于能力匹配问题和不确定性而产生的阻力。

(4)建立积极的变革文化。培养一种积极面对变革的文化氛围。通过表彰变革的积极影响和成功案例,激励员工参与变革并分享成功经验,以减少对未知和风险的恐惧感。

（5）强化变革领导和管理能力。培养和提升领导层的变革管理能力,确保他们能够有效地引导和支持变革。这包括制定清晰的变革战略、管理变革过程中的风险和挑战,以及处理冲突和阻力。

（6）持续学习和改进。变革是一个持续的过程,组织需要不断学习和改进变革策略和实施方式。通过定期的评估和反馈机制,及时调整和优化变革计划,以适应外部环境和内部需求的变化。

（三）勒温组织变革三部曲模型

社会心理学家库尔特·勒温(1951)提出包含解冻(Unfreeze)、变革(Change)、再冻结(Refreeze)的 UCR 变革三部曲的有计划组织变革模型,用以解释和指导如何发动、管理、稳定变革过程。

（1）解冻阶段。在变革开始之前,组织需要解冻或动摇当前的状态和做法。这意味着认识到当前的工作方式可能已经过时或不再有效,需要进行变革。在这个阶段,关注的是打破现有的舒适区和惯性,引发对变革的认识和紧迫感。该阶段任务包括：① 创建动机,提供充分的理由和动机,解释为什么需要变革,以激发员工的支持和参与;② 传达愿景,即清晰地传达变革的愿景和目标,使员工理解变革的方向和期望的结果;③ 准备变革,确保组织在资源、技能和文化上做好准备,以支持即将到来的变革过程。

（2）变革阶段。在解冻阶段成功后,组织进入到实际变革的阶段。这是对现有实践和过程进行重构和调整的时期。该阶段主要任务包括：① 实施变革,执行变革计划,包括新流程、结构、技术或文化的引入和实施;② 管理抵抗,处理可能出现的抵抗和反对意见,通过有效的沟通和参与减少阻力;③ 支持员工,提供持续的培训、支持和反馈,帮助员工适应变革,并克服新环境带来的不确定性和挑战。

（3）再冻结阶段。再冻结阶段是确认和巩固变革成果的阶段。在变革实施后,组织需要稳定新的工作方式和文化,确保变革能够持续和内化,不会回到旧有的状态。该阶段应用包括：① 巩固变革成果,确保新的工作流程、结构或文化得到有效实施和内化;② 制定长期策略,确定持续改进和发展的长远战略,以支持组织持续的适应能力;③ 反馈和调整,收集反馈,识别可能的问题或改进点,并进行必要的调整和优化。

勒温组织变革三部曲模型已广泛应用于各种组织变革和管理实践中。例如,在企业重组过程中,当企业需要调整其业务结构或整合新的市场战略时,解冻阶段可以帮助员工理解变革的必要性和愿景,变革阶段则实施具体的业务流程和组织结构调整,再冻结阶段确保新结构和流程的有效实施和内化。

二、组织发展

（一）组织发展特征与发展策略

1. 组织发展

管理心理学将组织发展定义为一组技术和方案，旨在促进变革和发展。在转型升级、创新创业和危机重塑的背景下，组织发展已成为最有效的战略之一。其英文术语为"Organization Development"，强调的是发展整体组织，而非仅限于组织层面的发展。在实践中，主要有两个方法源自不同领域：一是运用管理心理学的实验室训练方法，以提升组织中群体的能力；二是采用社会心理学的调查反馈方法，诊断并改进企业组织的动态能力和组织动力。组织发展被视为一种可持续增长的能力建设工具，同时也是提升组织效能的有效途径。

2. 组织发展策略

组织发展包含了一系列策略与技术，比较常用的有四项策略：

（1）组织发展的心智转换策略。组织发展需要具备新的心智模式和价值导向。组织发展意味着深层次和长期性的组织成长。这就需要采用全新的组织发展模型与方法。由于组织发展涉及人员、群体和组织文化，包含新的核心价值观，注重合作协调而不是利益纠葛，强调自我监控而不是规章控制，鼓励主动参与管理而不是行政执行式管理。

（2）组织发展的可续成长策略。组织发展通过对企业进行多层诊断、全面配方、行动干预和监控评价，积极推动组织的健康改进与可持续发展。组织发展强调基于研究与实践的结合，充分诊断、定制剪裁。组织发展的关键策略之一就是持续学习和解决问题，以组织发展创造可续健康成长的组织肌体。

（3）组织发展的学习赋能策略。组织发展是一个连贯变化、学习成长的过程。强调组织各部分的相互促进和相互依存，需要从整个组织系统出发进行组织发展的学习赋能。通过有效沟通、问题解决、参与决策、培训辅导和生涯设计等过程，学习新的知识和技能，解决相互存在的问题，在态度、价值观念、技能、人际关系和文化氛围等各方面取得更新。组织发展的再教育，可以使干部员工抛弃不适应于形势发展的旧习惯，建立新的行为规范，并不断优化干部员工的态度和价值体系，明确群体和组织的愿景目标，实现组织发展的总体目标。

（4）组织发展的目标管理策略。组织发展是订立和实施发展目标与计划的过程，并且，需要提高目标设置和战略规划的能力。在组织发展中，设立明确具体且富有挑战性的目标，能够激发工作动机和提高工作效能。通过目标管理建立长期的责任感和义务感,包括制定任务指标和计划、按照预定目标确定绩效要求和胜任力目标。

（二）组织发展的实施与发展趋势

1. 组织发展的实施

组织发展的实施是一个系统性和持续性的过程,从分析组织现状开始,到制定明确的发展策略和目标,再到实施变革和发展计划,并通过评估和调整确保策略的有效性和适应性。成功的组织发展不仅依赖于正确的战略选择和执行,更需要领导层的坚定推动和员工的广泛参与。通过这一过程,组织可以有效地应对内外部环境的变化,提升绩效和创新能力,实现持续发展和竞争优势。

（1）分析组织现状。该阶段需要需要通过详尽的调查和分析来了解组织当前的状态、存在的问题以及未来的发展需求。这一步骤是组织发展过程中的关键起点,为后续制定有效策略打下基础。了解组织现状涉到对组织内外部环境的认知。内部环境包括组织的人力资源,管理层次和文化价值观等,而外部环境则包括竞争对手,市场需求和法律法规等。

（2）制定发展策略和目标。根据组织现状诊断结果,制定明确的发展目标和策略,以指导和推动组织朝着期望的方向发展。组织需要与关键利益相关者（包括领导层、员工代表等）共同合作,制定长期目标,这些目标应该是有挑战性的,能够推动组织向前发展。长期目标的设定是组织发展策略的基础,对于后续的实施至关重要。此外,确定实施策略的优先级和时间表。确保策略具有可操作性和实施性,同时考虑到各方利益和需求的平衡。

（3）实施变革和发展计划。在组织中推动变革和发展,确保策略的有效实施和成果的持续提升,包括但不限于制定和执行培训和发展计划、文化转型、组织结构调整等措施,重要的是确保变革过程中的透明度和参与度,以增强员工对变革的理解和支持。

（4）评估和调整。评估实施效果,及时调整和改进策略,以确保组织的发展与变革持续适应外部和内部环境的变化。该阶段,组织需要设计定期的评估和反馈机制,收集关键数据和意见。通过评估结果,识别成功的实施因素和需要改进的领域,灵活调整策略和行动计划,以应对变化和挑战。

2. 组织发展的未来趋势

当谈及组织发展的最新趋势时,以下几个方面提供了更全面和深入的视角:

（1）智能化和自动化驱动的发展。随着人工智能（AI）、机器学习（ML）和自动化技术的快速发展,现代组织正迅速转向依赖智能化系统来优化管理和运营。AI不仅仅局限于数据分析,它还在机器人流程自动化（RPA）和智能决策系统中发挥关键作用。RPA可以自动执行重复性任务,释放员工精力,而智能决策系统则通过分析海量数据和模式识别,帮助领导层做出更精准和战略性的决策,从而优化组织的运营效率和市场响应能力。

(2) 全面数字化和数据驱动的战略。现代组织正在加速全面数字化转型,这不仅仅是简单的技术升级,而是一场涵盖全方位业务的转型。通过大数据和实时分析,组织能够深入理解客户需求的变化趋势,迅速捕捉市场机会并规避风险。数据驱动的决策成为组织发展的核心,不仅帮助预测市场趋势,还能够为产品创新提供有力支持,优化市场营销策略,提升客户体验和忠诚度。通过数字化转型,组织能够实现运营效率的显著提升,同时也能够更加灵活和快速地适应变化的市场环境,从而增强其在竞争激烈行业中的竞争力和市场份额。

(3) 强调人工智能和人机协作的创新。人工智能正逐步渗透到人才管理、客户服务和创新过程中,不仅仅局限于数据处理。AI 技术的应用使得组织能够实现更高效的员工管理和客户关系管理,同时通过虚拟助理和智能系统提升工作效率。重要的是,组织需要培养员工与智能系统有效合作的能力,以充分发挥技术创新的潜力。例如,金融领域的银行和保险公司利用 AI 技术来自动化客户服务中心的操作,减少了等待时间和服务成本,同时提升了客户服务的质量。在制造业,AI 驱动的预测分析和自动化生产线可以大大提高生产效率和产品质量,同时降低了能源消耗和生产成本。

然而,随着人工智能的广泛应用,也引发了一些重要的思考和问题。例如,人们担心 AI 技术可能取代部分传统工作岗位,尽管它也创造了新的职业机会和技能需求。此外,数据隐私和伦理问题也成为人工智能应用的关注焦点,需要企业和政策制定者共同努力制定相关的法规和政策保护措施。

(4) 可持续性和社会责任的整合。现代组织在追求经济利益的同时,越来越重视可持续发展和社会责任的整合。这不仅包括推动环保和社会公益项目,还涉及通过企业行为来积极塑造社会形象和可持续的品牌价值。通过实施可持续发展战略,组织不仅能够减少环境影响,还能够赢得消费者和投资者的信任,提升企业长期价值。

(5) 平台化和生态系统合作。未来的组织发展趋势将更多地依赖于建立开放式平台和生态系统合作,以促进创新和扩展市场影响力。这种合作模式不仅有助于资源共享和技术协作,还能够促进跨行业和跨领域的创新融合。通过参与生态系统合作,组织能够更灵活地应对市场变化和技术进步,加速产品开发和市场推广的过程。

(6) 弹性工作和边界模糊化。随着全球化和技术进步,组织将更加采用灵活的工作模式和边界模糊化策略。这种趋势不仅支持远程办公和全球团队协作,还能够帮助组织吸引和留住高素质人才。通过灵活的工作安排,员工能够更好地实现工作与生活的平衡,提高工作效率和满意度,同时帮助组织在全球化竞争中保持敏捷性和创新性。

思考题

(1) 举例说明还有哪些通过创新实现成功的企业？它们现在还在坚持创新吗？

(2) 组织赋能策略有哪些？

(3) 组织变革经常会遇到的阻力有哪些？为什么会产生这些阻力？

(4) 面对组织变革的阻力，有哪些应对方法？

(5) 组织发展的主要方法与技术有哪些？举一个具体的例子。

案例研讨

忠诚还是叛逆？中国组织情景下的员工越轨创新行为

研究内容：越轨创新行为是破除创新瓶颈，摆脱"创新者的窘境"的有效手段，是新时代创新的重要途径。目的的合理性和行为的偏离性，使越轨创新行为同时具有了"忠诚"和"叛逆"的色彩。本研究以越轨创新究竟是"忠诚"还是"叛逆"这一问题作为切入点，分别从越轨创新行为的测量、形成机制和影响效能角度构建了一个围绕越轨创新行为的系统性研究。

(1) 子研究 1：基于创新过程视角，探讨中国组织情境下越轨创新行为的结构维度，开发本土化量表。量表是越轨创新行为测量与应用的核心内容，目前学术界存在以下两种量表进行测量：① 基于管理层未知晓视角下的越轨创新行为量表；② 基于管理层知晓视角下的越轨创新行为量表。本研究基于创新过程视角全面界定不同阶段的越轨创新行为，同时立足于中国情境深入剖析越轨创新行为的内涵。对于"情境取向"而言，在某一社会互动情境中人们需要视其与互动对象的关系，表现出"最为合宜"的行为。所以员工的越轨创新行为可基于创新过程视角进行初步的维度划分，如下表所示。

基于创新过程视角的越轨创新行为量表

过程视角	维度命名	维 度 内 涵
管理者知晓前	暗度陈仓	私下开展认为对组织有价值的创新设想，搜集证据来证明这一创新设想的价值。
管理者知晓后	君命不受	管理层禁止继续某项创意后，员工认为创新活动预期会提升组织绩效，选择违背组织规范继续从事创新活动。

(2) 子研究2：分别从个体、领导和组织三个层次、动态探讨越轨创新行为的形成机制。① 个人特质。根据前期的文献调查和深度访谈,识别出了建设性变革责任感(个人特质)、上下级关系(情境因素)、心理安全感(认知因素)等构念。② 领导行为。根据前期的文献调查和深度访谈,识别出了差序式领导(领导行为)、心理特权(认知因素)、任务冲突(情境因素)等构念。③ 组织特征。根据前期的文献调查和深度访谈,识别出了组织创新氛围(组织特征)、创新自我效能(认知因素)、个人——组织匹配(情境因素)等构念。

(3) 子研究3：基于事件系统理论,从越轨创新成功/失败两方面,构建和验证越轨创新行为对组织效能的影响机制。① 越轨创新成功事件对组织凝聚力的影响。本研究认为,在成熟期的企业中,组织内对越轨创新行为的容忍度较低,特别是当行为当事人具有较低的非正式地位时,更会激发组织其他成员的嫉妒心理,从而影响组织的凝聚力;而这种消极影响会随着越轨创新成功事件强度的增强而变得更加明显。② 越轨创新失败事件对组织创造力的影响。越轨创新失败事件强度、非正式地位(事件空间因素)、组织生命周期(事件时间因素)等因素共同影响组织创造力。即使因某种原因导致高非正式地位的员工越轨创新失败,其结果将仍有助于组织创造力的改善。

三个子研究相互联系并逐步递进。理论贡献在于深化学术界对越轨创新行为的理解,推动越轨创新理论的构建,并且拓展越轨理论、创新理论、积极组织行为学理论及事件系统理论的应用。

资料来源：王弘钰,崔智淞,邹钝龙,等.忠诚还是叛逆? 中国组织情景下的员工越轨创新行为[J].心理科学进展,2019(06)：975-989.

请思考：

(1) 你怎么看待组织中的越轨创新行为?

(2) 你从研究中提到的有关组织越轨创新行为中得到了什么启发?

(3) 对比组织越轨创新行为的成功与失败,哪一者给企业带来的影响更大? 基于此你会给企业提出什么建议?

参考文献

1. 英文文献

［1］Allport，G. W. (1937). *Personality: A psychological interpretation*. New York，NY：Holt.

［2］Asch，S.E. (1956). Studies of independence and conformity：A minority of one against a unanimous majority. *Psychological Monographs*，70(9)，1-70.

［3］Ashby，F. G.，Isen，A. M.，& Turken，A. U. (1999). A neuropsychological theory of positive affect and its influence on cognition. *Psychological Review*，106(3)，529-550.

［4］Smith，A. (1937). *The wealth of nations* ［1776］. Edited by Edwin Cannan.

［5］Bar-On，R. (1988). The development of a concept of psychological well—being. Unpublished doctoral dissertation. Rhodes University，South Africa.

［6］Bar-On，R. (2000). Emotional and social intelligence：Insights from the Emotional Quotient Inventory. In R. Bar-On & J. D. A. Parker (Eds.)，*The handbook of emotional intelligence: Theory，development，assessment，and application at home，school，and in the workplace* (pp. 363-388). Jossey-Bass.

［7］Bem，D. J. (1972). Self-perception theory. In *Advances in experimental social psychology*，6，1-62.

［8］Blake，R. R. & Mouton，J. S. (1964). *Managerial grid*. Houston，TX：Gulf.

［9］Boyatzis，R. E.，Goleman，D.，& Rhee，K. S. (2000). Clustering competence in emotional intelligence：Insights from the Emotional Competence Inventory. In R. Bar-On & J. D. A. Parker (Eds.)，*The handbook of emotional intelligence: Theory，development，assessment，and application at home， school, and in the workplace* (pp. 343 - 362). Jossey-Bass.

[10] Bruner, J. S. & Goodman, C. C. (1947). Value and need as organizing factors in perception. *The Journal of Abnormal and Social Psychology*, 42(1), 33.

[11] Cattell, R. B. (1956). Second-order personality factors in the questionnaire realm. *Journal of Consulting Psychology*, 20(6), 411 - 418.

[12] Christensen, K. A., Seager van Dyk, I., Nelson, S. V., et al. (2020). Using multilevel modeling to characterize interpersonal emotion regulation strategies and psychopathology in female friends. *Personality and Individual Differences*, 165, 110 - 156.

[13] Crespi, L. P. (1942). Quantitative variation of incentive and performance in the white rat. *The American Journal of Psychology*, 55(4), 467 - 517.

[14] Crossan, M. M., lane, H. W., & White, R. E. (1999). An organizational learning framework: From intuition t0 constitution. *Academy of Management Review*, 24, 522 - 637.

[15] Coricelli, G., Critchley, H. D., Joffile, M., et al. (2005). Regret and its avodance: a neuroimaging study of choice behavior. *Nature Neuroscience*, 8 (9), 1255 - 1262.

[16] Damian, R. I., & Robins, R. W. (2013). Aristotle's virtue or Dante's deadliest sin? The influence of authentic and hubristic pride on creative achievement. *Learning and Individual Differences*, 26, 156 - 160.

[17] DeYoung, C. G., Hirsh, J. B., Shane, M. S., et al. (2010). Testing predictions from personality neuroscience: Brain structure and the big five. *Psychological Science*, 21(6), 820 - 828.

[18] Edwards, A. L. (1959). *Edwards personal preference schedule* (2nd ed.). Psyschological Corp.

[19] Elliot, A. J. & Fryer, J. W. (2008). The goal construct in psychology. *Handbook of motivation science*, 18, 235 - 250.

[20] Eysenck, H. J. (1970). *The structure of human personality*. Routledge.

[21] Eysenck, M. W. & Calvo, M. G. (1992). Anxiety and performance: The processing efficiency theory. *Cognition and Emotion*, 6, 409 - 434.

[22] Fiedler, F. E. (1970). Personality, motivational systems, and behavior of high and low lpc persons. *Human Relations*, 25(5), 391 - 412.

[23] Fiedler，F. E. （1973）. Predicting the effects of leadership training and experience from the contingency model: A clarification. *Journal of Applied Psychology*. *7*(2)，110 - 113.

[24] Fiedler，F. E. & Chemers，M. M. （1974）. *Leadership and effective management*. Glenview，IL: Scott，Foresman.

[25] Ghiselli，E. E. (1969). Managerial talent. In D. Wolfle （Ed.），*The Discovery of Talent*. Cambridge，MA; London，England: Harvard University Press.

[26] Goleman，D. 1995. *Emotional intelligence*. New York: Bantam books.

[27] Grolnick，W. S. & Ryan，R. M. （1987）. Autonomy in children's learning: an experimental and individual difference investigation. *Journal of personality and social psychology*，*52*(5)，890.

[28] Gruber，M.，de Leon，N.，George，G.，et al. （2015）. Managing by Design. *Academy of Management Journal*，*58*(1)，1 - 7.

[29] Hathaway，S. R. & Mckinley，J. C. （1942）. The minnesota multiphasic personality schedule. *Journal of the American Medical Association*，*120*(17)，1441 - 1441.

[30] Hersey，P. & Blanchard，K. H. （1972）. *Management of Organizational Behavior: Utilizing Human Resources*. Prentice-Hall.

[31] James，M. & Wang，C. M. （2017）. Mentoring top leadership promotes organizational innovativeness through psychological safety and is moderated by cognitive adaptability，*Frontiers in Psychology*，*8*(3)，1 - 9.

[32] Jia，J.，Liu，L.，Fang，F.，et al. （2017）. Sequential sampling of visual objects during sustained attention. *PLoS biology*，*15*(6)，e2001903.

[33] Johnson，T. J.，Feigenbaum，R.，& Weiby，M. （1964）. Some determinants and consequences of the teacher's perception of causation. *Journal of Educational Psychology*，*55*(5)，237.

[34] Kahneman，D. & Tversky，A. （1979）. Prospect Theory: An Analysis of Decision Under Risk. *Econometrica*，*47*，263 - 291.

[35] Kandler，C.，Bratko，D.，Butković，A.，et al. （2021）. How genetic and environmental variance in personality traits shift across the life span: Evidence from a cross-national twin study. *Journal of Personality and Social Psychology*，*121*(5)，1079 - 1094.

[36] Leavitt, H. (1951). Some effects of certain communication patterns on group performance. *The Journal of Abnormal and Social Psychology*, 46 (1), 38 – 50.

[37] Le Mau, T., Hoemann, K., Lyons, S. H., et al. (2021). Professional actors demonstrate variability, not stereotypical expressions, when portraying emotional states in photographs. *Nature Communications*, 12(1), 1 – 13.

[38] Lewin, K. (1935). *A dynamic theory of personality*. New York, NY: McGraw-Hill.

[39] Lewin, K. (1947). Frontiers in group dynamics: Concept, method and reality in social science, social equilibria and social change. *Human Relations*, 1(1), 5 – 41.

[40] Liu, L., Wang, F., Zhou, K., et al. (2017). Perceptual integration rapidly activates dorsal visual pathway to guide local processing in early visual areas. *PLOS Biology*, 15(11), e2003646.

[41] Loewenstein, G. F., Weber, E. U., Hsee, C. K., et al. (2001). Risk as feelings. *Psychological Bulletin*, 127(2), 267 – 286.

[42] Lyubomirsky, S., King, L., & Diener, E. (2005). The Benefits of Frequent Positive Affect: Does Happiness Lead to Success? *Psychological Bulletin*, 131 (6), 803 – 855.

[43] Martin, L. L. & Stoner, P. (1996). Mood as input: What we think about how we feel determines how we think. In L. L. Martin & A. Tesser (Eds.), *Striving and feeling: Interactions among goals, affect, and self-regulation* (pp. 279 – 301). Lawrence Erlbaum Associates, Inc.

[44] McCrae, R. R. & Costa, P. T. (1989). The structure of interpersonal traits: Wiggins's circumplex and the five-factor model. *Journal of Personality and Social Psychology*, 56(4), 586 – 595.

[45] Moreno, J. L. (1934). *Who shall survive? A new approach to the problem of human interrelations*. Beacon, NY: Beacon House.

[46] Murray, H. A. (1938). *Explorations in personality: A clinical and experimental study of fifty men of college age*. Oxford University Press.

[47] Navon, D. (1977). Forest before trees: The precedence of global features in visual perception. *Cognitive Psychology*, 9(3), 353 – 383.

[48] Hersey, P., Blanchard, K. H., Natemeyer, W. E., et al. (1979). Situational leadership, perception, and the impact of power. *Group & Organization Management*, 4(4), 418 – 428.

[49] Pessoa, L. & Engelmann, J. B. (2010) Embedding reward signals into perception and cognition. *Frontiers in Neuroscience*, 4, 1 – 8.

[50] Qin, P., Wang, M., & Northoff, G. (2020). Linking bodily, environmental and mental states in the self: A three-level model based on a meta-analysis. *Neuroscience & Biobehavioral Reviews*, 115, 77 – 95.

[51] Redcay, E. & Schilbach, L. (2019). Using second-person neuroscience to elucidate the mechanisms of social interaction. *Nature Reviews Neuroscience*, 20(8), 495 – 505.

[52] Rode, J. C., Arthaud-Day, M., Ramaswami, A., et al. (2017). A time-lagged study of emotional intelligence andsalary. *Journal of Vocational Behavior*, 101(aug.), 77 – 89.

[53] Rorschach, H. (1921). *Psychodiagnostik: Methodik und Ergebnisse eines wahrnehmungsdiagnostischen Experiments*. Bern: Ernest Bucher.

[54] Rubin, E. (1915). *Synoplevede Figurer*. Copenhagen: Gyldendalske.

[55] Ryan, R. M. & Deci, E. L. (2000). Self-determination theory and the facilitation of intrinsic motivation, social development, and well-being. *American psychologist*, 55(1), 68.

[56] Salovey, P. & Mayer, J. D. (1990). Emotional Intelligence. *Imagination, Cognition and Personality*, 9(3), 185 – 211.

[57] Salovey, P., Mayer, J. D., Caruso, D., et al. (2003). Measuring emotional intelligence as a set of abilities with the Mayer-Salovey-Caruso Emotional Intelligence Test. In S. J. Lopez & C. R. Snyder (Eds.), *Positive psychological assessment: A handbook of models and measures* (pp. 251 – 265). American Psychological Association.

[58] Sanfey, A. G., Rilling, J. K., Aronson, J. A., et al. (2003). The neural basis of economic decision-making in the ultimatum game. *Science*, 300(5626), 1755 – 1758.

[59] Schriesheim, C. & Tsui, A. S. (1980). Development and validation of a short satisfaction instrument for use in survey feedback interventions. *Western*

Academy of Management Meeting，115 - 117.

[60] Schwarzer，R. & Jerusalem，M. (2010). The general self-efficacy scale (GSE). *Anxiety，Stress，and Coping*，*12*，329 - 345.

[61] Spencer，L. M. J. & Spencer，S. M. (1993). *Competence At Work，Models For Superior Performance*. New York：John Wiley & Sons，Inc.

[62] Taylor，S. E. & Fiske，S. T. （1975）. Point of view and perceptions of causality. *Journal of personality and social psychology*，*32*(3)，439 - 445.

[63] Tupes，E. C. & Christal，R. E. (1992)，Recurrent Personality Factors Based on Trait Ratings. *Journal of Personality*，*60*，225 - 251.

[64] Van Overwalle，F. & Baetens，K. (2009). Understanding others' actions and goals by mirror and mentalizing systems：A meta-analysis. *Neuroimage*，*48* (3)，564 - 584.

[65] William Ouchi. （1981）. *Theory Z: How American business can meet the Japanese challenge*. New York，NY：Avon Books.

[66] Yerkes，R. M. & Dodson，J. D. (1908). The Relation of Strength of Stimulus to Rapidity of Habit Formation. *Journal of Comparative Neurology & Psychology*，*18*，459 - 482.

2. 中文文献

[67] 阿伦森.社会性动物[M].邢占军,译.上海：华东师范大学出版社,2007.

[68] 车丽萍,秦启文.管理心理学[M].武汉：武汉大学出版社,2016.

[69] 陈国权,宁南,李兰,等.中国组织学习和学习型组织研究与实践的现状和发展方向[J].管理学报,2009,6(5)：569 - 579.

[70] 陈国权,赵慧群,蒋璐.团队心理安全、团队学习能力与团队绩效关系的实证研究[J].科学学研究,2008,26(06)：1283 - 1292.

[71] 常涛,陈思彤,刘智强,等.消极情绪与团队内低地位员工创造力的倒 U 形关系研究[J].管理学报,2024,1 - 11.

[72] 樊宇澜.传统企业创新商业模式的案例及启示[J].企业改革与管理,2018,17：44 - 45.

[73] 高玉祥.个性心理学[M].北京：北京师范大学出版社,1989.

[74] 贺汝婉,李斌,张淑颖,等.时间与金钱概念对消费者购买决策的不同影响及其心理机制[J].心理科学进展,2021,29(9)：1684 - 1695.

[75] 何善秀.浅析消费者心理对营销管理的影响[J].商业时代,2007,(02)：23 - 24.

[76] 胡敏.基于发展中心视角的领导力开发有效性探析[J].佳木斯职业学院学报,2017,(03)：447 - 448

[77] 焦丽颖,许燕,田一,等.善恶人格的特质差序[J].心理学报,2022,(07)：850 - 866.

[78] 金杨华,陈世伟,朱玥,等.工作场所中他人感知的员工工作-家庭冲突：刻板印象视角[J].心理科学进展,2022,30(1)：230 - 238.

[79] 经有国,李胜男.消费者焦虑心理与策略行为下创新产品促销与定价[J].物流管理,2021,(04)：23 - 27.

[80] Johnson,J.,张一宁.认知与设计：理解 UI 设计准则[M].北京：人民邮电出版社,2011.

[81] 蒋索,邹泓,胡茜.国外自我表露研究述评[J].心理科学进展,2008,(01)：114 - 123.

[82] 康健.企业领导力的开发与培养[J].企业家天地,2011,(03)：33 - 34.

[83] 李兵.卓越领导力提升[J].领导科学论坛,2018,(08)：40 - 51.

[84] 李春林."领导理论创新与领导力提升"理论研讨会综述[J].领导科学,2007,(19)：36 - 37.

[85] 李晔.企业团队沟通管理问题探讨[J].企业改革与管理,2020,(17)：90 - 91.

[86] 李楠.服务型政府的领导力开发初探[J].理论建设,2010,(02)：35 - 40.

[87] 林崇德,杨治良,黄希庭.心理学大辞典（上卷）[M].上海：上海教育出版社,2003.

[88] 凌文辁,陈龙,王登.CPM 领导行为评价量表的建构[J].心理学报.1987,(02)：199 - 207.

[89] 刘小禹,刘军.团队情绪氛围对团队创新绩效的影响机制[J].心理学报,2012,44(4)：546 - 557.

[90] 刘继云,孙绍荣.行为科学理论研究综述[J].金融教学与研究,2005,(05)：36 - 37.

[91] 刘洁吟.群体决策中的群体动力学困境研究：以美国猪湾事件为例[J].新闻传播,2017,(08)：100 - 101.

[92] 马建新.有效领导力的构成及提升途径[J].理论界,2007,(01),48 - 49.

[93] 马翎翔.网络经济视角下基于消费心理变化的电商运营模式变革[J].商业经济研究,2021,(19)：100 - 103

［94］马庆国,王小毅.认知神经科学、神经经济学与神经管理学［J］.管理世界,2006,(10)：139-149.

［95］孟亮,卢狄震,胡碧芸.贪图享乐还是劳逸结合？动机视角下时间偷窃行为的产生机制［J］.中国人力资源开发,2023,40(3)：81-101.

［96］孟昭兰.人类情绪［M］.上海：上海人民出版社,1989.

［97］齐二石,张庆文,傅俊清,等.基于战略的组织领导力开发［J］.企业管理,2016,(06)：117-119.

［98］秦峰,许芳.黑暗人格三合一研究综述［J］.心理科学进展,2013,21(7),1248-1261.

［99］邱羚,秦迎林.组织行为学［M］.北京：清华大学出版社,2013.

［100］任小云,段锦云,冯成志.个体采纳与群体采纳：决策过程中的两类建议采纳行为［J］.心理科学进展,2021,29(03)：549-559.

［101］石岿然,季逸清.心理账户视角下基于电子优惠券的零售商渠道整合策略：以"优衣库"为例［J］.运筹管理,2021,30(03)：137-143.

［102］孙冬青,辛自强.群体决策的研究范式及决策质量评估方法［J］.心理技术与应用,2017,5(10)：628-637.

［103］孙怀平,朱成飞.基于公平理论的人力资源管理政策［J］.现代管理科学,2007,(01)：81-83.

［104］孙伟,黄培伦.公平理论研究评述［J］.科技管理研究,2004,24(4)：102-104.

［105］孙新波,周明杰,张明超.数字驱动情境下赋能型组织结构创新实现机理：基于南京钢铁的案例［J］.财会通讯,2023,(22)：3-13.

［106］孙亚程,李艾坤.AI智慧营销［J］.清华管理评论,2021,(Z1)：22-29.

［107］王爱党.以消费者为导向的企业人力资源管理［J］.求索,2006,(05)：87-89.

［108］王传征,葛玉辉.高管团队内部社会资本,交互记忆系统与决策绩效的关系［J］.系统管理学报,2021,(02)：384-392.

［109］王弘钰,崔智淞,邹纯龙,等.忠诚还是叛逆？中国组织情境下的员工越轨创新行为［J］.心理科学进展,2019,27(6)：975-989.

［110］王梅,万婷.管理心理学［M］.武汉：华中科技大学出版社,2014.

［111］王重鸣.管理心理学［M］.上海：华东师范大学出版社,2021.

［112］蔚盼盼.领导理论发展的研究综述［J］.商业经济,2014,(06)：24-26.

［113］翁清雄,彭传虎,曹威麟,等.大五人格与主观职业成功的关系：对过去15年研究的元分析［J］.管理评论,2016,28(1)：83-95.

[114] 许玠.从市场营销到社会营销[J].上东工业技术,2019,(05):229－244.

[115] 徐选华,侯宇舟.大群体风险决策理论与方法研究现状及发展趋势[J].电子科技大学学报:社会科学版,2021,23(04),1－6＋74.

[116] 薛元昊,王重鸣.基于组织学习理论的企业知识产权策略研究[J].科学学研究,2014,32(02):250－256＋249.

[117] 杨百寅,齐明正,单许昌.组织变革的助力,动力与用势[J].清华管理评论,2019,(Z1):53－60.

[118] 杨峻.驱动企业营销数字化转型的组织构建[J].国际品牌观察,2022,(05):29－31.

[119] 云鹏,彭剑锋,杨晨.魅力型领导与创新型组织文化:人力资源管理的作用:以苹果公司为例[J].中国人力资源开发,2015,(10):68－73＋104.

[120] 张春华,熊贤培.过程-事件分析框架下环境群体性事件的舆论演变:以连云港"反核事件"为例[J].武汉理工大学学报(社会科学版),2020,33(05):9－13.

[121] 张建新,周明洁.中国人人格结构探索:人格特质六因素假说[J].心理科学进展,2006,14(4):574－585.

[122] 张晓风.提升公共部门领导力途径新探[J].广西民族大学学报(哲学社会科学版),2008,(01):118－122.

[123] 张雁冰,吕巍,张佳宇.AI营销研究的挑战和展望[J].管理科学,2019,32(05):75－86.

[124] 张志学,施俊琦,刘军.组织行为与领导力研究的进展与前沿[J].心理科学进展,2016,(03):317－326.

[125] 张朝孝,蒲勇健.基于职业观念的隐性激励机制[J].管理工程学报,2004,18(4):50 54.

[126] 赵然.基于消费者心理变化的市场营销策略分析[J].商业流通,2022,(20):18－20.

[127] 赵晓霞,刘睿.艾森克人格特质理论与企业员工个体创新绩效研究[J].科技管理研究,2012,32(07):138－141.

[128] 郑全全,刘方珍.任务难度,决策培训诸因素对群体决策的影响[J].心理学报,2003,35(5),669－676.

[129] 朱冀恺,王重鸣.虚拟式团队管理的特征与绩效关系[C].第九届全国心理学学术会议论文摘选集,2001.

[130] 朱吉玉.管理心理学[M].大连:东北财经大学出版社,2021.